臺灣歷史與文化研究輯刊

十九編

第 3 冊

退臺後國民黨結構研究（1949～1972）

宋幫強 著

花木蘭文化事業有限公司

國家圖書館出版品預行編目資料

退臺後國民黨結構研究（1949～1972）／宋幫強 著 -- 初版
-- 新北市：花木蘭文化事業有限公司，2021〔民110〕
目 4+272 面；19×26 公分
（臺灣歷史與文化研究輯刊十九編；第 3 冊）
ISBN 978-986-518-451-3（精裝）
1. 中國國民黨 2. 組織研究
733.08   110000665

ISBN-978-986-518-451-3

9 789865 184513

臺灣歷史與文化研究輯刊
十九編 第 三 冊   ISBN：978-986-518-451-3

退臺後國民黨結構研究（1949～1972）

作 者 宋幫強
總 編 輯 杜潔祥
副總編輯 楊嘉樂
編 輯 許郁翎、張雅淋 美術編輯 陳逸婷
出 版 花木蘭文化事業有限公司
發 行 人 高小娟
聯絡地址 235 新北市中和區中安街七二號十三樓
電話：02-2923-1455 ／傳真：02-2923-1452
網 址 http://www.huamulan.tw 信箱 service@huamulans.com
印 刷 普羅文化出版廣告事業
初 版 2021 年 3 月
全書字數 239379 字
定 價 十九編 23 冊（精裝）台幣 60,000 元

退臺後國民黨結構研究（1949～1972）

宋幫強 著

作者簡介

宋幫強（1975～）男，江西九江人，閩南師範大學馬克思主義學院副院長、副教授，兩岸一家親研究院副院長，南京大學博士後，中國近現代史專業，研究方向為退臺後國民黨結構史。近年來，在《中國社會科學（內部文稿）》《中共黨史研究》《黨的文獻》《黨史研究與教學》《當代世界社會主義問題》等刊物發表論文 20 餘篇，出版專著 1 部；主持各類課題共 10 項，其中主持國家社科青年項目 1 項、教育部一般項目 2 項；先後入選「福建省高校新世紀優秀人才」和「福建省高校思想政治教育中青年傑出人才」。

提　　要

　　1949 年國民黨敗退到臺灣後，國民黨深刻反思其執政方式，在意識形態、組織人事和黨際競爭等領域不斷革新，力圖推進國民黨自身發展。敗退臺灣後的國民黨已經由一個全國性政黨逐漸演變成一個區域性政黨，隨著該黨活動的地區、性質、地位、目標和政策的變化，黨的組織運作方式和領導體制的調整，其社會結構便相應發生變化，並呈現出若干演變特徵。

　　本報告以縱向的時序分期為骨架，橫向的結構形態為肌體，考察了國民黨（1949～1972）的歷史。研究重心在國民黨的政治結構與社會結構，重點論述：國民黨組織規模、社會構成和其在社會各階層中的力量分布和影響力；國民黨內各層級組織的組合狀態與互動關係，黨內組織動員能力和全黨凝聚力和綜合實力；還兼及國民黨改造、鞏固和擴充社會基礎、政治理念、二元政治體制、黨務活動、黨務經費等相關領域。尤其重視結構分析和數量分析，探究國民黨政治與社會結構演變的特徵與規律，求證國民黨結構形態變化所產生的政治和社會效應，以及對國民黨政權造成的複雜影響，分析導致其結構變動的多元因素，從深隱層次探討和揭示國民黨及其政權結構性興衰的根源，從而對國民黨執政的興衰歷程做出了較為客觀的解釋。

2016 年教育部人文社科規劃基金項目「光復
初期臺灣的中共地下黨研究」（16YJA770011）

2017 年福建省新世紀優秀人才資助項目
「光復初期中共臺灣省工作委員會研究」
（4112-B11737）

福建省高校思想政治教育中青年杰出人才支持
計劃「中國共產黨與臺灣『二二八』事件」
【閩委教思〔2018〕41 號】

福建省教育科學「十三五」規劃 2016 年度課題
一般項目「當前臺灣青年在閩求學狀況研究」
（FJJKCG—402）

目

次

插圖目錄

緒　論

一、研究概況

（一）大陸研究成果概述

大陸學術界對退臺後的國民黨研究比較薄弱，成果不多。究其原因，筆者想主要是史料缺乏且難以搜尋。（由於研究國民黨的相關資料存於臺灣島內相關典藏單位，獲取不易，因此在研究工作中往往遭遇「難為無米之炊」的窘境。）

下面筆者對 1949～1972 年的國民黨史有關研究情況作一簡要介紹。

1. 相關的著作

據筆者陋見，大陸學界相繼推出了一些關於退據臺灣時期國民黨研究著述，其中有影響的著作主要如下：茅家崎：《臺灣三十年：1949～1979》（河南人民出版社 1988 年版），張興定、陳岳軍、闕孔璧主編：《國民黨在大陸和臺灣》（四川人民出版社 1989 年版），苗建寅：《中國國民黨史：1894～1988》（西安交通大學出版社 1990 年版），黃嘉樹：《國民黨在臺灣：1945～1988》（南海出版公司 1991 年版），郭傳璽：《中國國民黨臺灣 40 年史綱》（中國文史出版社 1993 年版），甘觀仕：《中國國民黨在臺灣四十八年》（中國大百科全書出版 1999 年版），劉紅、鄭慶勇：《國民黨在臺 50 年》（九州出版社 2001年版），丁萬明：《退踞臺灣時期的中國國民黨》（華文出版社 2002 年版），茅家琦等：《百年滄桑：中國國民黨史》（鷺江出版社 2005 年版）。

上述著作，在理論、方法上基本屬陳述史學，雖然釐清了國民黨歷史演

變的主題脈絡，並展開相應的評判，但在學理深度上有待進一步挖掘。另外，這些著作所用的資料非常有限，仍有大量的資料未被利用。史料是創新的源泉，如欲深化 1949～1972 年國民黨史的研究，挖掘和利用新資料是必不可少的工作。只有在新資料基礎上，才可能有所創新或糾補前人研究成果的訛誤，還歷史本來的面目。

2. 相關論文

內容涉及到 1949～1972 年國民黨的相關論文主要有：孫堯奎：《國民黨改造運動的原因與動機》（《黨史文苑（學術版）》2005 年第 5 期），高學軍：《試析國民黨在臺灣的黨務改造運動》（《齊齊哈爾大學學報》（哲學社會科學版）2001 年第 2 期），張黎宏：《國民黨改造芻議》，（《臺灣研究》2000 年第 3 期），李松林：《國民黨退臺初期的黨務改造運動》，（《黨史研究資料》1999 年第 1 期）等，常家樹：《二十世紀五十年代國民黨的改造運動》，（《黨史縱橫》2007 年第 3 期），孫代堯：《國民黨退臺後黨政關係調整素描》，（《炎黃春秋》2002 年第 6 期），呂雅範：《國民黨退臺後政黨政策轉變原因探析》，（《中央社會主義學院學報》2001 年第 11 期），梁云：《評五十年代初蔣介石對國民黨的「改造」》，（《呼倫貝爾學院學報》2000 年第 1 期）。

筆者遍覽關於這一領域的文章，總體感覺是似曾相識，許多文章研究視角、論點、論據多有雷同。有的文章停留在一般史實性的描述，缺乏深入、細緻的分析；有的文章由於受政治因素的影響，以主觀臆想來代替歷史客觀實際的研究；還有的文章不同程度上存在著偏重於對這專題的現象研究，有的僅僅是泛泛的談論這方面的問題，而對這種表象背後的本質與規律揭示還不夠深。

3. 相關的學位論文

據筆者的目光所及，有關這方面的學位論文主要有：潘雲東：《1949～1989：國民黨結構剖析》（廈門大學碩士論文 1989 年），劉霞：《國民黨退臺初期的改造與 2000 年下臺後的改造之比較》（首都師範大學 2003 年碩士論文），趙海立：《國民黨在臺灣執政經驗研究》（中國人民大學博士論文 2003 年），安然：《退臺後的國民黨與臺灣政治生態研究》（南開大學博士論文 2005 年），張嵘：《臺灣地方派系與國民黨關係的演變》（北京大學博士論文 2006 年），劉雪松：《中國國民黨退臺後三次「改造」及其對臺灣政治的影響》（東北師範大學博士論文 2008 年），馮琳：《1950 年代初中國國民黨改造運動研

究》（中國社科院博士論文 2010 年）。其中，由於潘雲東碩士論文的研究對象與本報告很接近，因此筆者有必要對他的碩士論文做一詳細介紹。

潘雲東：《1949～1989：國民黨結構剖析》（廈門大學碩士論文 1989 年），該文試圖用西方政治社會學的結構分析法來剖析去臺後國民黨的結構變化，全文共六章，七萬餘字。

第一章論述國民黨在臺灣的立足。去臺之初，國民黨幾乎瀕臨滅絕的邊緣，朝鮮戰爭的爆發使它得以起死回生，在中美關係的夾縫中偏安喘息；而土地改革的成功推行不僅使它得以渡過 1950 年代的社會經濟危機，而且多少取得了從前在大陸所沒有的群眾基礎與草根力量；國民黨的改造又使它的組織、黨員素質等有了很大改變，黨內原來嚴重存在的派系紛爭的狀況，也受到很大程度的抑制。

第二章論述了國民黨「本土化」過程，並剖析其成分結構的演變。隨著國民黨「本土化」進程的加速，一方面，退臺後國民黨省籍結構日益發生變化，大批臺籍人士進入國民黨基層及領導層，這使得它日益成為一個臺灣地方性的政黨；另一方面，國民黨階級結構也發生了變化，國民黨從經濟起飛前的吸納地主、士紳階級為主到經濟起飛後的吸納資產階級、中產階級為主，這表明國民黨已適應了臺灣社會的資本主義化這一進程，意味著它已從一個根植於半封建、半殖民地社會基礎的，代表官僚買辦階級、地主階級、帝國主義利益，封建主義色彩相當濃厚的政黨，緩慢地轉變成資產階級政黨。

第三章論述國民黨的「技術官僚化」，剖析其知識結構的變化。隨著臺灣內外形勢的變化，臺灣民眾教育程度的普遍提高，國民黨開始吸收大批專業化人才，也就是所謂「技術官僚」。隨著「技術官僚化」，其知識結構有了顯著的改變，並對國民黨產生了深遠的影響：以潛移默化的方式，對其組織、思想及其他領域進行了清理和淘汰，使國民黨日趨理性、務實。從臺灣政治發展的影響來看，大批專業技術精英的湧現，使得臺灣政治走向更趨民主化。

第四章論述國民黨內的「派系多元化」，剖析其權力結構的演變。國民黨去臺幾十年，派系問題仍是其嚴重癥結，雖然採取不准擴大其發展的抑制政策，但派系紛爭仍然不斷；五十至六十年代，黨內各派系圍繞權力展開了激烈的爭奪，主要是蔣經國係為接班而展開與陳誠派、宋美齡派的爭奪；「蔣經國時代」權力空前集中，使黨內派系權力爭奪相對減少，派系之間主要是圍繞路線和政策的紛爭，開明派與保守派的爭奪是主流；「後蔣經國時代」國民

黨處於「權力真空」階段，各派系又陷入權力爭奪的局面，圍繞黨的最高領導權、決策執行權而展開爭奪。該文作者認為，去臺後的國民黨派系與大陸時期相比有如下特點：（1）非組織化傾向；（2）不明朗化——由公開爭奪到「暗中較勁」；（3）多元化傾向等。國民黨在蔣經國去世後，已初步形成了一個新的權力結構，且顯示出若干新的特色，它是一個多種派系、各方勢力相互制衡的矛盾綜合體。

第五章論述國民黨的「自由民主化」過程，剖析其政治結構的演變。該章的主要觀點如下：（1）過去幾十年，國民黨在臺灣社會經濟結構和內外形勢發生重大變化的背景下，在面臨內外雙重壓力和挑戰的情況下，不得不作出某些調整和改革，客觀上存在著一個「自由民主化」過程。（2）其「自由民主化」基本內容：國民黨本身的變化，包括其領導階層的產生方式以及決策過程的若干變化；黨政關係上的黨政分際傾向；政黨關係上，國民黨開始允許黨外勢力有一定發展空間，對社會及民眾的控制有所放鬆等。（3）國民黨的開放黨禁及眾多政黨的成立，表明臺灣已開始出現政黨政治的端倪。然而，20世紀80年代末期，由於國民黨尚背負著甩不開的歷史包袱；黨外勢力本身存在的種種癥結；雙方政治資源和力量的懸殊等，臺灣要真正步入制度化的政黨政治時代，還得假以時日。臺灣在一定時期內曾保持一黨居憂、多黨並存的局面，但黨外反對力量的發展空間日益擴大。

第六章論述國民黨結構的蛻變。經過幾十年的發展，國民黨已不再是昔日大陸時期的國民黨，無論從成分結構、知識結構、權力結構、政治結構乃至於思想意識形態發生了很大變化：從全國性政黨向地方性政黨轉變；從理想色彩濃厚的政黨向務實型政黨轉變；從支配性政黨向競爭性政黨轉變，國民黨已基本蛻變成一個資產階級政黨。

它是研究退臺後國民黨結構史具有一定學術價值的論文，為進一步研究國民黨結構史奠定了基礎。然而，它的主要不足：由於該文作者在掌握臺灣關於國民黨方面一手史料極為有限，且大量使用二手資料，因此，他對退臺後國民黨結構的研究既宏觀又不深入。

（二）臺灣研究成果概述

在國民黨取消戒嚴令之前，雖然臺灣學術界對退據臺灣時期的國民黨做了研究，但在當局強勢主導與介入的背景下，著述雖然豐富繁盛，但基本內容與觀點差異不大，鮮有學術獨立與創新，其著述也不擬列舉。1987年臺灣

「解嚴」後，政治禁忌隨之解除，國民黨史的研究環境日益寬鬆。學術自由理應推動國民黨史研究的創新與繁榮。但島內黨史研究的隊伍並未明顯擴充，仍然是原來的陣營，新生代沒有突出的進展。臺灣雖在 20 世紀 80 年代末就有研究專書和博士論文出現，然而，這些研究成果都有各自的侷限。譬如，不少成果偏重於中國國民黨官方檔的引錄，論點基本是單純歌功頌德，沒有發掘更多資料，且限於立場、政治環境等因素，臺灣方面的研究往往跳不出他們的圈子，看不到一些問題更深層的東西。「史述」是臺灣的國民黨學者對黨史的基本認知，基本觀點仍然是「官修」的內容，沒有新的突破與創新，對國民黨結構史未做考察，其體例也沒有超出紀事本末的框架。

二、研究意義與研究方法

（一）研究意義

在臺灣問題懸而未決、兩岸來往日益密切的今天，筆者通過對退據臺灣時期國民黨結構研究，能使大家對國民黨在臺灣的結構演變有著深刻地認識，進而更好地預見兩岸關係的發展及和平解決臺灣問題的基本規律。我們還可以從本課題中總結出若干經驗教訓，得出一些政黨變革中普遍適用的規律性啟示。這些規律的深刻把握有助於中國共產黨穩步推進自身變革與中國政治體制的變革。

（二）研究方法

我們堅持馬克思主義唯物史觀的基本理論導向，以歷史學的實證方法為基礎，構建課題的宏觀體系，形成縱向的主體架構。在實證基礎上，以結構史學方法分析論證，溝通各個時段的脈絡。在結構分析時，針對不同議題，運用政治學、社會學等相關學科的理論與方法，展開多學科的思考與研究，深化議題的學理意涵，從不同的學科視角觀察、探索，試圖突破陳述史學的傳統框架，獲得新興的學術認知。

三、創新與不足

創新：（1）在理論和方法上有所創新。針對國民黨史偏重陳述史學的傳統，筆者把課題重點放在國民黨政治與社會結構史的考察與研究上，在實證基礎上，以結構史學方法分析論證，溝通各個時段的脈絡。在結構分析時，針對不同議題，運用政治學、社會學等相關學科的理論與方法，展開多學科

的思考與研究，深化議題的學理意涵，從不同的學科視角觀察、探索，試圖突破陳述史學的傳統框架，使結構史的論述框架得以體現，獲得新興的學術認知。因此，通過本課題的研究實踐，期求在政黨史研究理論與方法上有所創新，摸索一條新的路徑。（2）開拓新史源。在大陸已有一些研究成果的情況下，史源的開拓是課題成功的關鍵。現有成果的一個通病是史源雷同、單一，難免出現學術研究的變相重複。本人在搜集資料時已注意到此點，想方設法另闢蹊徑。在尋找前人已用資料之外，留意搜尋前人未用到的有關資料。筆者在臺灣黨史館和國史館搜集了大量的國民黨史的文獻彙編和檔案資料，這些資料涵蓋國民黨歷次全國代表大會、中央委員會的會議簡況、代表情況及人員任職情況、中央部門人員變動情況、各省黨部分布情況及黨務發展狀況、歷年黨員數量統計、黨員籍貫分布、年齡結構、職業狀況、受教育情況、黨務經費統計、各黨部收支狀況等。

不足之處：（1）退臺後的國民黨結構是一個非常龐大的體系，就筆者的學識而言，很難駕馭，報告可能存在對國民黨結構分析深度和力度不夠的情況。（2）搜集的資料還不夠豐富和全面。如果以後筆者還有機會再去臺灣的話，便要搜集更多關於國民黨結構方面的史料，並在有關理論水平有所提高的情況下，會竭力爭取進一步完善本報告。

第一章　國民黨改造

第一節　蔣介石反省與中改會的建立

一、蔣介石反省

在蔣介石第三次下野之時，他對國民黨及其軍隊的控制程度已大為削弱，國民黨在內戰中的頹勢已難以挽回。然而，他並不甘心失敗，幻想找到克服黨內頑症、重執牛耳的方法。因而，他宣布將總統職位交李宗仁代理，卻沒有放棄更重要的國民黨總裁一職。下野之初他居住在奉化的日子裏，已下定決心要效法孫中山 1914 年和 1924 年對國民黨的改造行動，再次對國民党進行改造，以凝聚國民黨的精神，加強團結和戰鬥力，加強他對國民黨的控制及黨的幹部對他的忠誠。國民黨軍隊在大陸土崩瓦解式的潰敗，更堅定了他的決心。

1949 年底國民黨敗退臺灣後，蔣介石痛定思痛，對大陸失敗的原因進行了深刻的思考。這些反省式的思考，成為國民黨改造運動的基礎。他認為，國民黨在政治、經濟、軍事、外交和教育上的失敗，皆為導致其大陸統治覆滅的原因，但根本原因在於國民黨本身的失敗，為此他決意重新改造國民黨。促使蔣介石改造國民黨的原因，主要有以下幾點：

第一，制度、組織不健全。[註1] 他對於行憲之初諸種選舉，如國民大會

〔註 1〕《國軍失敗的原因及雪恥復國的急務》，秦孝儀主編：《先總統蔣公思想言論總集》卷 23，臺北：中國國民黨中央委員會黨史委員會 1984 年版，第 94 頁。

代表、副總統、立法院正、副院長等選舉過程中的亂象，有深刻地感觸，認為黨在這個問題上辦理不得法，在舊制度剛廢、新制度未立，青黃不接的時候，黨員沒有組織，黨務沒有指揮能力，是造成大陸失敗的主要原因。他說：「本黨過去失敗的主因，就是我們實施還政與民的時候，舊的制度剛廢，新的制度未立，青黃不接，一切陷於崩潰脫節的現象，以致為共匪所乘。而其所以如此，窮原究委，又是我們選舉失敗所致。本黨前年辦理選舉，事前既沒有準備，臨時又沒有方法；黨員既沒有組織，黨務又沒有指揮能力。以致整個社會，亂做一團，將本黨五十年革命奮鬥的光榮歷史在內外交迫之下毀於一旦，這是很痛心的一件事！」〔註2〕他表示：「我們要建國建軍，就必先建立制度，制度不能建立，國家就無法長治久安，即使僥倖獲致一時的勝利，結果還是失敗的。」〔註3〕事實上，蔣氏早就注意到制度與革命失敗的關係，他在 1949 年 1 月 21 日下野當週日記之反省錄即記道：「（1）此次失敗之最大原因，乃在於新制度未能成熟與確立，而舊制度先已放棄崩潰。在此新舊交接緊要危急之一刻，而所恃以建國救民之基本條件，完全失去，是無異失去其靈魂，焉得不為之失敗？（2）今後立國建軍，以確立制度為最重要。」〔註4〕不過在當時，他並沒有進一步或者沒有機會就這個問題對同志分析說明，直到同年 10 月革命實踐研究院成立後，才開始逐一檢討。〔註5〕他在對革命實踐研究院第一期學員的講話中，明確指出：「本來照我們總理建國大綱的規定，由訓政到憲政必須經過一定的程序，我們也明知訓政的程序沒有完成，明知人民的智識還沒有達到實行民主政治的程度，但因為內外的環境關係與時代的要求，不能不提早結束訓政實行憲政，這一來就使得訓政時期一切舊的制度完全破壞，而憲政時期新的制度並沒有建立。簡單的說，就是新的制度還未曾建立，而舊的制度早已崩潰，所以在政治上形成這樣混亂脫節的現象，這是我們政策的失敗，以致整個政治瀕

〔註2〕《對臺灣省改造委員的期望》，秦孝儀主編：《先總統蔣公思想言論總集》卷 23，臺北：中國國民黨中央委員會黨史委員會 1984 年版，第 435 頁。

〔註3〕《建國建軍必先確立制度造成風氣（下）》，秦孝儀主編：《先總統蔣公思想言論總集》卷 23，臺北：中國國民黨中央委員會黨史委員會 1984 年版，第 427 頁。

〔註4〕總統府事略室編：《事略稿本》，1949 年 1 月 22 日，國史館藏，《蔣中正總統檔案》，數位資料《文物圖書》，檔號 060100，第 248 卷，編號 06-01157。

〔註5〕《軍事改革之基本精神與要點（下）》，秦孝儀主編：《先總統蔣公思想言論總集》卷 23，臺北：中國國民黨中央委員會黨史委員會 1984 年版，第 51～58 頁。

於崩潰。」〔註6〕1950 年 10 月，他對革命實踐研究院學員的講話中，再度表示「我們今天所以失敗的原因，『就是新的制度還未曾建立，而舊的制度早已崩潰』」，並強調：「這句話不論到任何時期來檢討我們此次革命失敗的最大原因，都是千真萬確的」。〔註7〕這裡的組織，不僅是指軍事組織，而且還包括其他黨務、政治、社會等各種組織。他表示曾經估計無論中共如何頑強，在三年之內，絕不能消滅國軍，但是不到一年，大陸上的國民黨軍隊幾乎遭到徹底消滅，「這是誰也料不到的」。他認為「這完全由於我們的黨務、政治、社會、軍事各種組織都不健全，共匪看透了我們各種弱點的所在，於是採行他政治軍事各種滲透的戰術，……打進到我們的組織內部，使我們本身無端驚擾，自行崩潰」，〔註8〕因此「我們這次失敗實在就是我們本身自己崩潰，而決不是被什麼敵人打敗的」。〔註9〕蔣在演講中，不止一次談到這個問題，可見他的重視程度。他承認領導無方，督率不嚴，對於失敗應該負重大的責任。但是同志之間，離心離德，自私自利，不肯協力互助，團結奮鬥，對於領袖的命令，陽奉陰違，不能徹底實行，對於領袖的信仰，表裏不一，幾乎無足輕重，這才是失敗的根本原因，亦就是革命的致命傷。〔註10〕他要求同志痛定思痛，深刻反省，「今後要想消滅共匪，驅逐俄帝，唯一的要訣，就在於充實組織，加強團結。只有組織才能夠結合群眾，只有團結才能夠產生力量」。〔註11〕為了要把革命事業從頭做起，最重要的就是要「重新建立制度，健全組織」。〔註12〕而在健全組織方面，他

〔註 6〕《革命・實踐・研究三個名詞的意義和我們革命失敗的原因》，秦孝儀主編：《先總統蔣公思想言論總集》卷 23，臺北：中國國民黨中央委員會黨史委員會 1984 年版，第 26～27 頁。

〔註 7〕《建國建軍必先確立制度造成風氣（下）》，秦孝儀主編：《先總統蔣公思想言論總集》卷 23，臺北：中國國民黨中央委員會黨史委員會 1984 年版，第 428 頁。

〔註 8〕《國軍失敗的原因及雪恥復國的急務》，秦孝儀主編：《先總統蔣公思想言論總集》卷 23，臺北：中國國民黨中央委員會黨史委員會 1984 年版，第 95 頁。

〔註 9〕《軍事機關部隊建立制度改進業務之要點並說明軍隊科學化的重要》，秦孝儀主編：《先總統蔣公思想言論總集》卷 23，臺北：中國國民黨中央委員會黨史委員會 1984 年版，第 175 頁。

〔註 10〕《國民革命軍「第三任務」如何達成——說明科學化制度化之重要》，秦孝儀主編：《先總統蔣公思想言論總集》卷 23，臺北：中國國民黨中央委員會黨史委員會 1984 年版，第 158～159 頁。

〔註 11〕《青年同志應有的責任與努力》，秦孝儀主編：《先總統蔣公思想言論總集》卷 23，臺北：中國國民黨中央委員會黨史委員會 1984 年版，第 361 頁。

〔註 12〕《國軍失敗的原因及雪恥復國的急務》，秦孝儀主編：《先總統蔣公思想言論總集》卷 23，臺北：中國國民黨中央委員會黨史委員會 1984 年版，第 96～97 頁。

甚至主張以敵為師，學習中共的長處。他說：「今天我們要改善組織，加強組織，就必須參考共匪的組織內容。」「今後無論黨政軍任何方面，如不能與共匪一樣的有嚴密的組織，而只是一盤散沙，那我們和敵人作戰的時候，就像去年一樣，無論軍民一定會自行崩潰，望風披靡。」〔註13〕

第二，黨內派系傾軋，紀綱廢弛。他說：「這次大陸反共軍事悲慘的失敗，並不是共匪有什麼強大的力量，足夠打敗我們國民革命軍，完全是領導國民革命的本黨，組織瓦解，紀綱廢弛，精神衰落，藩籬盡撤之所招致。」〔註14〕而所謂「黨內派系傾軋、黨員黨德淪喪、違反總理遺教」的根本，就是黨員在精神上「喪失了他對本黨革命的自信心」，他認為「經濟、政治、軍事之所以失敗的最基本原因，乃是自抗戰勝利之後，我們一般黨員，尤其是文武幹部，精神上與心理上乃至一切行動生活上都忘了革命，忘了主義，一言以蔽之，就是在精神上根本已解除了武裝。……物必自腐而後蟲生，因此無論在政府、社會、學校、軍隊各階層，以至舉國上下，就散佈了共匪的毒素，都要把國父所定的一切制度與革命方略，加以徹底推翻。」〔註15〕因此，他要進行中國國民黨的徹底改造，擺脫派系傾軋的漩渦，滌除人事糾紛的積習，重整革命組織，恢復革命精神。他還以孫中山對於黨員犧牲個人自由的訓示，強化他對黨內派系傾軋與大陸失敗關係的檢討，稱：「我們黨員這幾年來，個個人要爭自由，違反黨紀，敗壞黨德，弄到國民革命一敗塗地，……而我們黨員，尤其是一部分幹部，仍不覺悟其在大陸上為他個人爭自由的結果，已經把整個國家和人民所有的自由，都被暴俄奸共剝奪去了，連到他們本身在大陸上亦無自由立足餘地，乃要逃避到臺灣孤島上來。在這裡全臺軍民，上下一致，正在反共抗俄，誓死報國，復仇雪恥的時候，而他們這幾位先生，還是像過去在大陸上一樣，勾心鬥角，爭權奪利，對著他自己革命團體拼命來爭個人的自由，似乎是他非毀法亂紀，不足表示其才力，非抗命反黨，不能提高其

〔註13〕《組織的重要及組織與情報的關係》，秦孝儀主編：《先總統蔣公思想言論總集》卷23，臺北：中國國民黨中央委員會黨史委員會1984年版，第84～86頁。

〔註14〕《關於實施本黨改造之說明》，秦孝儀主編：《先總統蔣公思想言論總集》卷23，臺北：中國國民黨中央委員會黨史委員會1984年版，第331～332頁。

〔註15〕《為誰而戰為何而戰——說明國民革命軍的成敗與軍隊黨部存廢的關係》，秦孝儀主編：《先總統蔣公思想言論總集》卷24，臺北：中國國民黨中央委員會黨史委員會1984年版，第97頁。

身價，黨德掃地，紀綱蕩然，再未有如今日之甚者！」〔註16〕

第三，教育的失敗。他說：「我們在大陸上失敗最大的癥結，就是在學校教育，……沉痛的說，當時在學的青年和教授們，幾乎大半都做了共匪的外圍，成為共匪的工具了。國家的青年教育，弄到這樣的地步，那國家焉得而不危亡呢？」〔註17〕最後總結對於教育問題的看法，認為整個教育的失敗，是大陸慘敗的原因。蔣介石在1951年9月演講《教育與革命建國的關係》，對此有深刻的說明：「我們這次大陸失敗何以會悲慘至此呢？我們失敗的主因，究竟是在什麼地方？我在這兩年來失敗之後，檢討所得的結果，認為我們最大的失敗，就是在教育和文化。大家知道，政治、軍事、經濟各方面的失敗，都是可以很明顯的發現，和很敏銳的感覺的，這種明顯而有形的失敗，還有補救的方法，而且也比較容易補救挽回的，唯有教育的失敗，是人所不易發現的，亦沒有人會感覺到我們革命失敗的主因是在教育。……當然這些失敗因素，都是互為因果的，然而政治、軍事、經濟等項的失敗，其影響無非是一面和一時的，只有教育的失敗，則其影響將及於整個民族，而且決非短時期所能補救的。」「教育是百年樹人的工作，所以教育的成敗得失，就是國家存亡、民族榮辱的根本所在，只因為我們多年來教育的失敗，所以就造成此次了全面失敗的主因。這失敗的責任，究竟應該由誰來擔負呢？這當然是應該由本黨肩負起來的。我個人以領導的地位，更應該擔負此一重大失敗的責任。」〔註18〕

蔣介石退臺前後對於國民黨在大陸失敗原因所作的「反省」。他的結論就是：「過去的失敗，軍政方面，當然要負責，而最大的原因，則無可諱言的由於黨的癱瘓。從黨的構成成分、組織形態、到領導方式，都發生了問題。因此黨乃變成奄奄一息的軀殼，而政與軍亦失其靈魂，形成軍隊崩潰、社會解體的現象」。因此，蔣介石決心改造國民黨，拿回被CC系把持的黨權，使國民黨重獲新生，建立「黨統」與臺灣模範省，反共復國。他還認為在組織形態上，要使其成為革命民主政黨；在領導方式上，應「以思想溝通全黨，以政策決定人事，以工作考核黨員，以是非解決紛爭」。這些成為後來改造綱要的重

〔註16〕《如何爭取自由》，秦孝儀主編：《先總統蔣公思想言論總集》卷23，臺北：中國國民黨中央委員會黨史委員會1984年版，第297～298頁。

〔註17〕《時代考驗青年青年創造時代》，秦孝儀主編：《先總統蔣公思想言論總集》卷24，臺北：中國國民黨中央委員會黨史委員會1984年版，第200頁。

〔註18〕《教育與革命建國的關係》，秦孝儀主編：《先總統蔣公思想言論總集》卷24，臺北：中國國民黨中央委員會黨史委員會1984年版，第208～209頁。

要內容。〔註19〕就導致失敗的具體因素而言，蔣介石認識到不少。例如，他認為失敗在制度的青黃不接，「舊制度先已放棄崩潰」，而「新制度未能適合現在之國情與需要，而且並未成熟與確立」；〔註20〕學校教育與高等教育的失敗；社會經濟政策與民生主義不能實行等等〔註21〕。在黨的方面，他認為黨內「紀律掃地，組織崩潰」；〔註22〕信仰動搖；派系傾軋，人事糾紛；〔註23〕「幹部制度不立，幹部腐化自私」，〔註24〕黨未受到應有重視，未網羅人才、進行組訓；〔註25〕黨內有若干不肖之徒，不敗而自敗，賣黨變節，意志不堅；組織不嚴，使共產黨得以滲透瓦解；〔註26〕黨缺乏實事求是態度，主觀主義、形式主義盛行〔註27〕……這些都成為蔣介石指示改造內容的出發點。

二、中改會的建立

（一）改造的醞釀

蔣介石策劃整頓國民黨經歷了一個較長時期的思想醞釀過程。早在1947年蔣介石就發現，國民黨與三青團之間的內鬥激烈，派系林立，黨政軍官員腐敗嚴重，決定實行黨團合併，企圖整合高層權力系統，團結一致打內戰。因此，他計劃在半年內展開黨的改造工作，「為本黨革命劃一新紀元」。結果事與願違，黨團合併後，「黨內派系排擠傾軋，更變本加厲，漫無止境」。〔註28〕1949年1月21日，蔣介石被迫下野。次日，他在日記中檢討失敗的原因，歸結於

〔註19〕曹聖芬：《從溪口到成都——狂風暴雨一年中的蔣總統》，《改造》第六期，1950年11月16日，第9頁。
〔註20〕《蔣介石日記》（手稿本），1949年1月22日。
〔註21〕《蔣介石日記》（手稿本），1949年3月31日。
〔註22〕《蔣介石日記》（手稿本），1949年3月31日。
〔註23〕秦孝儀總編纂：《總統蔣公大事長編初稿》卷9，中正文教基金會2002年版，第171頁。
〔註24〕《蔣介石日記》（手稿本），1949年3月31日。
〔註25〕秦孝儀總編纂：《總統蔣公大事長編初稿》卷9，中正文教基金會2002年版，第36頁。
〔註26〕秦孝儀總編纂：《總統蔣公大事長編初稿》卷9，中正文教基金會2002年版，第72～73頁。
〔註27〕《本黨改造案》，中國國民黨中央委員會黨史委員會編：《中國國民黨黨務發展史料——中央改造委員會資料彙編》（上），近代中國出版社1990年版，第13頁。
〔註28〕蔣中正：《關於實施本黨改造之說明》，秦孝儀主編：《先總統蔣公思想言論總集》卷23，臺北：中國國民黨中央委員會黨史委員會1984年版，第331頁。

國民黨的分崩離析，決心發動改造運動，「重起爐灶，從頭做起」。1949 年 6 月，他責成陳立夫、蔣經國等人草擬改造國民黨方案。1949 年 7 月 8 日，蔣介石親自主持黨務會議，討論改造方案。他聲稱改造已成為全黨普遍要求，但事務性黨部整頓、形式上黨員登記，都不足以振廢起衰，必須從根本上對黨的思想路線、社會基礎、組織原則、領導方法與作風進行痛切反省，嚴厲檢討。1949 年 7 月 14 日，當時國民黨的中央黨部尚在廣州，蔣介石攜帶《本黨改造綱要》、《本黨改造綱要實施程序》、《本黨改造籌備委員會組織規程》及《本黨現階段政治主張》4 份檔去廣州，與有關人員作進一步研議。8 月 18 日，國民黨中常會通過這 4 份檔。9 月 20 日，蔣介石又在重慶發表《告全黨同志書》，號召全體黨員認真研究改造方案，檢討過去的錯誤，反省自己的缺點，「把失敗主義的毒素徹底肅清」，「把派系傾軋的惡習痛切悔改」，「把官僚主義的作風切實剷除」，以新組織、新綱領、新風氣與共產黨鬥爭，「爭取第三期國民革命之勝利」。〔註29〕可是，當時正值解放軍大舉進軍，追殲國民黨軍，改造運動因國民黨政權的流亡播遷，根本無法推展。蔣介石退據臺灣後，遂於 12 月底召集政要商定推行。其時，臺灣局勢險惡，人心渙散，黨政官員紛紛各謀生路，改造運動缺乏相對安定的政治環境，只能是蔣氏親信們的紙上作業。

1949 年底敗退臺灣後，蔣介石認為國民黨要想「起死回生」，改造刻不容緩，宣稱若不立即進行改造，國民黨會因意見分歧、無法統一意志而「自葬火坑」。「改造要旨，在滌雪全黨過去之錯誤，徹底改正作風與領導方式，以改造革命風氣：凡不能在行動生活與思想精神方面與共產鬥爭者，皆應自動退黨」。〔註30〕於是他召集陳立夫、黃少谷、谷正綱、陶希聖、鄭彥棻等人進行研討，加快了改造步伐。1950 年 1 月在臺北成立國民黨改造研究小組，加緊研擬改造方案細節，先後訂定《本黨改造綱要》、《本黨改造措施及程序》。然而，在 1950 年 6 月前，蔣介石對改造計劃還不敢付諸實施，主要原因是：解放軍準備渡海攻臺；「中華民國政府」外交孤立；經濟、政治混亂無序，困難重重；軍事上忙於撤退海南、舟山部隊，加強臺灣防衛。蔣介石考慮到「此時軍事緊急，不宜急求改造」，在局面未穩定之前進行「改造」等於自亂陣腳，只能加速失敗。

1950 年 6 月，朝鮮戰爭爆發，美國宣布協防臺灣，臺灣危機解除警報。

〔註29〕蔣經國：《風雨中的寧靜》，臺北：黎明文化事業公司 1977 年版，第 240 頁。
〔註30〕羅家倫：《蔣「總統」經國先生言論著述彙編》第 2 輯，臺北：黎明文化事業公司 1981 年版，第 702～703 頁。

蔣介石終於從疲於應付的危局中得到喘息之機，急不可待地決定要把思慮已久的國民黨改造付諸實施。為統一思想、減少阻力，蔣介石確定分別與國民黨內元老、反對實行改造的中央委員及確定為「改造委員」的人談話。但對改造中受到最大衝擊的陳立夫，他則置之不理：「不欲約見立夫，警告其應自立自強與改革習性。」〔註31〕這實際上也是對所有反對改造官員的一種警告。7月12日，在臺灣的中執委、中監委、候補中執委與中監委于右任、居正、李文範、鄒魯等214人，〔註32〕聯名呈請總裁改造國民黨。蔣介石要求第六屆中執會、中監會應該交出權力，由他指定的中央改造委員會（以下簡稱中改會）代行中央權力，但遭到抵制。蔣介石十分惱怒，不到中央黨部主持黨務，也不批閱公文，向六屆中執會、中監會施壓。7月22日，中執會、中監會屈服，由中常會召開臨時會議，決議通過蔣介石擬定的「國民黨改造案」。

「改造案」主要包括三部分，在第一部分「關於實施本黨改造之說明」中，蔣介石著重說明了改造的原因和目的，指出改造的迫切性。他說：「四年來黨的信譽之失墜，兩年來黨的失敗之慘痛，中正和六屆中委諸同志不能不共負完全責任。詳審本黨當前環境，默察革命客觀情勢，深覺六屆中委如不停止行使職權，則今日黨的改造不能發揮其政治革命的效能，亦即本黨今後將無法負荷革命的責任。」「當此國家存亡革命絕續之交，中正惟有師法民三和民十三兩次改造的精神，負起黨章所賦予的重任，指派中央改造委員 15～20 人，協助中正進行本黨改造的工作。同時，中正對於黨中有功績有德望的同志，聘為中央評議委員，督導改造，監察腐惡，使改造工作得奏實效。改造委員人數較少，專權集中，可責以實際之成效。評議委員延集本黨耆宿，薈萃各種意見，將獲致集思廣益之功。」談到改造的目的，蔣介石說：「對原有黨員腐化貪污的事實，反動投機的傾向，毀法亂紀自私自利者，要嚴厲整肅，以恢復本黨的革命精神」；國民黨經過改造後，要實現組織嚴密，紀律嚴整，「每一個黨員必須編入基層組織，每一基層組織務必深入民眾，我們要以民眾的需要為本黨的政策，以社會的心理為革命的嚮導」，以便能夠「承接中華民族五千年歷史文化，發揚光大，使其成為人類理性振聵發聾的木鐸」，「使臺灣成為自由中國復興的基地，民主亞洲戰鬥的崗哨，世界和平英勇的先驅，人類理性睿智的先導」。

〔註31〕《蔣介石日記》（手稿本），1950 年 6 月 25 日，「上星期反省錄」。
〔註32〕張其昀：《黨務報告要略》，中國國民黨中央委員會黨史委員會編：《革命文獻》
　　　　第 77 輯，臺北：中央文物供應社 1978 年版，第 114 頁。

在第二部分「本黨改造綱要」中，蔣介石規定了改造過程中所應遵循的原則，包括黨的構成、組織、幹部、作風、紀律、領導、黨政關係及黨員的權利和義務等。「綱要」規定，國民黨繼續信奉三民主義，堅持「反共抗俄」鬥爭，以「實現國家獨立、人民自由、政治民主、經濟平等與世界和平」為目標，它以青年知識分子及農、工生產者等廣大勞動民眾為社會基礎，以民主集權制為黨的組織原則；要健全從城市到鄉村，從中央到地方的各級黨的組織，整肅黨內腐敗分子，「選拔具有忠黨愛國，對革命事業絕對忠誠，接近青年及勞動民眾，並能為其利益而奮鬥等質量的人作為黨的各級幹部」。「綱要」特別強調，國民黨員要徹底改造過去的錯誤作風，必須做到以下六條：「要實現主義」，「要尊重組織」，「要堅持政策」，「要深入民眾」，「要講求效能」，「要精誠團結」。

第三部分「本黨改造之措施及程序」，規定了具體的改造措施及改造程序。其中主要措施有：第六屆中央執行委員會、中央監察委員會均停止行使職權，成立中央改造委員會行使上述兩委員會之職權。該委員會名額為15~25人，「由總裁遴選之」；中央改造委員會下設各種工作部門或委員會，分負推進改造工作之責，「人員由總裁遴選派之」；設中央評議委員若干人，對黨的改造負監督與監察之責，「由總裁聘任之」。同時也規定了改造委員會成立後展開工作的程序，待改造工作完成、各級黨部重建後，由改造委員會呈請總裁召開「全國代表大會」，正式宣布改造工作結束。〔註33〕

國民黨中常委臨時會議經討論，完全通過了這項提案，其決議如下：〔註34〕

本案承本黨以往歷史，應當前革命需要，並循全黨同志要求，

歷經慎重研擬，復經總裁審訂，應予通過，迅付實行。

隨後，蔣介石對與會的中常委們訓示：「切實糾正過去錯誤，從新做起，各本其固有之崗位，以致力於本黨之重建，達成反共抗俄光復大陸的責任。黨國前途，為成為敗，為功為罪，在此一舉。」〔註35〕蔣介石視國民黨的改造運動為成敗在此一舉的重大舉措。國民黨中常委臨時會議的召開及國民黨改造案的通過，標誌著蔣介石醞釀已久的國民黨改造運動正式開始。

〔註33〕《本黨改造案》，中國國民黨中央委員會黨史委員會編：《革命文獻》第69輯，臺北：中央文物供應社1984年版，第449~459頁。

〔註34〕本報訊：《本黨中央常委會通過黨的改造案》，《中央日報》，1950年7月23日，第1版。

〔註35〕本報訊：《蔣總裁訓勉同志從新努力重建本黨》，《中央日報》，1950年7月23日，第1版。

（二）中改會的建立

在改造之前，國民黨中央權力核心的臃腫和低效，是一大病患。有地方幹部認為：「本黨敗壞起自上層，此全黨一致之呼聲。此次中央改造委員應謹慎選拔，其精神不足、信心不堅、自私自利、投機取巧、無最後決心以及年老力衰者，悉應避免，方能造成領導革命之堅強機構，以資號召整個革命之新的力量。」〔註36〕毛祖讓等人亦認為：「改造的人選應儘量容納新人，須知今日群眾心理，愈『熟悉』的名字，愈感冷淡；而愈『生疏』的名字，群眾反愈寄予『希望』。」〔註37〕這些建議均透露出地方幹部對中央領導群體不滿、要求任用青壯才俊、任用新人以帶來新生力和希望的心理。蔣介石則認為，若不重新造黨，「則現在中央委員四百餘人之多，不僅見解分歧，無法統一意志，集中力量，以對共產國際進行革命。且如不毅然斷行，是無異自葬火坑，徒勞無功。」〔註38〕

到改造前夕，國民黨中央一級黨組織的狀態已成一片爛攤子，難以收拾。來到臺灣的 200 多名中央委員，其心各異。黨政非但不能指望他們有所幫助，反受其害。蔣介石推行改造的重要智囊、改造前的中央黨部秘書長鄭彥棻對原中央組織已放棄希望，建議蔣介石，整頓無望，不如棄之。1950 年 1 月，鄭向蔣報告中央黨部情形，認為「實在無法收拾，只有重起爐灶之一法」。〔註39〕王世杰、黃少谷等人亦贊成解散中委而另行組織，以免去無用而累贅的大部分委員。〔註40〕雷震則主張，第六屆中委應負失敗之責，一切交蔣介石主持，由此，最關切的派系問題亦可解決。〔註41〕

另組中央，是拋棄舊包袱、重塑國民黨的重要步驟，也是頗為艱難的一步。自日月潭之議建議原有中央停止行使職權後，黨內反對的言論不斷。蔣介石以威壓、冷處理等辦法，堅持在非常階段採以非常手法，並派人分頭進行有計劃的說服工作，獲得多數人至少在表面上的服從和認可。

〔註36〕《高崇禮上總裁函》1949 年 10 月 15 日，臺北：黨史館藏中央改造委員會檔案「會議類」，檔號：6.41／39。

〔註37〕毛祖讓等 93 人集體意見，《本黨改造意見反映總結》，中央改造委員會設計委員會 1952 年編印，第 21 頁。

〔註38〕曾景忠、梁之彥選編：《蔣經國自述》，北京：團結出版社 2005 年版，第 232 頁。

〔註39〕《蔣介石日記》（手稿本），1950 年 1 月 21 日。

〔註40〕傅正主編：《雷震全集》32，雷震日記：《第一個 10 年》第 2 冊，1950 年 1 月 4 日，臺北：桂冠圖書股份有限公司 1989 年版，第 7 頁。

〔註41〕傅正主編：《雷震全集》32，雷震日記：《第一個 10 年》第 2 冊，1950 年 9 月 9 日，臺北：桂冠圖書股份有限公司 1989 年版，第 185 頁。

　　1950 年 7 月 17 日下午，國民黨中央執監委百餘人舉行連續四小時的談話會，主題為國民黨今後改造問題，馬超俊任臨時主席。多數委員主張將監察委員會撤銷，而以改造委員會代之，並另設評議委員會，對黨內措施負監督評議之責。〔註 42〕但仍有少數人公開表達了不同意見，有人反對剝奪原有中委的權利來進行改造。對於改造方案和改造委員會人選是否需經五中全會通過合法程序討論和產生問題，直到改造正式啟動前夕也仍有異議。與蔣介石不通過全會的想法相牴觸者，還包括其重要幕僚和國民黨資深元老。〔註 43〕

　　蔣介石堅持改造方案和改造委員會人選不經過全會討論的主張，有不受任何派系牽制之意。他料想由自己主動提出，不經人多口雜、派系紛爭的全會爭論，雖然不合程序，但除了海外黨部會有阻力外，應不會有大礙。〔註 44〕在已丟失大陸敗退臺灣的境地中，在飽受派系牽制、掣肘之苦後，蔣介石要掌握改造的主動權，即使一些做法不合法，也無礙於自己的統治，何況又有局勢艱危這一理由。

　　尤其是對於改造委員會人選，蔣介石早有自己的想法。1950 年 2 月初，蔣自記：「本黨改造方針之不能實施，以人事關係各幹部成見太深，無法使之犧牲小我成全大我也。只有另組核心遴選積極有為之青年受直接領導秘密進行，樹立革命新生之基礎也。」〔註 45〕原有中央核心人數多、難操控，且呈老態，蔣介石早有拋棄之念，此時正是合適時機。

　　根據「改造案」的規定，7 月 26 日下午，蔣介石在臺北賓館召集國民黨中央委員會，就改造委員會成員遴選標準加以說明，並當場指定陳誠、張其昀、張道藩、谷正綱、鄭彥棻、陳雪屏、胡健中、袁守謙、崔書琴、谷鳳翔、曾虛白、蔣經國、蕭自誠、沈昌煥、連震東、郭澄等 16 人（簡歷如表 1-1）為改造委員會成員，他們取代了由 460 人組成的國民黨第六屆中央委員會，成為國民黨的最高權力核心。蔣介石以「總裁」名義擅自決定停止中央委員會的職權，自行決定黨的核心機構的更迭，任命成員，有違國民黨的制度，反映了其反民主的獨斷作風。

〔註 42〕　《中執監委檢討黨務主張設立改造委員會》，《中央日報》，1949 年 7 月 18 日，
　　　　　第 1 版。
〔註 43〕　蔣介石日記提到谷正綱對改造方案不經全會尚持異議，于右任認為改造委員人
　　　　　選必須由全會選舉。（《蔣介石日記》（手稿本），1950 年 7 月 14 日、7 月 21 日。）
〔註 44〕　《蔣介石日記》（手稿本），1950 年 6 月 6 日。
〔註 45〕　《蔣介石日記》（手稿本），1950 年 2 月 3 日。

表 1-1　中央改造委員會成員簡歷表

姓名	籍貫	生年	主要經歷與派別
陳誠	浙江青田	1898	軍事委員會軍政部長、參謀總長、臺灣省主席、行政院長，黃埔系領袖（教官）。
張其昀	浙江鄞縣	1901	中央政治學校教授、國民參政會參政員、制憲國民大會代表、考試委員、中央黨部秘書長，地理學者。
張道藩	貴州盤縣	1897	國民黨中央組織部副部長、中央宣傳部長、中央政治學校教育長、立法委員，CC 派。
谷正綱	貴州安順	1902	中央政治部副部長、浙江省黨部主委、國民黨中央社會部部長、行政院社會部長，CC 派。
鄭彥棻	廣東順德	1912	中山大學法學院院長、三青團中央宣傳處處長、革命黨中常委兼秘書長、立委。
陳雪屏	江蘇宜興	1901	教育部政務次長、國民黨中央青年部長、臺灣省教育廳廳長。自由主義者。
胡健中	浙江杭州	1903	復旦大學教授、浙江省戰時教育文化事業委員會主委、杭州民國日報社長、重慶中央日報社長兼總主筆、立委，CC 派。
袁守謙	湖南長沙	1903	軍事委員會特別黨部書記長、三青團副書記長、國防部政務次長，三青團，黃埔系（1 期）。
崔書琴	河北故城	1906	北京大學教授、西南聯大教授、立委，三民主義理論家。
谷鳳翔	察哈爾龍關	1907	察哈爾省警官學校政治教官、監察委員。
曾虛白	江蘇武進	1895	國民黨國際宣傳處副處長、新聞局副局長、中國廣播公司副總經理。
蔣經國	浙江奉化	1910	三青團中央幹校教育長、青年軍總政治部主任、國防部總政治部主任。
蕭自誠	湖南邵陽	1907	蔣介石侍從秘書、中央政治學校畢業、三青團中央監察、中央日報副社長。
沈昌煥	江蘇吳縣	1913	中山大學教授、國府秘書、外交部禮賓司長、行政院新聞局長、總裁辦公室第四組副組長。
郭澄	山西陽曲	1907	三青團山西支團幹事長、山西省黨部主委。
連震東	臺灣臺南	1904	臺灣省參議會秘書長、臺灣省黨部執行委員，國民大會代表。

資料來源：「中央社」訊：《蔣總裁宣布中央改造委員》，《中央日報》1950 年 7 月 26日，第 1 版。

新組成的權力核心具有很多特點，一是成員中新面孔居多，2／5 以上不是原來的中央委員，多數成員在國民黨中原先並非位居高職；二是平均年齡

比較小，50 歲以上者僅占 1／5，50 歲以下者占 4／5，最大的曾虛白不過 56
歲，最小的沈昌煥只有 38 歲；三是學歷高，16 人中有 10 人曾留學美、蘇、
英、法、日、德等國，有的獲博士學位，學歷最低的陳誠和袁守謙也是保定軍
校和黃埔一期畢業。蔣介石的同鄉——浙江人有 4 人，江蘇 3 人，湖南、貴
州各 2 人，廣東、河北、山西、察哈爾和臺灣各 1 人，出身思想相對開化的
東南地區的占大半。新的權力核心顯示出學識出眾、見多識廣、年富力強、
思想開化的整體特徵。

　　但新領導班子最引人注目的還是他們非同尋常的政治背景：張其昀、胡
健中、曾虛白、蕭自誠等人曾任蔣介石的侍從秘書；鄭彥棻、崔書琴、連震
東、郭澄 4 人則是蔣經國領導的「三青團」的幹部出身；陳雪屏、袁守謙則
和時任「行政院長」的陳誠關係密切；原 CC 系的骨幹分子張道藩、谷正綱也
有一段哭阻蔣介石下野的歷史。最接近權力核心的正副秘書長，皆為蔣介石
所信賴。秘書長張其昀為著名史地學家，1949 年到臺灣，成為蔣介石幕僚，
被延攬至總裁辦公室，任秘書組長；副秘書長周宏濤是蔣家親戚，長期為蔣
介石擔任私人秘書。改造委員會對蔣介石負責，開會時由蔣介石任主席。從
中央改造委員會的組成可以看出，國民黨的這次改組一開始就充滿了濃重的
個人色彩，權力已從有名無實的中央委員會公開移向以蔣介石為主，陳誠、
蔣經國為輔助的新核心。

　　為了照顧國民黨元老們的情緒，化解黨內因權力爭奪而激化的矛盾，蔣介
石還特別設置了中央評議委員會，特聘吳敬恒、居正、于右任、鈕永健、丁惟
芬、鄒魯、王寵惠、閻錫山、吳忠信、張群、李文範、吳鐵城、何應欽、白崇
禧、陳濟棠、馬超俊、陳果夫、朱家驊、張厲生、劉健群、王世杰、董顯光、吳
國楨、章嘉、張默君等 25 位大陸時期地位顯赫者，為中央評議委員會委員。中
央評議委員完全是位尊而無權的賦閒職位。原在國民黨黨務系統內影響最大的
陳立夫，竟然連評議委員也沒有當上。對這種人事安排，蔣介石的解釋是，「對
於立夫所領導之腐化分子，投機分子之中央常委除了（張）道藩、（谷）正綱、
（陳）建中等可以希望其能團結者勉予容納外，其他一律摒除，解散常會，成
立中央改造委員會，並將舊日各部會徹底改組，而以老者聘為評議委員以慰之」。
「立夫對黨失敗之責任，誠不能恕，諒其蒙蔽欺詐之罪惡猶不自知乎？」〔註46〕
從這種全面「除舊迎新」的人事大格局看，蔣介石要消除原有主要派系影響、

〔註46〕《蔣介石日記》（手稿本），1950 年，「三十九年工作反省錄」。

建立一個效忠於自己的高效領導核心。

8 月 5 日，中央改造委員在臺北中央黨部舉行就職宣誓典禮，表示要「發揚革命精神，完成改造任務」。〔註47〕由是，中改會正式成立，取代第六屆中央委員會成為國民黨中樞機構，代行中央執行委員會和中央監察委員會職權，僅向總裁負責。精簡模式的中央取代原來龐大的領導群，超拔於其他機構之上，直接受蔣介石控制，在提高了黨務改造的效率之外，也增強了蔣介石的威儀與權力。

就職宣誓當日，中改會委員們舉行第一次會議，通過「中改會組織大綱」，其主要內容如下：（1）中改會在國民黨改造期間，行使中央執行委員會及中央監察委員會的職權。（2）中改會開會時由總裁為主席，總裁因故不能出席時，由出席委員互推一人為主席。（3）中改會設秘書長 1 人，副秘書長 1～2 人，由國民黨總裁提經中改會任用，秘書長承總裁之命與中改會之決議掌理本會事務，並對各組會工作負綜合與督導之責。（4）中改會下設一處、七組、五會：秘書處、第一組、第二組、第三組、第四組、第五組、第六組、第七組、幹部訓練委員會、紀律委員會、財務委員會、黨史史料編纂委員會、設計委員會。（5）各組設主任 1 人，副主任 1～3 人；各委員會設主任委員 1 人，副主任委員 1～3 人，委員若干人，均由總裁提經中改會任用之。〔註48〕

該組織大綱規定中改會編制及各組會職責，中改會以張其昀為秘書長，周宏濤為副秘書長，設秘書處與七組、五會。秘書處是負責督導各組會的秘書長的辦事機構，掌理議事、總務、文書、會計、人事及黨員撫恤撫助與其他不屬於各組會職掌之事項。七組與五會各有專司：第一組，掌理「自由地區」及大陸地區各級黨部或秘密工作之組織，與黨員之訓練及指導其活動；第二組，辦理知識青年黨員、產業職業等團體黨員和特種黨部黨員的組織、訓練並指導其活動，指導婦女、農工、工商運動及其他有關民眾運動事項；第三組，負責海外各級黨部的組織、訓練及活動指導；第四組，掌理宣傳工作的指導設計、黨義理論的闡揚及策劃文化運動；第五組，掌理民意機構與政府黨員之組織與政治活動，及對各「反共抗俄」民主政黨聯絡之有關事宜；第六組，掌理對社會、經濟、政治等動態有關資料之搜集、整理、研究，

〔註47〕《新生報》，1950 年 8 月 6 日，第 2 版。
〔註48〕《中國國民黨中央改造委員會第一次會議記錄》，1950 年 8 月 6 日，油印件，黨史會藏。

與對敵鬥爭之策劃；第七組，掌理黨營事業之管理，及黨員經濟生活之輔導。蔣介石任命陳雪屏、谷正綱、鄭彥棻、曾虛白、袁守謙、唐縱、郭澄依次為各組組長。幹部訓練委員會負責幹部訓練有關業務，主任委員蔣經國，後改為萬耀煌；紀律委員會掌黨紀案件的審議，監察黨員執行政策決議命令情況，審核決算，主任委員李文範；財務委員會掌理國民黨財務統籌，審議預算，募集、保管和運用黨費基金，主任委員俞鴻鈞；黨史史料編纂委員會負責黨史史料搜集整理和編纂，保管革命文獻，主任委員羅家倫；設計委員會負責設計加強黨政和反共工作，審議中改會交議案件，主任委員陶希聖。〔註49〕

第二節　國民黨對黨員和各級組織的整理

一、國民黨對黨員的整理

（一）歸隊

在大陸時期，國民黨的組織尤其是基層組織一直十分渙散，曾被人譏為「只見黨部，不見黨員」。國民黨敗退到臺灣之初，大量黨員滯留大陸，不願追隨殉葬。到臺的黨員也有人對自己的黨員身份諱之莫深，盡力隱瞞，更不肯參加組織活動，可以說各級組織幾乎癱瘓。為了將游離於國民黨各級黨部以外的黨員悉納入組織之內，國民黨中央改造委員會發布了大量檔，號召黨員「歸隊」。1950 年 9 月 29 日，中央改造委員會通過《黨員歸隊實施辦法》，1950 年 12 月 23 日，國民黨中央改造委員會發布公告，號召國民黨員迅速「歸隊」，即要求到臺黨員向各地的組織報到，以便重新編組；規定從 1951 年 1 月 4 日至 23 日，以 20 天期限重新登記黨員。在辦理黨員登記時，蔣介石特別強調要加強黨員的紀律性，要有組織觀念，要嚴格登記。國民黨中央改造委員會根據蔣介石的要求特發出通報，明確規定：

　（1）凡脫離組織之黨員，未參加此次黨員歸隊登記者，一律撤銷其黨籍。

　（2）黨員登記日期定為 20 天，不得展延。

〔註49〕劉維開編：《中國國民黨職名錄》，臺北：中國國民黨中央黨史會 1994 年版，第 264～265 頁。

（3）各主辦單位於登記結束後，15 日內將報到黨員納入組
織。〔註50〕

為了使黨員「歸隊」工作卓有成效，一方面，國民黨各級改造委員會通過刊登廣告、發布新聞、進行廣播、張貼公告和標語、寄發傳單等方式進行宣傳；另一方面，國民黨中央派人前往各地督導。督導人員分兩組，分別負責臺中以北和臺中以南區域。第一組由王星舟、蔣嘯青、周正祥組成，第二組由鄧傳楷、張疆亭、張銘傳組成。他們所到之處，均召集各級黨的幹部和從政黨員舉行座談會傳達中央精神，聽取黨員意見。〔註51〕

亡命孤島之後，國民黨自己宣稱有252042 名黨員，但在實施黨員重新登記的 20 天內，登記者僅有20258 人。臺報認為國民黨中央監察機構的改造較好。國民黨第六屆中央執、監委員共 589 人，經重新登記發現：死亡 6 人，留居大陸及情況不明者84 人，在港澳及海外者 107 人，開除黨籍者62 人，未歸隊者 25 人。在臺的國民黨中央執、監委員296 人，除 2 人未歸隊外，其餘均參加組織。〔註52〕對於未歸隊的國民黨中央執、監委員，一律撤銷其黨籍。對於歸隊的黨員，中改會要求進行宣誓儀式，表示對國民黨忠心與無條件的服從。所有的黨員都必須納入組織，通過小組的形式加以控制。

關於黨籍的整理，為國民黨重建後重要措施之一。黨員歸隊後，納入組織，並加強管理黨籍，使不再發生黨員游離黨外之現象，並採取以下四種方法：一無參加組織之紀錄者黨證無效，二未辦移出手續者不准轉入，三實施「檢查黨籍」，凡黨員未參加組織，未繳納黨費，未出席小組會議者，不能享受黨員權利，四脫離組織者，必受黨紀處分。對於未歸隊之黨員一律撤銷黨籍，如重新入黨，須經中央特准。〔註53〕為使在臺灣黨員之黨籍易於稽查，並避免與大陸原有黨籍混淆起見，特建立《在臺黨員卡片》。

（二）整肅

為改變國民黨組織混亂、紀律鬆散的弊病，黨員歸隊以後，國民黨則開

〔註50〕《黨員歸隊實施辦法》，《中國國民黨黨務發展史料——中央改造委員會資料彙編》（上），臺北：近代中國出版社1990 年版，第 440 頁。

〔註51〕芮晉：《黨員歸隊實錄》，《改造》第十一期，1951 年 2 月 1 日，第 42 頁。

〔註52〕中國國民黨中央改造委員會秘書處編印：《一年來工作報告》，1951 年版，第8 頁。

〔註53〕陳鵬仁編：《中國國民黨黨務發展史料——組訓工作》，臺北：近代中國出版社1998 年版，第 3 頁。

始整肅黨員，以清除黨內「動搖腐化、信仰不堅分子」。整肅的標準，根據國民黨的《本黨改造綱要》第 8 條規定，原有黨員凡有下列情形之一者，予以徹底整肅：「（1）有叛國通敵之行為者；（2）有跨黨變節之行為者；（3）有毀紀反黨之行為者；（4）有貪污瀆職之行為者；（5）生活腐化，劣跡顯著者；（6）放棄職守，不負責任者；（7）信仰動搖，工作弛廢者；（8）作不正當經營，以牟取暴利為目的者。」〔註 54〕整肅採取檢舉、審議、核定、制裁的程序進行。中央改造委員會號召各級黨部、各個黨員進行自身檢討，鼓勵下級對上級的檢舉，黨員之間相互檢舉。

1951 年中央改造委員會專門制訂《原有黨員整肅辦法》、《原有黨員整肅辦法補充指示》和《黨員違反黨紀處分規程》等條例，指導各級黨部開展整肅運動。中央改造委員會在 1951 年 3 月 14 日第 98 次會議中又通過了《原有黨員整肅辦法實施程序》，該條例規定了各級黨部對原有黨員整肅工作進行的期限（見表 1-2）。

表 1-2　國民黨各級黨部對黨員整肅工作的期限

工作項目	期限	起迄時間
1. 訂頒各項實施辦法		3 月 18 日以前完成
2. 省級黨部舉行縣級承辦人員講習	3 天	3 月 16 日～18 日
3. 縣級黨部舉行區級承辦人員講習	3 天	3 月 30～4 月 1 日
4. 進行檢舉	21 天	4 月 2 日至 22 日
5. 小組審議	15 天	4 月 17 日至 5 月 1 日
6. 區黨部審議	8 天	5 月 4 日至 11 日
7. 縣級黨部審議	10 天	5 月 10 日至 19 日
8. 省級黨部審議	12 天	5 月 23 日至 6 月 3 日
9. 中央核定		7 月 7 日以前完成

資料來源：《中國國民黨中央改造委員會第 98 次會議記錄》，1951 年 3 月 14 日，油印原件，黨史會藏。

黨員整肅由小組進行，「查明事實，與被檢舉人談話，可提出申辯」，並將檢舉書、答辯書與調查報告，逐級呈轉「中央改造委員會」核定；幹部的檢

〔註 54〕《本黨改造綱要》，《中國國民黨黨務發展史料——中央改造委員會資料彙編》（上），臺北：近代中國出版社 1990 年版，第 16 頁。

肅由其任職之「改造委員會」或區黨部及小組辦理，「即由下而上，復可由上而下進行整肅」，藉以重整「風紀」，淘汰「腐惡」分子，清除異己勢力，調整國民黨「陣容」。僅以國民黨中央黨部為例，第六屆全部中央執行、監察委員589人中，除6人死亡和294人遷臺「歸隊」外，其餘均被開除黨籍。〔註55〕「中央改造委員會」成立一年所制裁的「黨員違紀案」共計126人，其中「投附共匪者」94人，參加「偽革命委員會」10人，參加其他政黨者3人，不出席會議者4人，侵吞公款及貪污者5人，違反國民黨的命令及政府法令者10人，經國民黨紀委決議後，分別對違紀黨員予以處分，其中永遠開除黨籍者24人，開除黨籍者94人，開除黨籍一年者1人，停止黨權一年者2人，停止黨權半年者2人，警告者3人。〔註56〕

（三）徵求

國民黨在大陸時期，給人的觀感猶如空中樓閣，頭重腳輕，搖搖欲墜。國民黨與工農群眾脫節，只是政治意義上的組織，在基層社會中影響甚微。在大陸遭遇失敗後，國民黨反省得失，認為：「黨員應與群眾接近——主義思想是黨的靈魂，民眾乃是黨的基礎，本黨過去所犯的錯誤，就是黨與群眾脫離了」。〔註57〕國民黨要在臺灣立足，就要走「群眾路線」，以增強基層力量和民眾支持。因此，國民黨將自己的構成成分和社會基礎定位為：「以青年、知識分子及農、工、生產者等廣大勞動民眾為社會基礎，結合其愛國的革命份子，為黨的構成份子」。〔註58〕為實現這一目標，國民黨在各項改造措施中給予相應配合。如為提高農工等類黨員的比例，將改造期間徵求新黨員比例定為：農工約占50%，青年及知識分子約占30%，生產者約占10%，其他約占10%。〔註59〕另一方面，退臺後的國民黨由於缺乏本省籍成員的社會基礎，所以也特別著重於本省籍黨員的吸收；在一項徵求新黨員的工作指示中，國民黨希望改造後的臺灣省

〔註55〕中國國民黨中央改造委員會秘書處編印：《一年來工作報告》，1951年版，第8頁。
〔註56〕中國國民黨中央改造委員會秘書處編印：《一年來工作報告》，1951年版，第118頁。
〔註57〕國民黨中央改造委員會設計委員會編印：《本黨改造意見反映總結》，1952年，第23頁。
〔註58〕《中國國民黨黨務發展史料——中央改造委員會資料彙編》上，臺北：近代中國出版社1990年版，第15頁。
〔註59〕《中國國民黨黨務發展史料——中央改造委員會資料彙編》上，臺北：近代中國出版社1990年版，第449頁。

黨部中本省籍黨員比例能達到 70%。〔註60〕

　　1950 年中央改造委員會在第 29 次會議中通過了《徵求新黨員辦法》，規定「凡中華民國國民年在 18 歲以上，無分性別、職業，凡信奉三民主義及本黨政綱政策與遵守黨章者，均得依照規定，申請加入本黨。」〔註61〕徵求的新黨員特別以廣大勞動民眾中，愛國的、革命的青年、知識分子、農、工及生產者等為主要對象。同時為適應當時「反共復國」的需要，在接收新黨員方面，蔣介石特規定四條標準：「願為反共抗俄而堅決奮鬥者」、「有刻苦耐勞之生活習慣者」、「能深入社會為民眾服務者」、「工作努力能起模範作用者」。〔註62〕這四條標準表明蔣介石選拔新黨員仍以堅持反共作為首要條件，也說明國民黨正在開始接受大陸失敗的教訓，注意自身的建設。

　　在新黨員的吸收方面，國民黨特別強調兩點：「（一）質重於量，二主動爭取，藉以吸收社會優秀份子。」〔註63〕在徵求黨員的方法上，新黨員申請入黨，必須由兩名黨員負責介紹，經所在地小組審查通過，然後報請上級黨部核准，經過兩個月的考核訓練，再由國民黨中央正式發給黨證，並分配參加黨的組織與工作；在徵求黨員的成份上，國民黨特別注意在臺灣的社會基礎，加大在普通民眾中發展黨員的力度，特別是在農民、工人和青年知識分子階層中進行發展工作，吸收了一批本土黨員。1951 年度全年徵求新黨員共計 27666 人，1952 年度 1 至 8 月底止，共計徵求 14945 人，合計 42611 人。就黨的社會基礎分析：以年齡言，25 歲以下之青年，占總數 35.29%。以知識水平言，高中以上之知識分子，占總數 29.77%。以職業言，農民占總數 16.18%。工人占 33.13%，農工份子合計占 49.31%。就籍貫分析：臺灣籍黨員占 61.40%。就性別分析：婦女占 5.90%。與改造前黨員成份比較，青年增加百分 12.21%，知識分子減 14.60%，農減 2.26%，工增 15.54%，婦女增 0.05%，臺籍黨員增 5.20%。〔註64〕（見表 1-3）

〔註60〕中國國民黨中央改造委員會編：《改造》，1952 年第 36 期，第 5 頁。

〔註61〕《徵求新黨員辦法》，《中國國民黨黨務發展史料——中央改造委員會資料彙編》（上），臺北：近代中國出版社 1990 年版，第 446 頁。

〔註62〕《徵求新黨員辦法》，《中國國民黨黨務發展史料——中央改造委員會資料彙編》（上），臺北：近代中國出版社 1990 年版，第 444 頁。

〔註63〕陳鵬仁編：《中國國民黨黨務發展史料——組訓工作》，臺北：近代中國出版社 1998 年版，第 4 頁。

〔註64〕陳鵬仁編：《中國國民黨黨務發展史料——組訓工作》，臺北：近代中國出版社 1998 年版，第 4 頁。

表1-3　改造前後臺灣省黨部黨員成份比較表　　　　1952 年 8 月監製

成份 時間	青　　年	知識分子	農　　民	工　　人	婦　　女	臺　　籍
改造前	22.98%	44.37%	18.44%	17.59%	5.85%	56.20%
改造後	35.29%	29.77%	16.18%	33.13%	5.90%	61.40%
比較	增 12.31%	減 14.60%	減 2.26%	增 15.54%	增 0.05%	增 5.20%

資料來源：陳鵬仁編：《中國國民黨黨務發展史料——組訓工作》，近代中國出版社
1998 年版，第 6 頁。

二、國民黨對各級黨組織的整理

（一）各級黨部的改造

　　大陸時期，國民黨的組織混亂龐雜。退臺初期，組織系統渙散瓦解，黨
部多、黨員少。蔣介石曾痛切指出其失敗的根本原因：「第一在於制度沒有建
立，第二在於組織的不健全。」〔註65〕他又說：「過去組織工作的缺點，第一
就是黨的工作只在黨部裏面做，而不能向民眾中間發展。黨的工作離開了民
眾，就只有形式，沒有內容。黨的組織離開了民眾中間的工作，就只有軀殼
沒有靈魂。黨犯了形式主義的毛病，中了官僚主義的流毒，就只有失敗的一
條路了。本黨過去第二個缺點，就是論派系不論政策，論地域的關係，不論
工作的需要。」〔註66〕所以，他一再強調：「我們這次改造本黨，在一方面要
痛改形式主義和官僚主義的作風，從今以後，黨不止要活躍於民眾的中間，
並且要成為民眾自己的組織，黨要集中民眾的意見以為主張，綜合民眾的要
求以為政策，循政黨政治的軌道，貫徹實施。在另一方面，我們要把派系觀
念和地域成見，消除乾淨，從今以後，要以思想結合同志，以政策指導行動，
以工作考核黨員，以原則解決一切問題，才能使全黨集中意志，齊一步調，
作民眾的前鋒，完成反共抗俄救國家爭自由的使命。」〔註67〕更要「一反過
去自立門戶、分派系、拒人千里之外的作風，從反共救國革命運動中為本黨

〔註65〕秦孝儀主編：《先總統蔣公思想言論總集》卷 23，臺北：中國國民黨中央委
　　　　員會黨史委員會 1984 年版，第 90 頁。
〔註66〕秦孝儀主編：《先總統蔣公思想言論總集》卷 23，臺北：中國國民黨中央委
　　　　員會黨史委員會 1984 年版，第 350 頁。
〔註67〕秦孝儀主編：《先總統蔣公思想言論總集》卷 23，臺北：中國國民黨中央委
　　　　員會黨史委員會 1984 年版，第 351 頁。

吸收同志，從政治經濟實際改革中為國家拔擢幹部，我們要以組織的活動改變個人的作風。每一黨員必須編入基層組織，每一基層組織務必深入民眾。」〔註68〕蔣介石吸取過去的教訓，尤其注意組織的整頓與重建。

　　為了整頓各級組織，1950年9月9日，在蔣介石主持下，中央改造委員會制訂了《中國國民黨省級暨所屬黨部改造之措施及其程序》、《改造期間區黨分部小組劃編及改組原則》，10月又通過了《中國國民黨省改造委員會組織規程》、《中國國民黨縣（市）改造委員會組織規程》和《中國國民黨中央直轄職業黨部改造委員會組織規程》等提案，〔註69〕作為各級黨部黨務改造的依據。根據上述諸案要求，省級及縣級改造委員會由上而下逐級成立。省級改造委員會由中央改造委員會遴選之；縣級改造委員會由省級改造委員會遴選報請中央改造委員會核派。區黨部不設改造委員會，由縣級改造委員會督導。各級委員會成立後應接管各級黨部及所屬黨部並接管所經營事業機構。〔註70〕當這些工作進行完之後，應擴大宣傳、教育工作，主要內容是：講授國民黨改造案和「有關法規」；宣傳改造的意義與措施；發動黨內反省檢討運動，厲行新作風；宣傳國民黨現階段政治主張並研討具體實施辦法；發動國民黨員歸隊；重新調整劃編區黨分部小組；飭行黨員整肅；吸收新黨員；加強黨員訓練：完成省以下各級黨部之正式組織。國民黨中央改造委員會還規定：省、縣（市）改造委員會及所屬區黨分部完成改造工作期限為：區黨分部限5個月完成；縣改造委員會限7個月完成；省改造委員會限9個月完成；〔註71〕待改造工作正式完成之後正式成立各級黨部，改造委員會於各級黨部正式成立行使職權後立即撤銷。

　　以下即分中央、地方、知青、職業、海外及特種黨部等六方面，略述國民黨各級黨部改造工作的進行。

1. 中央及直屬區黨部

1950年8月17日中改會通過《中改會各處組會組織規程》，精簡人事，

〔註68〕秦孝儀主編：《先總統蔣公思想言論總集》卷23，臺北：中國國民黨中央委員會黨史委員會1984年版，第335頁。
〔註69〕《中國國民黨中央改造委員會第31次會議記錄》，1950年10月1日，油印件，黨史會藏。
〔註70〕《本黨改造綱要》，《中國國民黨黨務發展史料——中央改造委員會資料彙編》（上），臺北：近代中國出版社1990年版，第17頁。
〔註71〕陳鵬仁編：《中國國民黨黨務發展史料——組訓工作》，臺北：近代中國出版社1998年版，第2頁。

明訂職責。改造後中改會各處組會組織系統如圖 1-1。中央改造委員會為了推進改造工作和示範起見，於 1950 年 10 月率先成立直屬中央改造委員會區黨部，並將 16 名改造委員均編入小組。10 月 28 日通過《中國國民黨直屬中央機關區黨部設置辦法》，將直屬中央區黨部改為第一區黨部，「總統府」、「行政院」、「立法院」、「司法院」、「考試院」、「監察院」、革命實踐研究院和「國家金融各局」所屬同志，分別編為第二至第九區黨部。各區黨部籌備委員在 12 月 6 日集體宣誓就職，負責實施「中央」各部門國民黨的改造。〔註 72〕

圖 1-1　中央改造委員會各處組會組織系統圖

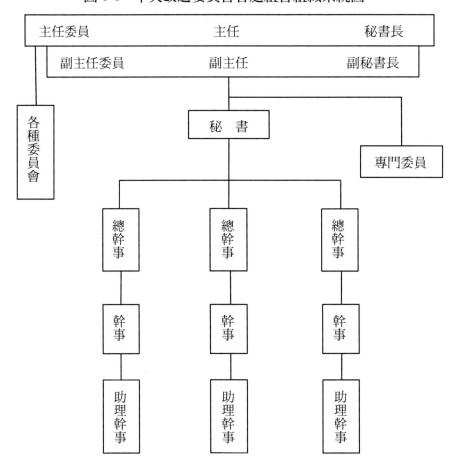

資料來源：許福明：《國民黨改造 1950～1952 兼論其對中華民國政治發展的影響》，臺北：三民主義研究所博士碩士論文獎助出版委員會 1986 年版，第 70 頁。

〔註 72〕陳鵬仁編：《中國國民黨黨務發展史料——組訓工作》，臺北：近代中國出版社 1998 年版，第 2～3 頁。

2. 地方黨部

根據《中國國民黨省級暨所屬黨部改造之措施及其程序》的規定：由「中央改造委員會」遴選臺灣省黨部「改造委員」，省「改造委員會」又指派縣（市）黨部「改造委員」。1950 年 10 月 12 日，臺灣省改造委員會委員 12 人獲得通過，主任委員由出自三青團的原中執委倪文亞擔任。根據《省級暨所屬黨部改造之措施及其程序》，各縣市改委會人選也陸續選定。1951 年 3 月 15 日，各縣市改委會全部成立，組織實施各級組織的全面改造。他們所做的工作主要如下：1. 舉辦講習——講解改造措施及有關法規；2. 擴大宣傳——宣傳改造意義及本黨現階段政治主張；3. 發動黨員歸隊；4. 屬行黨員整肅；5. 徵求新黨員；6. 加強黨員訓練。臺灣省及所屬各黨部，均能依照規定期限，區黨部於 1951 年 8 月前，縣級黨部於 9 月 15 日以前，省級黨部於 9 月底前完成改造工作，正式成立各級黨部。〔註 73〕

3. 知識青年黨部

知識青年為國民黨改造後的主要組成部分，尤其以臺灣的大專院校師生為主。其成立的目的，第一，在於安定學校環境，避免中共的破壞、滲透；第二，使學校黨務與行政相配合，提高青年的政治認識，領導青年政治活動，增進學校教育的功能。根據中央改造委員會第 29 次會議決議：專科以上學校一概設置知識青年黨部改造委員會，由國民黨中央直接領導。各中等學校，視其人數的多少，分別設置區黨部，直屬區分部或直屬小組，除省會地區者得隸屬省改造委員會外，其餘均隸屬各縣市改造委員會。〔註 74〕知識青年黨部改造委員會由國民黨中央委派委員 5～9 人組成，自 1950 年 12 月起，分別在臺灣大學、臺灣師範大學、臺灣省農學院、臺灣省工學院、臺北工業專科學校、臺灣省行政專科學校等設置中央直屬第一至第六知識青年黨部，組織改造委員會。1951 年 6 月 20 日，臺灣省青年服務團的直屬第一區黨部改隸屬國民黨中央，成為直屬中央第七知識青年黨部。在臺灣省各縣市知識青年區黨分部的建立方面：共成立知識青年黨部 41 個，區分部 135 個。〔註 75〕各級知青區黨分部成立改造機構後，積極辦理黨員歸隊，發動整肅自清運動，

〔註73〕中國國民黨中央改造委員會秘書處編印：《中國國民黨中央改造委員會各處組會四十年度工作總檢討報告》，1951 年版，第 1 頁。

〔註74〕中國國民黨中央改造委員會編印：《一年來工作報告》，1951 年版，第 12 頁。

〔註75〕中國國民黨中央改造委員會編印：《一年來工作報告》，1951 年版，第 12～13 頁。

對鞏固大專院校基礎組織，建立安定和諧的學習環境，促進學生研究風氣，有很大的幫助。

4. 職業黨部

這次的改造，國民黨確定以勞工及生產大眾為國民黨的社會基礎，因此對生產企業部門內組織活動的加強發展，極為重視。中改會在頒訂的《中央直屬職業黨部改造委員會組織規程》中，規定職業黨部的地位與職權，相當於省級黨部；並依據《直屬職業黨部改造委員會設置原則》，分別設立中華航業海員、臺灣區鐵路、公路黨部改造委員會三單位，所有改造委員會人選，均就各該單位員工中遴選，提經中央改造委員會通過，並於 1950 年 12 月 21 日合併舉行宣誓就職。除航業海員黨部於當天開始辦公正式成立外，鐵路及公路兩改造委員會，於 1950 年 12 月 30 日至 1951 年 1 月 1 日正式成立，積極展開工作。至於臺灣省原有工礦黨部改造委員會，依照分業組織原則，於改造完成後，即成立分業正式黨部。各級產職業黨部的成立，旨在使國民黨的組織形態與經濟組織相配合，凡事業機構的性質由國民黨中央政府經營或其業務範圍與管理制度有「全國」性系統者，均設置之，由中央直接領導，以確保國民黨的經濟決策有效實施。〔註 76〕改造以後的產職業黨部，對執行國民黨的經濟決策、推動發展生產、組織教育群眾及照顧勞工生活方面，均有顯著的貢獻。

5. 海外黨部

國民黨退臺之初，無暇顧及海外黨部，致使原有的 12 個總支部，5 個直屬分部共 102 個單位，失去聯絡者有 38 個單位之多。〔註 77〕實施改造後，中央改造委員會通過《海外黨部改造實施綱要》，選派黨務輔導委員會委員，分區推行改造工作，並推派第三組主任鄭彥棻，前往美洲地區督導黨務，訪問僑胞，傳達中央改造委員會指示，在半年內恢復了 1 個總支部、8 個直屬支部、2 個直屬分部共計 11 個單位。1950 年 8 月改造後，新徵黨員 2227 人，連原有的黨員，共有 252631 人。當時海外組織，由國民黨中央直轄者，計總支部 11 個，亞洲 4 個，美洲 5 個，歐、澳兩洲各 1 個，經常聯繫的直屬支

〔註 76〕中國國民黨中央改造委員會編印：《一年來工作報告》，1951 年版，第 18～21 頁。

〔註 77〕鄭彥棻：《現階段海外黨務應如何改進》，《改造》半月刊第 16 期，1951 年 4 月 16 日，第 18 頁。

部,共有 62 個,直屬分部有 5 個。〔註 78〕可見改造後,國民黨在海外的組織
又恢復了活力,黨員人數之多,分布之廣,實為一股強大的力量。

6. 特種黨部和「敵後」黨部

蔣介石認為,國民黨在大陸軍事作戰的失敗,與國民黨撤銷軍中組織有關,
以致軍隊失去思想領導。〔註 79〕因此,國民黨實施改造時,根據蔣介石的指示,
中改會先行改造軍中黨的組織,其目的在加強三民主義的思想領導,與黨的組
織領導。由於國民黨各級負責人,大都受過嚴格訓練,加上軍中原有的組織基
礎,故改造工作容易推動。1951 年 2 月改造工作全部完成。〔註 80〕

至於在「敵後」黨務工作方面,國民黨的組織完全從事地下的秘密活動,
通過各種方式,試圖煽動大陸人民顛覆中國共產黨政權,國民黨宣稱在大陸
的黨員「在數量的發展上有了迅速的成長,所有游擊隊,凡與國民黨政府取
得聯繫的,都已建立了黨的組織領導」。〔註 81〕

(二)國民黨加強對各級黨組織的管理

在改造中,中改會確立組織原則,相繼建立各級組織,並以相應措施加
強黨的組織力。

在國民黨組織原則方面,採取民主集權制,「由選舉產生幹部,以討論決
定政策,個人服從組織,組織決定一切,少數服從多數,下級服從上級。在決
議以前,得自由討論,一經決議,須一致執行,以求行動之統一與力量之集中。」
〔註 82〕這項組織原則旨在透過自由選舉和討論,發揮黨的民主原則,在「少數
服從多數,下級服從上級」的原則下,發揮集中的力量,執行決議的精神。

在國民黨組織系統方面,組織的層級劃分,國民黨設中央、省、縣(市)、
區(區分部)委員會,在區分部委員會下得分小組,組設組長。〔註 83〕小組

〔註 78〕中國國民黨中央改造委員會編印:《一年來工作報告》,1951 年版,第 33〜38
頁。

〔註 79〕秦孝儀主編:《先總統蔣公思想言論總集》卷 23,臺北:中國國民黨中央委
員會黨史委員會 1984 年版,第 93 頁。

〔註 80〕中國國民黨中央改造委員會編印:《一年來工作報告》,1951 年版,第 24〜25
頁。

〔註 81〕《改造》半月刊,第 47〜48 期合訂刊,1952 年 8 月 1 日,第 7 頁。

〔註 82〕《本黨改造綱要》,《中國國民黨黨務發展史料——中央改造委員會資料彙
編》(上),臺北:近代中國出版社 1990 年版,第 15 頁。

〔註 83〕《本黨改造綱要》,《中國國民黨黨務發展史料——中央改造委員會資料彙
編》(上),臺北:近代中國出版社 1990 年版,第 16 頁。

之劃分在城市以職業為主，區域為輔；在鄉村以區域為主，職業為輔。凡分小組之區分部，其所屬黨員必須參加小組。縣級以下小組保持秘密。海外黨部、特別黨部及大陸地區之各級組織，依實際之需要，另定之。國民黨的權力機關，在中央為「全國」代表大會，在省縣為全省全縣代表大會，在區為全區黨員大會或代表大會，在區分部為黨員大會，在各級代表大會或黨員大會閉會期間為各級委員會。區黨部及區分部委員由各該級代表大會或黨員大會選舉之，省黨部及縣市黨部委員，由省縣代表大會選舉之，中央委員由「全國」代表大會選舉之。省、縣市委員會設主任委員，其他各級委員會設常務委員，由各該級委員會委員互選之。

在黨員納入組織方面，依據蔣介石「每一黨員必須編入基層組織」的指示，1950 年 10 月，「中央改造委員會」制定各處組委的《組織規程》，精減人事，強化核心，並成立「中央改造委員會」區黨部，把 16 名「中央改造委員」均編入小組。同時，制定《國民黨直屬機關區黨部設置辦法》，把「中央改造委員會」、「總統府」、「行政院」、「立法院」、「司法院」、「考試院」、「監察院」、「革命實踐研究院」和「國家金融各局」黨員，分別編為第一至第九區黨部，其具體情況（見表 1-4）：

表 1-4　國民黨直屬中央機關區黨部組織統計表

單　位	所轄區分部數	所轄小組數	黨員人數	備　考
第一區黨部	10	45	414	「中央改造委員會」
第二區黨部	8	45	380	「總統府」
第三區黨部	14	110	1095	「行政院」
第四區黨部	2	13	139	「立法院」
第五區黨部	3	11	68	「司法院」
第六區黨部	3	13	112	「考試院」
第七區黨部	3	13	146	「監察院」
第八區黨部	2	10	96	「革命實踐研究院」
第九區黨部	6	35	261	「中央各行局」
合計	51	295	2711	

資料來源：中國國民黨中央改造委員會編印：《一年來的工作報告》，1951 年，第 2 頁。

　　至於臺灣省所屬各級黨部及各職業黨部也都能本此原則，進行編組。根據 1952 年 7 月份資料，臺灣省所屬各級組織統計如表 1-5：

表 1-5　臺灣省黨部所屬各級組織統計表

	區黨部	直屬區分部	區分部	小組數	幹部人數	黨員人數
基隆市	17	4	82	396	514	1311
臺北市	59	39	286	1651	2258	14547
臺北縣	33	8	120	463	707	3326
宜蘭縣	14	7	65	327	423	2567
桃園縣	18	7	99	545	692	4400
新竹縣	29	11	147	726	932	6013
苗栗縣	20	12	63	390	539	3073
臺中市	14	15	63	339	463	2769
臺中縣	24	10	103	463	671	3371
彰化縣	43	9	199	936	1121	6781
南投縣	16	5	75	316	414	2364
雲林縣	26	7	100	421	566	3449
嘉義縣	20	19	93	588	667	4718
臺南市	16	12	54	258	354	2157
臺南縣	32	13	133	683	779	5474
高雄市	25	10	130	671	807	6499
高雄縣	24	10	83	383	480	2871
屏東縣	34	15	136	583	621	3304
花蓮縣	26	10	126	682	774	5083
臺東縣	19	11	63	294	407	1866
澎湖縣	10	7	50	239	316	1902
陽明山	6	6	27	136	206	1035
工礦黨部	125	128	561	2969	4484	20654
直屬第一	1		3	12	21	7
直屬第二	1		10	34	45	332
直屬第三	1		7	46	51	383
直屬第四	1		18	164	258	1895
總計	656	375	2916	14669	19740	114731

資料來源：中國國民黨臺灣省黨部編印：《臺灣省黨務報告》，1952 年 9 月，附錄一。

　　由上可知，改造後的國民黨，由黨員直接組成的「小組」作為黨的基本組織。小組之上為區分部，區分部之上為區黨部。平均每一鄉鎮都有一個區黨部的組織，如果地區遼闊或黨員人數過多，也同時可有兩個或三個區黨部。區黨部以上為縣市，縣市級以上為省，省級以上為中央。除了區域黨部以外，同時更成立了各種不同性質的黨部組織：如產職業黨部（包括海員、工礦、鐵路、公路黨部）、機關黨部、海外黨部等。同時在立法院、監察院，為有計劃地執行黨的政策，特設置直屬中央的黨部。在各級民意組織中，則成立「黨團」。這種「黨團」的任務，是循民主政治的常軌，使黨的政策主張，通過議會成為實施的法案。

　　國民黨在普遍建立組織之後，首要任務就是如何使黨員都納入組織，過組織生活，這是為加強組織必須解決的問題。退臺前，國民黨黨員對黨缺乏熱忱，放棄自己的權利義務，認為辦黨只是少數黨工的責任，長期與黨疏離。「黨員入黨，除了領黨證以外，就不知道有什麼義務和權利，有的三五年沒有參加一次黨的集會，有的自入黨以後，若干年沒有和黨發生過一次關係」。〔註84〕

　　為克服以往黨員脫離組織的現象，中央改造委員會規定任何黨員均須納入小組，參加小組活動，其黨籍方為有效。按時繳納黨費，出席區分部或小組會議，積極參加黨內工作和黨領導的社會活動是黨員應盡義務。〔註85〕對於新歸隊黨員，辦理登記後半個月內要參加所屬小組活動，若接到通知後十天內未參加組織，就要受到黨紀處分。〔註86〕

　　針對黨員遷移的情況，國民黨制定《黨員移轉登記辦法》，於 1951 年 2 月 26 日中改會第 91 次會議通過。「黨籍移轉」被視為加強組織、不使黨員脫離組織最有效方法。黨員遷居兩個月以上，就要辦理移轉手續。到新住址後，一周內須向當地縣級黨部報到。具體手續：向原屬小組申請，由小組長在黨證內移轉登記表中填寫移出欄，蓋章；向所到當地縣級黨部報到，請他們指定應參加的小組；由新參加的小組填寫黨證移轉登記表轉入欄，蓋章。在申請移轉時要繳足黨費，才能辦理。而那些無故缺席小組會議次數超過一半的，

〔註84〕晏益元：《關於小組會議》，《改造》第十七期，1951 年 5 月 1 日，第 58～59 頁。

〔註85〕《本黨改造綱要》，《中國國民黨黨務發展史料——中央改造委員會資料彙編》（上），臺北：近代中國出版社 1990 年版，第 20 頁。

〔註86〕《黨員歸隊實施辦法》，《中國國民黨黨務發展史料——中央改造委員會資料彙編》（上），臺北：近代中國出版社 1990 年版，第 443 頁。

也不能辦理。另外,不先辦理移出就不能辦理轉入,唯有這樣,「才能使黨員不離開組織,離開了組織,就要到處碰壁,無法再參加組織」。〔註87〕

移出／移入報告表分姓名、黨證字號、原屬黨部／移出黨部、移住地點／現屬黨部、移出日期／轉入日期等幾項。〔註88〕黨證必須有移轉紀錄才能發生效力。實施檢查黨籍,凡是黨員行使權利的場合,必先檢查黨證上有無移轉紀錄、是否繳足了黨費、出席小組會議次數多少。〔註89〕

對於因以下情況而脫離組織者,應以黨紀處分:(一)黨員已履行歸隊手續,但未辦理報到者,或已報到而脫離組織者。(二)黨員在歸隊前已納入組織,但於歸隊限期後復又脫離組織者。(三)黨員歸隊日期截止後,由港澳及外地來臺黨員,延至二月以上,才辦理報到手續者。處分標準為:(一)脫離組織二月以上、未滿六月者,予以警告或嚴重警告。(二)脫離組織六月以上、未滿一年者,予以停止黨權六個月。(三)脫離組織一年以上者,視情節輕重,予以停止黨權一年或短期開除黨籍處分。〔註90〕

黨員歸隊後,納入組織,並受嚴格管理。針對大陸時期的組織渙散問題,國民黨普遍設立了各類黨小組為黨的基層組織,如工人小組、青年小組、機關小組、城鎮小組、山地小組、鄉村小組等等,規定黨員必須參加小組活動,並按期交納黨費,而後其黨籍方為有效。各地區共建立 3 萬多個黨小組。按規定黨小組應每兩星期活動一次。在「改造」期間,能按時開會的黨小組占半數以上,每月開會一次者占1／4,另1／4 不能如期開會。〔註91〕由於小組活動的開展,使黨員游離黨外的現象一度絕跡,原來那種鬆懈散漫的狀態也有所改善。

1951 年 7 月,中改會頒布《本黨各級黨部業務設計執行考核辦法》,開始定期考核各級黨組織的工作。1952 年 1 月,中改會又發起「自清運動」,要求全體黨員對照「改造綱要」自我反省,檢查過失。為了加強黨內監督,嚴肅組織紀律,國民黨取消了原已形同虛設的各級監察委員會,而在中央至各級改

〔註87〕《黨籍移轉問答》,《改造》第二十七期,1951 年 10 月 1 日,第 44 頁。
〔註88〕《黨員移轉登記辦法》,《改造》第二十期,1951 年 6 月 16 日,第 46～47 頁。
〔註89〕芮晉:《改造成敗在基層》,《改造》第四十期,1952 年 4 月 16 日,第 29 頁。
〔註90〕《黨員脫離組織處分要點》,《改造》第四十四期,1952 年 6 月 16 日,第 32 頁。
〔註91〕張其昀:《黨務報告要略》,中國國民黨中央委員會黨史委員會編:《革命文獻》第 77 輯,臺北:中央文物供應社 1978 年版,第 115 頁。

造委員會內設立紀律委員會，負責監察黨員、審理違紀案件和審核黨的經費決算等事宜。凡在黨內搞小組織活動，或違背黨的政策與命令，或洩露黨的秘密，或不按時繳納黨費，或無故不參加黨小組活動者，一律按違反黨紀論處。

第三節　制度的建立與改造效果

一、制度的建立

蔣介石在檢討黨務工作失敗的主要原因在於制度未能建立，因此，1950年國民黨的改造中，制度的建立成為重點工作之一。

（一）黨政關係制度

1928年國民黨統一全國後，宣布實施訓政。訓政時期國民黨在大陸實行黨政雙軌體制，在黨政兩大組織系統的雙軌制下，各級黨部與各級政府的關係是：在中央一級為領導，在省一級為配合，在縣一級為「融黨於政」，而在縣以下黨就不見了。滕傑便曾以家人的關係來比喻這種情況：在中央黨是政的父母，在省級黨是政的兄弟，在縣級以下的基層，黨就是政的子女了。[註92] 地方黨部不但不能干涉地方政務，基層黨政人事也基本是不重疊的。這種黨政關係很大程度上削弱了黨治權威，以致黨的政策、決議不能在地方政府中得到遵從和執行。當時的基層政權幾乎都操在所謂的「土豪劣紳」的手中，黨在地方上成為這些人的附屬品。另一方面，1948年「行憲國大」後，中華民國從法理上進入所謂「憲政」時期，訓政時期由國民黨中央直接領導政府的方式已不再適用。因此，中央改造委員會制定《黨政關係大綱》、《中國國民黨從政黨員管理辦法》等檔，使黨政關係制度化，自上而下確立了「以黨領政」模式，解決國民黨如何在新時期「政黨政治」之下運作的問題，要解決大陸時期地方上「黨附於政」的問題。

改造初期，國民黨在《本黨改造綱要》中規定了處理黨政關係四項基本原則：（1）實行政黨政治，依主義制定政策，以政策決定人事，以組織管理黨員。（2）國民黨各級代表大會或各級委員會為黨的政策決定機關，國民黨的

[註92] 滕傑：《論黨的基層組織》，「中央委員會設計考核委員會」編印1954年版，第25頁。

決策，應責成從政黨員及國民黨民意代表力求貫徹。（3）國民黨的政策應透過民意機關及在政府服務之黨員，依法定程序構成法令及政令。國民黨推選黨員為政府官吏時，應以政策決定人事。國民黨對於政府及民意機關中服務之黨員，應從政策上領導，而不得對其法定職權予以干涉。（4）各級政務官及各級民意機關代表國民黨候選人，應依國民黨法定程序產生之，由各級委員會支持其競選，並指導監督其工作。〔註93〕依據上述四項基本原則，中央改造委員會在 1951 年 2 月 28 日第 92 次會議通過了《中國國民黨黨政關係大綱》，確立了「以黨領政」的制度，其主要內容如下：

在中央層面，1. 由中央改造委員會負中央最高決策的責任，「五院」院長和各部會首長中為國民黨籍者可列席中改會討論有關的政策。2. 普遍建立中央各機關黨團的組織，如國民大會、立監委員黨部、行政、司法、考試各院的政治小組，均屬黨團性質。3. 民意機關與政府機關決定政策的程序：（1）國民黨中央指示：黨的決策，在組織系統上，係出自中央，但在實際上，國民黨運用民主集中制的精神，先以民主方式溝通意見，以使下層意見，反映上層，上層意見，貫徹下層，然後再加決定。（2）自行提出：凡自行決定之政策，必先通過黨團組織，自由討論商擬，然後報請國民黨中央核定。（3）相互關係：民意機關與政府機關間發生的問題，亦須通過組織，溝通彼此間的意見或黨員與非黨員的意見，最後報由國民黨中央解決。

省縣市層面，1. 民意機關組織黨團，凡議員中的國民黨黨員，均須納入組織，採用民主方式，求得意見的溝通，使在議會中發生黨團作用。2. 政府機關組織政治小組，由機關主管的國民黨黨員組成，凡政府決策有關問題，均須提政治小組討論。3. 黨政民意機關組織政治綜合小組，由三方面負責黨員組成，以增進黨政的聯繫，並謀貫徹國民黨有關政治決策等問題。〔註94〕

對民意機構及「政府」，國民黨採取組織指揮黨員原則，通過建立其中的黨部黨團或政治小組，使其遵從黨的決議，執行黨的命令，貫徹黨的主張。服務於民意機構及「政府」的黨員，職務範圍內的決定和執行均應透過有關

〔註93〕《本黨改造綱要》，中國國民黨中央委員會黨史委員會編：《中國國民黨黨務發展史料——中央改造委員會資料彙編》（上），臺北：近代中國出版社 1990 年版，第 23 頁。

〔註94〕《中國國民黨黨政關係大綱說明》，中國國民黨中央委員會黨史委員會編：《中國國民黨黨務發展史料——中央改造委員會資料彙編》（上），臺北：近代中國出版社 1990 年版，第 256 頁。

政治小組向上級黨部經常報告請求指示或提出建議。民意機構與「政府」需要取得共識、諒解或協助時，由同級黨部透過有關黨團黨部或政治小組溝通意見，解決問題。〔註95〕「行憲」後，國民黨只能運用黨政關係、透過黨的組織來指揮民意代表和從政黨員，而不能直接指揮，因而要堅持以組織管理和指揮黨員的原則。〔註96〕

鑒於省市縣級「行政」主管不一定為國民黨黨員，在省市縣級設立「政治綜合小組」，由黨、政、民意三方面負責黨員或擔任重要職務的黨員組成，作為三方配合溝通的管道。省市級「政治綜合小組」成員具體說來有：

黨——主委及書記長，二人。

政——主席及秘書長，如非黨員時，則由廳處局長互推產生，一或二人。

民意——正副議長或秘書長，如全非黨員，則由黨團幹事互推產生，一或二人。〔註97〕

縣市級「政治綜合小組」成員除其級別為相應級別外，構成亦大體如此。

中央「政府」中的政治小組和地方上的政治綜合小組每月開會一次，需要時召開臨時會議，對外均不公開。〔註98〕其任務在執行和傳達中央或上級命令與黨的決策；實施國民黨政治主張；檢討施政成效，提供意見等之外，還有提拔優秀黨員，優先從政，培植新生力量的任務。各級黨政民意機構中的政治小組、政治綜合小組及黨團，作為黨政聯繫的紐帶，使國民黨得以在「憲政」形式下領導政治，其政治主張得以透過從政同志制定政策、付諸實施。

〔註95〕《中國國民黨黨政關係大綱》，中國國民黨中央委員會黨史委員會編：《中國國民黨黨務發展史料——中央改造委員會資料彙編》（上），臺北：近代中國出版社1990年版，第249頁。

〔註96〕《中國國民黨黨政關係大綱說明》，中國國民黨中央委員會黨史委員會編：《中國國民黨黨務發展史料——中央改造委員會資料彙編》（上），臺北：近代中國出版社1990年版，第255頁。

〔註97〕《中國國民黨黨政關係大綱說明》，中國國民黨中央委員會黨史委員會編：《中國國民黨黨務發展史料——中央改造委員會資料彙編》（上），臺北：近代中國出版社1990年版，第258頁。

〔註98〕《中國國民黨從政黨員政治小組組織規程》，中國國民黨中央委員會黨史委員會編：《中國國民黨黨務發展史料——中央改造委員會資料彙編》（上），臺北：近代中國出版社1990年版，第270～271頁；《中國國民黨縣級政治綜合小組組織規程》，同上書，第273頁；《中國國民黨省級政治綜合小組組織規程》，同上書，第275頁。

（二）幹部制度

改造時期，國民黨內部普遍認識到幹部政策重要性。他們認為過去失敗的根本因素，便是黨對「幹部」的觀念向來模糊，以及「幹部政策」始終沒有確立。〔註99〕張超指出：「過去因為幹部沒有正確的制度和政策做規範，而致各自為政，各行其是，演成黨內派系傾軋、人事紛爭的現象，敗壞紀綱、蔑視組織的行徑，這種觀念行為和作風，招致大陸淪亡的後果。」〔註100〕

改造開始後，蔣介石依據以往經驗和教訓，認為「無論什麼事業，其關鍵在於人，即所謂『事在人為』」。〔註101〕國民黨組織是否健全，黨務工作能否展開，黨的幹部是否優秀，關係很大。因此，他親自指導幹部管理辦法等草案的擬定。其日記曾載：「審閱從政黨員與幹部分子管理辦法各草案，批答甚費心力」。〔註102〕在蔣介石帶動下，改委會對幹部政策進行了一系列的建設。1950 年 7 月中改會在《中國國民黨改造綱要》中即明定「黨的幹部」一章，規定有關幹部選拔和培育的基本原則：1. 各級幹部對於黨的政策之決定、闡揚、執行，及黨的工作之設計、指導、考核，為各該級之中堅。2. 國民黨依據下列原則，選拔各級黨的幹部：（1）忠黨愛國，對革命事業絕對忠誠者。（2）接近青年及勞動民眾，並能為其利益而奮鬥者。（3）有領導工作之知識與技能者。（4）嚴守黨紀，已起模範作用者。（5）有大公無私之革命精神者。（6）有刻苦耐勞之生活習慣者。3. 各級幹部之選用，應取其所長及支持其工作，並督促在工作中學習，在鬥爭中求進步，以培養其領導能力。4. 各級幹部之工作與生活應由黨予以切實之保障，使能集中全力，為革命事業而奮鬥。〔註103〕

1950 年 12 月 27 日，中央改造委員會第 68 次會議通過了《中國國民黨幹部政策綱要》。蔣介石認為過去對幹部缺乏思想領導，故導致方向不明，貫

〔註99〕中央直屬第一區黨部第二區分部黨員大會集體意見：《黨的幹部與訓練》，《改造》第十一期，1951 年 2 月 1 日，第 44 頁。

〔註100〕張超：《論本黨幹部政策》，《改造》第二十三期，1951 年 8 月 1 日，第 31 頁。

〔註101〕蔣介石：《本年度工作檢討與明年努力的方向》，《蔣「總統」思想言論集》卷 20，臺北：中央文物供應社 1966 年版，第 260 頁。

〔註102〕《蔣介石日記》（手稿本），1951 年 4 月 4 日。

〔註103〕中國國民黨中央委員會黨史委員會編：《中國國民黨黨務發展史料——中央改造委員會資料彙編》（上），臺北：近代中國出版社 1990 年版，第 17～18 頁。

徹不力；對幹部不以成績功過進行考核，而以感情親疏決定其進退，故不能吸引人才，造成紛歧。因此，綱要規定：第一，幹部領導原則為「以討論決定政策、少數服從多數、下級服從上級、個人服從組織」；第二，各級幹部的領導作風為：1. 原則領導：（1）以思想溝通全黨；（2）以政策決定人事；（3）以工作考核黨員；（4）以是非解決紛爭。2. 一元領導：（1）一切通過組織，組織決定一切；（2）領袖採行組織的決議，幹部貫徹領袖的意志；（3）以組織決定政策，以政策領導政治。3. 民主領導：（1）下級意見反映上層，上層意見貫徹下級；（2）以討論統一意見，以說服打通思想。（3）以宣傳號召同情，以實踐取得信任。第三，幹部及幹部分子的產生方式：1. 各級幹部必須依照國民黨的法規，按法定程序產生。2. 各部門幹部分子由選舉、簡拔、薦舉、考選、訓練方式產生。第四，對幹部分子的任用，應取其所長，並督促其在工作中學習，在鬥爭中求進步，以培養其領導能力。同時規定，幹部分子的職務，應根據國民黨的需要，並應個人志願經核定後實行職別互調、區域互調、上下級互調、國內外互調。〔註104〕

依據《幹部政策綱要》各項規定，中央改造委員會於 1951 年 12 月 19 日第 261 次會議通過了《中國國民黨幹部分子產生規程》，規定幹部分子由選舉、簡拔、薦舉、考選、訓練產生各項具體辦法。其要點如下：第一，由選舉產生者：1. 黨務幹部分子——小組長、各級黨部委員會委員。2. 政治幹部分子——各級民意代表之本黨候選人，立監兩院院長、副院長之本黨候選人，省縣市議會議長、副議長之本黨候選人，民選各級行政首長之本黨候選人。3. 社運幹部分子——各級人民團體負責人之本黨候選人、各級合作組織中具有領導作用之幹部分子本黨候選人。第二，由簡拔產生者：1. 各級黨部簡拔各類幹部分子，應由各該黨部主管部門定期提出簡拔項目，以符合自工作中簡拔之原則。2. 各級黨部每年應定期舉行簡拔會議一次，黨員經簡拔合格後，應由各級人事審核委員會依法定程序予以登記核備。第三，由薦舉產生者：1. 薦舉之程序如下：（1）個人薦舉；（2）組織通過；（3）逐級審核；（4）分別任用儲備。2. 黨員薦舉同志應負責保證，凡經薦舉產生之幹部分子，如有重大違犯黨紀行為時，其薦舉人應負薦舉不當之責任。第四，由考選產生者：1. 各

〔註104〕中國國民黨中央委員會黨史委員會編：《中國國民黨黨務發展史料——中央改造委員會資料彙編》（上），臺北：近代中國出版社 1990 年版，第 404～408 頁。

類幹部分子之由考選產生者，以在工作上具有主持或領導作用之各部門服務同志為其範圍。2. 各級黨部舉行考選，由各該級人事審核委員會負責辦理。第五，由訓練產生者：1. 各級黨部於舉辦各種訓練時，應選調適當人員施以特定訓練，使其成為適當職位的幹部分子。2. 各級黨部於舉辦各種訓練時，應注意調查合於黨所需要的各類幹部分子，按照受訓成績，通過主辦訓練機關的會議及各級黨部會議，由同級黨部或逐級層報上級黨部，登記儲備與任用。〔註105〕

中央改造委員會復於第 264 次會議通過了《中國國民黨黨務幹部分子管理辦法》，明訂各級黨務幹部分子的調查、登記、考核、獎懲等範圍及標準。這些制度的制訂和推行，對於黨政關係的釐清，人事制度的建立，有很大的幫助，可以說是改造期間的重大成就。

（三）幹部培訓制度

國民黨的失敗，黨內幹部貪污腐敗，領導層派系傾軋，致使幹部隊伍癱瘓為其主要原因之一。蔣介石曾反省自己一生最大缺點為：「明知幹部人選與核心組織為事業之基礎，而 28 年來特別注重之事，至今竟一無著落，不能實現，何哉？」他表示今後應以培養幹部為「第一要務」，要「放棄一切，而先完成此一工作也」。〔註106〕

「革命實踐研究院」創立於 1949 年 10 月 16 日，專為培訓國民黨高級黨政人員而設。蔣介石那時剛在臺北覓得落腳點，大陸戰事正急，百事待理，他卻創立了這所緩不濟急的研究院，可見幹部訓練在他心目中佔了何等重要的位置。在解放戰爭中，國民黨大批軍政要員與蔣介石決裂，加速了國民黨統治的崩潰，使他感觸頗深。於是，他把自己所欽佩的古代思想家王陽明的「知行合一」哲學與孫中山的「知難行易」學說結合起來，發展出自己的所謂「力行哲學」，強調人們在工作中需要高尚質量和為原則而獻身的精神。他認為這一理論對於國民黨黨員學習和糾正過去黨的「無靈魂行為」非常重要，是整頓和復興國民黨的基礎。為此，他繼黃埔軍校和廬山軍官訓練團之後，又設立了「革命實踐研究院」這一機構，向學員灌輸他的理論，培養一批忠於自己的新幹部，以完成穩固臺灣、「光復大陸」的夢想。

〔註105〕中國國民黨中央委員會黨史委員會編：《中國國民黨黨務發展史料——中央改造委員會資料彙編》（上），臺北：近代中國出版社 1990 年版，第 422 頁。
〔註106〕《蔣介石日記》（手稿本），1951 年 12 月 8 日，「上星期反省錄」。

　　「革命實踐研究院」坐落在臺北的草山（後由蔣介石易名「陽明山」以紀念王陽明），蔣介石兼任該院院長，起草該院組織與教育方針，擬定開設課目及其重點達數十條，主要有制度、戰略、政策、各種原則之研究、理論基礎、哲學思想、行動綱領之建立等。其實，學員們受訓的主要內容，就是學習蔣介石根據自己長期與中共較量的「革命實踐」所得出的經驗教訓，掌握「對敵鬥爭」的要領，培養對蔣介石的忠誠。

　　蔣介石確定了「幹部重建之方針」：今後必須陶冶舊幹部，訓練新幹部。而基本的原則是：「甲、以思想為結合；乙、以工作為訓練；丙、以成績為黜陟。」〔註107〕這也是他選拔「革命實踐研究院」學員、用幹部的標準。他對學員的招收十分重視，除了招收一些已在任的黨政要員外，他命令各部和有關機構定期呈交他們認為「最有出息」的人員名單，然後親自進行審查，要看他們的姓名、個人簡歷，並召見他們談話，對其外表和舉止得出印象。然後，從那些名單中選出他認為最好的少數人，將他們招入「研究院」生活、工作和學習三個月，使部分年輕人參加過高級訓練後，能在各個領域擔當重任。值得一提的是，受訓學員並不全是國民黨員，但如果蔣介石一旦發現這些非黨學員具有較高的才幹，他必會想盡辦法羅致他們入黨。〔註108〕由此可見，蔣介石創建「革命實踐研究院」的用心頗深，不僅用來應急，也希望能成為培養新一代幹部的基地。

　　經嚴格挑選進入研究院的學員們過著簡樸的、嚴格的軍人式生活。他們必須在規定的時間內起床，參加早操，整理內務，按時上各種專業課。他們被分配在各種不同的小組中，除集體聽取蔣介石每週一次的反共訓話、陳誠等高級黨政領導人及葉青等理論家的報告外，每天下午各組成員舉行討論會，並寫成讀書報告，蔣介石最後對這些報告要進行審批。在受訓結束前，蔣介石要一一召見受訓人員，進行面試，看他們有多大收穫，是否真正「領會」了他的思想，對他的忠誠程度如何。在1950年初的一段時間內，蔣介石時常去「研究院」對學員訓話，聽取學員的報告。因為當時其他黨政要員也去「革命實踐研究院」，蔣介石有時將重要的會議也放在「研究院」開。他1月5日在「研究院」的行程是：「九時，到實踐研究院，聽取研究員之建議與報告，

〔註107〕《蔣介石日記》（手稿本），1950年，「三十九年工作反省錄」。
〔註108〕顧維鈞著、中國社會科學院近代史研究所譯：《顧維鈞回憶錄》第11分冊，
　　　　北京：中華書局1989年版，第237頁。

至十二時半方畢。與學員聚餐訓話。二時半，再到研究院聽取報告與訓話。四時，舉行研究院第二期結業典禮，訓話畢入浴回寓」。對此忙碌的行程，他感慨道：「本日對研究院三次訓話，其效果如何，雖不可知，但已盡我心力矣。」〔註109〕他根據考察結果，將「成績優良」的學員列入一個名單，派至各部門任要職，或留待有重要職位出缺時，就從那個名單中遴選補缺。

按照上述辦法，到國民黨宣布改造結束時，共培訓學員20期3666人，其中一大批人擔任了臺灣的黨政重要職務。1953年8月，蔣介石認為國民黨幹部的訓練工作已有相當進步，上了正軌，便將「革命實踐研究院」主任（院長）的職務交給了張群。〔註110〕

與此同時，蔣介石還舉辦了「圓山軍官訓練團」，整肅國民黨高級軍官。軍隊的潰敗是國民黨政權垮臺大陸的最直接原因。因此總結軍隊失敗的原因也就成為蔣介石重建國民黨軍、鞏固其在臺灣統治的重中之重的工作。在蔣介石看來，軍隊的失敗源於其「無主義、無紀律、無組織、無訓練、無靈魂、無根底」；而軍隊出現上述問題則是軍人尤其是高級軍官「無信仰、無廉恥、無責任、無知識、無生命、無氣節」。因此，在建立「革命實踐研究院」加強對其黨政幹部培訓的同時，蔣介石也加強了對軍隊將校的培訓、整肅。首先蔣介石於1950年2月，在「革命實踐研究院」中設立「圓山軍官訓練班」，同年6月，又將訓練班改為「圓山軍官訓練團」，並親自兼任團長，以臺灣省保安司令、臺灣情報工作委員會主任彭孟緝兼主任，調訓國民黨各級官員。

訓練的方法與精神和研究院大同小異，訓練的內容主要針對大陸時期國民黨軍存在的主要問題，以及未來國民黨軍將面臨的主要作戰戰略和作戰任務。除了政治上的教訓外，軍事上主要側重於陸、海、空軍的聯合作戰能力，反登陸作戰能力，以及戰時軍事動員能力。值得特別一提的是，蔣介石為提高訓練團的訓練質量，在戰犯岡村寧次協助下秘密聘請了一批曾參與侵華戰爭並對中國人民犯下滔天罪行的日本軍人為訓練團的教官。「圓山軍官訓練團」訓練了大批國民黨軍官，據統計至1952年夏共輪訓4716人。〔註111〕許多受訓人員在大陸時期即已是國民黨軍兵團級高官了，如胡璉、方先覺等人。

〔註109〕《蔣介石日記》（手稿本），1950年1月5日。
〔註110〕《蔣介石日記》（手稿本），1953年8月1日，「上星期反省錄」。
〔註111〕《黨務報告要略》，《革命文獻》第77輯，臺北：中央文物供應社1978年版，第112頁。

但訓練團仍對其要求極為嚴格，胡璉就曾因不合適而被訓兩次。訓練團的舉辦，使國民黨軍淘雜汰劣，軍事素養與戰鬥力得到提高。更重要的是，蔣介石藉此建立起一種新的軍事指揮體系，即從旅長一級開始，所有的旅長由他直接任命。隨著國民黨軍隊內部的整肅及軍官的淘雜汰劣，一批對蔣介石更忠誠的、與蔣經國關係密切的新銳軍官漸漸佔據了軍中要津。

自1950年起，國民黨還在各師範學校推行軍訓。次年8月起又開始對大專學校畢業生實施軍訓，所有畢業生一律受軍官訓練一年。此舉不僅有效地控制了青年學生，保證了較高素質的兵源，進而強行建立了國民黨與青年學生的聯繫，使多數人自覺不自覺地搭上了國民黨的戰車。

「革命實踐研究院」的建立，不僅為國民黨改造運動提供了思想與人員的基本保障，也為國民黨創立了一種全新的培訓幹部的方式，此後長期保存了下來，一批又一批國民黨黨政幹部幾乎全部是從那個大門裏走出來的。

（四）政工制度

面對國民黨軍在大陸的軍事潰敗，1950年1月5日，蔣介石在陽明山「革命實踐研究院」做《國軍失敗的原因及雪恥復國的急務》的演講，檢討國民黨軍隊失敗的根源。他說：「就制度而言，我們所以失敗，最重要的還是因為軍隊監察制度沒有確立的結果。自從黨代表制度取消，政治部改為部隊長的幕僚長以後，軍隊的監督即無從實施。同時，因為政工人事的不健全，政訓工作亦完全失敗。」蔣介石早年訪問蘇聯，對紅軍的黨代表制度曾大為讚賞。國民黨在1924年進行改組時，曾仿照蘇聯在軍隊中設立黨代表，在北伐戰爭中發揮了重要作用。1927年國民黨反共以後，其軍隊的性質蛻變，各級黨代表也被廢除，官兵皆缺乏政治訓練，主要靠對派系與私人的忠心來維持。結果，部隊意志薄弱，戰鬥精神完全喪失，尤其對民眾不知愛護、聯繫，甚至恣意騷擾，以致軍紀蕩然無存。蔣介石也意識到「這種沒有靈魂的軍隊，自然非走上失敗的道路不可」。

因此，蔣介石指出，重建軍隊的監察制度，從改革政工制度開始，在軍隊中「從長官公署至連排，要構成一個公正無私的監察系統，要選擇最積極、最優秀的幹部來充任政工人員，以使命令貫徹，紀律嚴明」，「今後政工人員必須由其政工機構本身逐級甄選派任，決不能再由各部隊長任意撤換，濫竽充數，務使其能切實負責，襄助部隊長為其所部官兵政治教育的負責執行者，使全體官兵能為主義而戰，為黨國而戰」。他還特別說明，他將親自領導重

建政工工作，「我一定大公無私，慎重選派優秀積極人員來負責執行，務期能建立嶄新的革命陣營，掃除一切腐敗貪污的積弊，來湔雪我們過去的奇恥大辱」。〔註112〕

基於上述認識，在蔣介石的要求下，1950年2月國民黨中常會決定恢復在軍隊中的黨務，以建立國民黨在軍隊中的領導核心，加強軍隊戰鬥力。根據這個決議，蔣介石派其長子蔣經國與「國防部」政工局局長鄧文儀籌劃政工改制工作，準備全面接管。

4月1日，蔣介石親自批准的《國軍政治工作綱領》公布實施。綱要規定，政治工作，「基於反共抗俄戰爭之需要及配合全般軍事改革之要求，一切設施，均以針對敵情保住勝利為主」。要旨是要在三民主義之下，堅定共同信仰，激勵士氣，養成優良紀律，並竭盡全力瓦解敵人意志、削弱其戰鬥力。組織方面，總政治部承參謀總長之命，主辦軍隊政治業務；軍事機關學校及師以上部隊設政治部，團、獨立營及醫院設政治處，營設政治指揮員，連設政治指導員及政治幹事，獨立排設政治指導員；其他相關軍事機關均依一定規則比照設置。權責方面，定位於介於隸屬制與配屬制之間的制度。「國防部」總政治部主任直接隸屬參謀總長，其他政治部處室主任、營連政治指導員直接隸於所屬軍事單位主官。所屬單位如有幕僚長，其政工主官地位等於幕僚長；無幕僚長者，其地位等於副主官。工作範疇方面，分組織、政訓、監察、保防、民運等五項大類。〔註113〕

4月1日，「國防部」發布第一號一般命令，指示：改制後的各級政工單位，在軍事組織系統上為各級軍事機關、學校、醫院、部隊的政治幕僚機構，政治部主任為各該單位主官的政治幕僚長；工作職權上，政治部主任對其主管業務有主動策劃及副署權，對所屬政工單位有指揮監督權，對政工人員任免獎懲有簽核權，對政工事業費有支配運用權。〔註114〕

為了促進政工工作的開展，蔣經國舉辦各種活動，要求政工幹部們互相

〔註112〕《國軍失敗的原因及雪恥復國的急務》，秦孝儀主編：《先總統蔣公思想言論總集》卷23，臺北：中國國民黨中央委員會黨史委員會1984年版，第96頁。

〔註113〕中國國民黨中央委員會黨史委員會：《中國國民黨黨務發展史料──非常委員會及總裁辦公室資料彙編》，臺北：近代中國1999年版，第288～294頁。

〔註114〕國軍政工史編纂委員會編：《國軍政工史稿》下冊，「國防部」1960年版，第1414～1415頁。

學習，互相競賽，互相交流，以共同提高政工業務水平。6 月 19 日，「國防部」政治部政工業務會議在陽明山「革命實踐研究院」召開。會議在蔣經國的主持下，圍繞臺灣所承受的壓力越來越大的情況及如何發揮政治工作的作用、提高國民黨軍戰鬥力等問題做了詳細的研討規劃。會議結束時，蔣介石親自到會，集合政工會議的全體會員點名並訓話，闡述「中共必敗」的道理，要求政工人員努力研究政工方法，提高部隊戰鬥力。他說：「革命固然要有道理，維護傳統精神和文化是我們革命的基礎。但革命的方法也很重要，現在革命的道理完全在我們手裏，如果方法不好，也難免不遭受挫折。」〔註 115〕

　　為了提高政工幹部的素質，適應政工業務發展的需要，蔣介石父子還加緊了政工幹部的培訓工作。3 月 1 日，「國防部政治幹部訓練班」在臺北開學，學員達 3821 人。從學歷來看，學員中有原陸大畢業者 21 人，中央軍校 1045 人，中央幹訓團 417 人，戰幹團 160 人，各部隊訓練班 1138 人，專科以上學校 146 人；就軍銜而言，上校學員 277 人，中校 353 人，少校 694 人，上尉約占 1／3，中下尉約占 1／3，很多曾任參謀長、團長、政工處長。班主任由臺灣省保安副司令彭孟緝兼任，各大隊大隊長、副大隊長均有少將軍銜。「政幹班」畢業生被分發到各部隊任職，從事政治工作，積極進行反共活動，而「政幹班」也被臺興論界稱為「政治、經濟、軍事性的反共堡壘」。〔註 116〕

　　1950 年 9 月，蔣經國又讓親信、政治部第一組副組長王升草擬「政工幹校」的建校計劃，以把政工幹部的培養、訓練由短期、臨時變為系統、正規，形成制度化。次年 2 月，成立了建校委員會，選臺北北投的競馬場為政工幹校的校址，並把競馬場改名為「復興崗」。1952 年 11 月正式招生。幹校的教育宗旨為「以培養篤信三民主義，服從最高領袖，忠黨愛國，堅決反共抗俄之健全政治工作幹部，使能參與陸海空軍各級部隊，……共同完成國民革命第三期任務之使命」。〔註 117〕幹校為國民黨軍隊培養了大批政工幹部。1952年，國民黨在軍隊建立了特別黨部，蔣介石甚為高興，認為是奮鬥的結果，「實已奠定建軍之基礎大業矣」。〔註 118〕政工改制大大強化了蔣介石、蔣經

〔註 115〕軍聞社訊：《蔣「總統」懇切訓話：自立自救　完成革命工作》，《中央日報》，1950 年 6 月 21 日，第 2 版。

〔註 116〕劉積慶：《政幹部素描》，《中央日報》，1950 年 5 月 14 日，第 8 版。

〔註 117〕國軍政工史編纂委員會編：《國軍政工史稿》下冊，臺北：「國防部」1960 年版，第 1565 頁。

〔註 118〕《蔣介石日記》（手稿本），1952 年 4 月 5 日，「上星期反省錄」。

國父子對軍隊的控制。目睹其整個歷程的吳國楨後來回憶說：「改組後的國防部總政治部可以任命每個師、旅的政治軍官，甚至下至連的政治軍官，表面上這些人負責訓練和給部隊灌輸某種思想，但實際上都是軍中的密探，蔣想讓自己的兒子經國以這種方式控制軍隊。從旅長一級開始層層改組指揮部，無論何時，蔣如要撤換一個人，他會要指揮提名，但實際上都是由經國篩選的。後來通常須有經國的批准，軍官們才能被任命司令官。這樣到 1951 年底，蔣介石就能確信所有的軍官，我（吳國楨——引者注）是說旅長以上的軍官，都是他和經國的人了。」〔註 119〕

蔣介石在軍隊中推行政工制度遭到美國的強烈反對。1951 年美國軍事顧問團到臺灣後，就提出一項十分率直的批評：「在整個『國軍』中，有一甚令人反對之政工制度，此制度可掣肘各階層指揮官之自動力，並削減其威望。」〔註 120〕美國的理念與蔣介石將軍隊牢牢控制在自己手中的想法有極大的衝突。蔣、美雙方在政工制度上的矛盾一下就顯現出來，且幾乎激化到不能收拾的地步，蔣介石甚至懷疑美國的對臺灣軍隊設政治部的批評，是美方要直接控制軍隊架空自己，「此乃其國務院國防部毀蔣（介石）之一貫手段也」。〔註 121〕他在 1951 年底的日記中專門記載了這場爭端：〔註 122〕

> 美國軍援代表團四月派來以後，以六月杪韓戰停火會議開始以來，對於軍援並無一槍一彈之到來，而且對我經濟與政治之控置，要求無已，尤其要求取消政工制度，必欲動搖我中央軍事經濟之控置權移於總司令部，以便其軍援團之控置也。幸政策堅定，不為其外物所動，直至年杪，方運進若干子彈而已。

在美國強大的壓力下，國民黨被迫對政工制度作了兩次較大的修改：「（一）過去部隊長的命令，『政治部』主任有副署權；從一九五一年下半年起，此項規定業已取消。（二）過去『政治部』指揮『政治部』，另成一個指揮系統；從一九五二年夏天起，取消了這個指揮系統，自後無論『政治部』上下

〔註 119〕吳國楨口述；（美）裴斐、韋慕庭訪問整理、吳修垣譯：《從上海市長到「臺灣省主席」——吳國楨口述回憶（1946～1953）》上海：上海人民出版社 1999 年版，第 173～174 頁。
〔註 120〕陳誠：《陳誠回憶錄——建設臺灣》，北京：東方出版社 2011 年版，第 172 頁。
〔註 121〕《蔣介石日記》（手稿本），1951 年 5 月 31 日，「上月反省錄」。
〔註 122〕《蔣介石日記》（手稿本），1951 年，「本年總反省錄之略述」。

行函電，均經由部隊長指揮系統辦理。」〔註123〕1952年，美國駐臺武官包瑞德與美軍顧問團又對國民黨軍隊中的政治部發起批評：「部隊中政治訓練所佔去的時間太多，妨礙了作戰訓練，因而建議前者訓練的時間，以不超過全部訓練時間的百分之十為度。」「『政治部』主任的地位同於參謀長，造成對參謀作業之混亂。因而建議每一司令部內應僅有參謀長一人或執行官一人，『政治部』主任應為參謀長（或執行官）之下屬，為負責政治事務之副參謀長或軍官。」〔註124〕蔣介石認為這受「『共匪』之操縱」、「肆意破壞」，讓他找不到「妥善之對策」而大傷腦筋。為了向美國表示自己的決心，以阻止其批評，蔣下了最大決心，「要求美使撤換包瑞德，以全邦交也」。〔註125〕然而，這一問題並未解決，作為妥協，蔣介石只能同意美國顧問團在其政治部內專門派駐顧問，巡視政治部的工作。雙方在政工制度上的矛盾衝突，一有機會就浮上檯面。1953年，蔣介石決定完全接受美式軍制，「國軍教育方針、決定採用美制之實施」。美國軍事顧問團再次提出「反對政工制度，要求改正」，蔣介石則認為是「無理干涉」，而「暫置不理」。〔註126〕

二、改造效果

國民黨改造對逃臺的國民黨的「復興」確實起到了不可替代的作用。兩年多的「改造」活動，對蔣介石來說，取得了四項重要的成果。

第一，改造運動最大的成果是強化了蔣介石個人對國民黨的控制。經過此次改造，蔣介石將反對派統統擠出決策圈，使臺灣成為清一色的蔣家天下。大陸時期黨、政、軍界顯赫人物如閻錫山、何應欽、孫科、白崇禧、翁文灝等一個也沒有進入決策圈。黨內原有的CC系、孔宋系、政學系及其他派系，統統被擠出決策圈。就連為乞求「美援」而啟用的親美人士吳國楨，孫立人也在改造運動後，先後被貶出走和遭軟禁。自蔣介石任命中央改造委員會開始，確立了以後歷屆國民黨中常委人選首先由蔣介石提名的制度，在蔣介石提名之後，再由中央委員會煞有介事地表決通過。軍政要員則多出身蔣介石

〔註123〕陳誠：《陳誠回憶錄——建設臺灣》，北京：東方出版社2011年版，第172頁。

〔註124〕陳誠：《陳誠回憶錄——建設臺灣》，北京：東方出版社2011年版，第173頁。

〔註125〕《蔣介石日記》（手稿本），1952年4月30日，「上月反省錄」。

〔註126〕《蔣介石日記》（手稿本），1953年，「本年度總反省錄」。

的貼身親信。在臺灣「各院」「院長」、各「部會」「首長」中曾任蔣介石秘書、翻譯或侍從的有黃少谷、俞國華、沈昌煥、周宏濤、沈劍虹、沈錡、錢復等人；在國民黨軍「參謀總長」、「國防部長」、三軍總司令等高級軍事長官中，出身蔣介石侍衛官的有馬紀壯、於豪章、宋長志、郝柏村、俞濟時、張彝鼎、唐縱等人。這樣，在臺灣政壇上形成了一個以蔣介石為核心的「官邸派」，他們左右著臺灣形勢，「這種現象是寡頭集權制，或曰『強人政治』的最突出標誌」。〔註127〕

第二，改造有利於國民黨在臺灣的生存與發展。改造過程中它所採取的加強組織紀律的措施，在工、農、知識分子中發展力量的措施，在工廠企業中推行保險的措施，在農村中實施土地改革的措施都有效地提高了黨員的組織紀律觀念，改善了國民黨與民眾的關係，一定程度上擴大了其在臺灣的統治基礎。改造還促進了國民黨順利完成新老交替，一批年富力強、較有才幹的官員被委以重任，這在中央領導層中更為突出。新的一屆中央委員會80%以上是國民黨的新人，他們擁有較高的學歷，有豐富的實踐經驗，有較強的責任心和事業心，他們都是軍政各界的精英，有的還是專家學者、大學教授，使國民黨的決策層較以前有了活力。

第三，強化了國民黨的統治機能。在大陸時期，國民黨的組織系統就很混亂，敗退到臺灣之初，「只見黨部，不見黨員」，組織系統完全渙散了。在「改造」活動中；發布了大量檔，號召「黨員歸隊」。〔註128〕對黨務人員進行訓練，從「中央」直到「小組」各級組織進行層層「改造」，重建了國民黨的各級黨部和組織系統，軍隊建立政工系統，青年中成立「反共青年救國團」。同時；又「從本地人口中吸收新黨員」，「增加了黨員人數。」〔註129〕因此，國民黨的統治機與在祖國大陸時期相比，不僅沒有削弱·反而得到加強。

第四，為蔣經國接班創造了條件。傳位蔣經國是蔣介石的既定方案，自逃臺起蔣介石就開始把蔣經國放到最需要的地方，並參預國民黨所有大政方針的決策。蔣經國接班的主要阻力來自黨內，特別是比蔣經國資歷深、能力強的大有人在，有志於在政治上有更大發展的黨內「同志」更多。現在，上層

〔註127〕黃嘉樹：《國民黨在臺灣》，南海出版公司1991年版，第169頁。

〔註128〕中國國民黨中央委員會黨史委員會編印：《中國國民黨八十年大事年表》，1974年版，第411頁。

〔註129〕吳克：《臺灣政治現代化的歷程（1945～1972）》，薛光前編：《近代的臺灣》，臺北：正中書局1977年版，第266頁。

權力重新分配，蔣的反對派全部被擠出決策圈，「黨國元老」們的實權被剝奪，黨政軍經各系統都安插上蔣的親信。以蔣經國為代表的實力派開始主導臺灣政局，為蔣經國日後的再度升遷和接班奠定了相應的政治基礎。

　　總之，1950 年 7 月至 1952 年 10 月間，蔣介石對國民黨的改造是一次以挽救黨的危機為契機，以整頓黨的隊伍為主要內容的運動，改造之後，蔣介石個人獨裁統治比大陸時期有過之而無不及。

第二章　退臺後的國民黨政治理念

第一節　「反共復國」、「光復大陸」

　　1949 年 10 月 1 日，中華人民共和國的成立宣告了國民黨在大陸統治的終結。然而，國民黨並不甘心在大陸的失敗，仍以臺灣作為最後一塊陣地與中國共產黨領導的人民民主政權進行殊死鬥爭，妄圖「反共復國」、「光復大陸」，並圍繞這一總目標，制定和實施了相應的方針、政策。

一、「反攻大陸」、「光復大陸」

（一）「反攻大陸」政策的提出

1. 妄想「三年期成」

　　1949 年 6 月 26 日，蔣介石第一次提出了「反攻大陸」的口號。當時，國民黨在大陸已遭失敗，但其軍隊及權力中樞尚未全部撤退到臺灣。蔣介石不願面對失敗的現實，遂以下野之身在臺北召開東南區軍事會議，發表了《本黨革命的經過與失敗的因果關係》的講話：「如果我們一般幹部同志真正能篤信主義，實踐革命，真能協同一致，堅持到底，那麼我可以斷言：不出三年，共匪一定不打自倒。……我以為我們一般高級將領如果能夠消極的不貪污、不走私、不吃空、不擾民；積極的又能精誠團結、事事公開、實事求是、精益求精；尤其是對部下能夠同甘共苦，信賞必罰，那我們部隊戰鬥的精神和力量，在最短的時間，就一定可以恢復，不出三年，我們一定就可以消滅『共匪』。」在講話的末尾，蔣介石還提出了三句口號，為「三年期成」的美夢大吹法螺：「（1）湔

雪恥辱，報復國仇！誓滅共匪，完成革命！（2）精兵簡政，縮小單位！自動降級，充實戰力！（3）半年整訓，革新精神！一年反攻，三年成功。」〔註1〕

蔣介石在東南區軍事會議上的話音剛落，各地敗報便接踵傳來。1949年12月13日，心煩意亂的蔣介石被迫宣布國民政府「遷都」臺北。不久，重慶解放，宋希濂在峨邊被俘。1950年3月27日，北京中央人民廣播電臺播發了西昌解放的消息。至此，大西南160萬平方公里疆域全部解放，120萬國民黨軍隊大部潰散或被俘獲，蔣介石在大陸上的最後一塊反共基地也不復存在了。同樣，「半年整訓，革新精神！一年反攻，三年成功」的口號也失去了其憑藉的依據。

1950年3月13日，驚魂未定的蔣介石為收拾人心，在革命實踐研究院發表了名為《復職的目的與使命》的演說：「我去年來到臺灣以後，7月間在臺北介壽館召開東南區軍事會議，檢討過去剿匪失敗的原因，並擬定我們今後反攻的計劃和期限。在會議閉幕的時候，我提『半年整訓，鞏固基地，一年反攻，三年成功』的結論。那時候廣東、廣西、四川、雲南、貴州、綏遠、甘肅、寧夏、青海、新疆各省，以及陝南，都還在我們的國軍手中，所以我認為東南區一年之內開始反攻，絕對沒有問題。但是後來戰局變化太快，整個的西北和西南，不到四個月時間，就全部陷落在敵人的鐵蹄之下，這是我始料所不及的。所以現在的情況，已經和當時大不相同了，我們要重新來擬訂計劃，徐圖恢復，決不能好高騖遠，只求速效。我們知道越王勾踐在會稽失敗以後，經過『十年生聚，十年教訓』，而後沼吳。今天我們要恢復整個大陸1200萬平方公里的土地，徹底消滅毒辣陰險的國際『共匪』，當然是需要長時期的艱苦奮鬥，才能有效。……現在我把去年『一年反攻，三年成功』的計劃，改為『一年整訓，二年反攻，掃蕩共匪，三年成功』。」最後，蔣介石又說了六句口號與黨內「同志們」共勉：「刻苦耐勞，篤實踐履，組織第一，情報在先，防諜保密，剷除共匪。」〔註2〕

2. 變為「五年成功」

1950年4月16日，也就是蔣介石提出「一年整訓，二年反攻，掃蕩共

〔註1〕秦孝儀：《先總統蔣公思想言論總集》卷23，中國國民黨中央委員會黨史委員會1984年版，第10～11頁。
〔註2〕秦孝儀：《先總統蔣公思想言論總集》卷23，中國國民黨中央委員會黨史委員會1984年版，第135～137頁。

匪，三年成功」後的一個月零三天，中國人民解放軍攻克海南島。5月18日，舟山群島也宣告解放。與此同時，解放軍在華南各地修建了30個軍用機場，400餘架戰機進駐沿海各地。人民海軍也在福州、廈門、汕頭等港口集結完畢，隨時準備起航解放臺灣。

　　5月16日，蔣介石發表《為撤退海南、舟山國軍告全國同胞書》，為部下壯膽。他先將一系列的潰敗粉飾成有計劃的「轉進」：「我現在先將政府當時所決定根本大計與步驟，明白報告大家：就是第一步要集中一切兵力，第二步鞏固臺灣及其衛星島嶼，第三步反攻整個大陸來拯救全國同胞，第四步復興中華民國，建設三民主義獨立自主的新中國。因此，半個月之前，我們撤退了海南的軍隊，今天定海的軍隊也主動的向臺灣及其衛星島上集中了，這就是我復職第一步計劃完全實現了。」接著，蔣介石又吹噓道：「現在兵力集中以後，當然臺灣的兵力更加充足了，臺灣的防衛亦更加強固了，對於共匪進攻臺灣的軍事冒險，我們已有將他徹底殲滅的把握，使之片甲不返。總結一句話，今後臺灣之地必可立於不敗之地。我想你們至此必要問我，究竟你什麼時候開始反攻大陸，來救你們同胞？我可很確實來告訴你們：今後三個月內，共匪如果來侵犯臺灣，那就是我們國軍迎頭痛擊乘勝反攻大陸的時機，這樣三個月以後，我們就可正式開始反攻大陸了。如果共匪始終不敢來侵犯臺灣，那我們亦要在一年之內，完成我們反攻大陸的準備，至遲一年以後，亦必能實行反攻大陸。……現在我再將政府反攻大陸的計劃，總括四句話對同胞們重說一遍，就是『一年準備，二年反攻，三年掃蕩，五年成功』。」〔註3〕在書告中，蔣介石將「反攻」成功的期限延長了2年。對於他來說，這實在是情不得已的下策。既定方針的變動，對提高國民黨的士氣不僅沒有絲毫的幫助，反而使人們對國民黨上層的決策充滿了疑慮和不安。

3. 不得不紙上談兵做方案

　　根據蔣介石在《為撤退海南、舟山國軍告全國同胞書》中確定的期限，「反攻」最遲不得超過1951年5月。1951年1月13日，毛澤東主席電示華東、中南軍區陳毅、鄧子恢等領導人，要他們根據朝鮮局勢以及臺灣當局可能對廈門、汕頭等地大規模進犯的情況，拿出對策。中共沿海駐軍隨即調整了兵力部署，加強了對重點地區和島嶼的防守。臺灣當局眼見著占不了半點

〔註 3〕秦孝儀：《先總統蔣公思想言論總集》卷23，中國國民黨中央委員會黨史委員　　　會1984年版，第264～266頁。

便宜，被迫停止大規模進犯大陸的軍事行動。1950 年 6 月 25 日，朝鮮戰爭爆發，美國為了避免和中共進行全面戰爭，壓迫臺灣當局承諾不對中國大陸或中國海域或公海的船隻實施攻擊。蔣介石知道，在這種情況下再明定「反攻」時間表，無異於自取其辱。於是，他悄悄放下鼓吹的法螺，轉而加緊設計「反攻」方案，做些紙上談兵的方案。

1954 年 11 月，「總統府」根據蔣介石的指令，設立「光復大陸設計研究委員會」，由陳誠任主任委員。11 月 25 日，蔣介石親臨致詞：「今天是光復大陸設計研究委員會的成立大會，我們對於光復大陸的設計研究工作，今天就是一個開始的日子。本人今天來參加大會，因為本人也是委員的一分子，很願意和各位同仁共同一致的進行光復大陸的設計研究工作。本會的成立，就是明白的告訴大陸上的同胞們，我們正在同心一德，研究如何打倒共匪的各種暴行，解除大陸人民的痛苦，並為他們復仇雪恨，爭取真正的自由。」〔註 4〕

研究設計人員明知不可為而為之，提出了「反攻大陸」的三種模式。蔣介石在中國國民黨六屆五中全會上將其歸納為：（1）「迫不及待，不問美國同意與否，我們自動的、單獨的來反攻大陸」。（2）「等到俄共全面侵略戰爭發動時，與美國並肩作戰」。（3）「在獲得美國的同情與支持下，對大陸發動反攻」。在這裡，「反攻」的重心仍放在「美國的同情與支持」上。1955 年 10 月，蔣介石在國民黨七屆六中全會上對前次提出的三種模式作了修訂，宣稱：「今後軍事反攻行動的三個方法」是：（1）「國軍首先單獨的反攻，而後大陸同胞群起回應」；（2）「大陸同胞自動的起義發難，而後國軍反攻登陸接應；（3）「我們臺灣國軍反攻與大陸抗暴運動的發展，彼此呼應，內外夾攻」。他還自欺欺人地說：「觀察今天內外的形勢，使我益信反攻復國的神聖事業，必定可以在這三個方式之下，來提早發動，加速完成。」〔註 5〕

對蔣介石先後提出的兩個「反攻」方案作一比較，我們不難發現其關注的重點已由寄希望於美國的「同情與支持」，轉變為寄希望於大陸同胞的「起義」、「發難」、「揭竿而起」。蔣介石之所以有此轉變，除了美國不配合他的「反攻」之外，重要原因在於蔣對大陸形勢的錯誤分析。

〔註 4〕秦孝儀：《先總統蔣公思想言論總集》卷 26，中國國民黨中央委員會黨史委員會 1984 年版，第 283～284 頁。

〔註 5〕秦孝儀：《先總統蔣公思想言論總集》卷 26，中國國民黨中央委員會黨史委員會 1984 年版，第 371 頁。

他在國民黨七屆六中全會閉幕時發表演講，說：「共匪內部的矛盾正在日益加深，業已形成了奸匪朱毛本質上內潰的大危機。從今年三月到今天，半年之間，匪幫內部發生了許多的重大事件，這些事件，無一不證明暴力政權已經發生了過去幾年來，未曾有過的大動亂，也暴露了姦偽政權必趨潰亡的真相。⋯⋯正因為共匪賣國禍民的事蹟昭彰，於是大陸同胞的反共抗暴行動，也就風起雲湧，遍布了大陸每一個角落。本黨今後應如何迎接這一新的革命形勢，進而使大陸同胞的抗暴運動，和我們反攻軍事結合在一起，對準奸匪，予以致命的打擊，實為吾人今日最重要的課題，亦為本黨當前最迫切的要務。」〔註6〕

無庸諱言，在中國大陸的社會主義改造過程中，確實有某些資本家、工商業者以及地主富農出於自己利益的考慮，「白天敲鑼打鼓，晚上痛哭流涕」。但廣大人民群眾（包括個體農民、工商業者），真心實意地站在共產黨一邊，滿懷熱情地從事於國家的各項建設事業。在中共黨內，通過反對高崗、饒漱石的鬥爭，使廣大黨員幹部提高了覺悟，增強了全黨的團結和統一。原國民黨《中央日報》記者曹聚仁分析大陸形勢說：「在大陸的中國人民，從心底期望中共政權能夠鞏固下去，他們體會到他們的幸福是和中共共存的，他們不願意再看到一次內戰或對外的戰爭。沒有人再提起蔣介石，也沒有人想到他，會想到蔣介石的人，事實上已經不存在了。」〔註7〕

（二）「反攻」政策的第一次大調整——「政治反攻為主，軍事為輔」

轉眼到了1957年，距離蔣介石在《復職的目的與使命》中所稱「十年生聚」的最後時限已為期不遠。如果不對「反攻」政策進行新的調整，恐怕會引起國民黨內多數人思想上的混亂和疑慮。於是，蔣介石決定在國民黨第八次代表大會上對全黨作一個解釋和交代。

10月10日，中國國民黨第八次代表大會召開，蔣介石作了題為《革命形勢與大會使命》的演講。他說：「我們中央黨部遷到臺灣，八年以來，本黨黨務的發展，大約可分為三個階段。第一階段是三十九年到四十一年黨的改造時期，當時正是革命挫敗，大陸淪陷之後，本黨組織極為渙散，紀律亦蕩然無存，於是本黨中央乃決心改造，清理黨籍，整飭陣容，以期復興本黨，穩定

〔註6〕秦孝儀：《先總統蔣公思想言論總集》卷26，中國國民黨中央委員會黨史委員會1984年版，第370頁。

〔註7〕曹聚仁：《採訪新記》，香港：創墾出版社1956年版，第254頁。

革命復國的基地。第二階段就是四十一年七全大會之後，直至今日重建本黨的中興時期，這一時期本黨所持的方針，是在廣大群眾中，結合其愛國革命分子，重建革命反攻的實力。在自由區，對於政治經濟社會文化各種黨務和力量，不僅協調合作，來推動臺灣建設工作，並且從各項改造運動中，促進國家總動員，來完成反攻的準備。在海外，則集中全力，擴大反共救國陣線，加強反共鬥爭，打擊匪偽分化僑胞的陰謀。至於對大陸的主要工作，就是向敵後加強革命組織，散播革命種子，使其生根茁長，同時加強對匪心理戰、政治戰和社會戰、經濟戰，策進群眾反共抗暴運動。……本黨今後第三階段的任務，可以稱為反攻復國時期。所以本大會亦就是要以決定反攻復國的總方略，為其中心任務。」〔註8〕

根據蔣介石為大會定下的基調，國民黨副總裁陳誠作了《政治報告》，指出：「在這五年之中，世界局勢有很大變化，我們的革命事業在這中間也有非常顯著的進步，我們由保衛臺灣進而建設臺灣，並由建設臺灣更進而策進反攻大陸了。」他進而宣稱「反攻復國的工作，大致可以分為四個方面：一是臺灣，二是海外，三是國際，四是大陸」。陳誠的報告標誌著國民黨已將對大陸政策從「軍事反攻」轉為「政治反攻為主，軍事為輔」。〔註9〕

（三）「反攻大陸」政策的第二次大調整——「反攻總體戰」

自從國民黨八大本著較為「務實」的態度，確定了「政治反攻為主，軍事為輔」、「建設臺灣，策進反攻」的策略之後，「軍事反攻」的呼聲便低落下去，這又使蔣介石感到非常不滿。

1959 年 5 月 19 日，國民黨召開八屆二中全會，蔣介石作了《掌握中興復國的機運》的講話：「外電往往指責我們說，現在政府中已經很少有人再談反攻復國的問題，又說，他們近來最樂稱述的，只是臺灣的經建數字的增高，他們也很少再自稱為中華民國，而多是說臺灣如何如何了。又說從大陸來臺的人，他們也都在漫長的歲月中，淡忘了大陸上的家園，因為他們在臺灣大多數都有了一個重新建立起來的家庭。當然這只是外國記者的一種皮相的和不正確的說法，但是這卻足以說明我們日常的生活行動，並沒有一些可

〔註 8〕秦孝儀：《先總統蔣公思想言論總集》卷 27，中國國民黨中央委員會黨史委員會 1984 年版，第 370 頁。

〔註 9〕中國國民黨中央委員會黨史委員會：《革命文獻》第 77 輯，中央文物供應社 1978 年版，第 172 頁。

以開創中興復國的新氣象和新精神,則是無可爭辯的事實。而且實在說,由
於大家從大陸撤退來臺,已經十年,當時國破家亡的悲哀沉痛和侮辱血債,
也多少為歲月所侵蝕!又由於社會的安定和經建的發展,也有一部分人確實
在特別忙於照顧自己的生活,並且企圖提高其個人待遇為主要的目的,因而
或多或少忘記了自己反共雪恥的責任,模糊了自己報仇復國的目標。當然還
有很多的知恥奮發的同志,在埋頭苦幹,尤其是一般基層工作的同志,不求
人知,而惟其效忠報國,在我見到這種情形的時候,更引起我對復國建國的
前途無限的樂觀。所以外人反多看得起我們的基層工作人員,以為自由中國
是有前途的。可是像前面所說的那種心理上、生活上、精神上的病態,的確
是在我們中興復國途程中,第一嚴重的障礙;如果不予以徹底根除,並奮勵
其知恥雪恥的朝氣銳氣,那還談什麼反攻復國呢?如果再過十年,超過『十
年生聚,十年教訓』的期限,還不能反攻復國的話,那就任何希望都要破滅
了」。〔註10〕

臺灣當局秉承蔣介石的意旨,將國民黨八大提出的「政治反攻為主,軍
事為輔」、「建設臺灣,策進反攻」等口號,改稱為「長期的反攻總體戰」。這
是臺灣當局對「反攻」政策作的第二次調整。其實這次調整,只能算是新瓶
裝舊酒,因為它的實質仍是在「七分政治,三分軍事,七分敵後,三分敵前」
的反共方針下,加強對大陸的「政治作戰」。

1963年11月12日,國民黨在臺北召開第九次全國代表大會,正式確立
了「反攻復國總體戰」策略,陳誠在《政治報告》中稱「反共作戰是一種長期
的總體戰」,它包括政治、經濟與文化、社會各方面,以及過去與將來的作戰,
並不僅僅限於一時的軍事作戰。在「總體戰」中,大陸是「主戰場」,臺海是
「支戰場」,國民黨的戰略原則是以「政治為前鋒,軍事為後衛,使大陸革命
與臺海戰爭相結合」。〔註11〕大會確定國民黨當前的中心任務,就是以「七分
政治」和「三分軍事」,策進對大陸的「政治作戰」,滲進大陸,發展「策反組
織」,有計劃地從事各種破壞活動。大會還通過了《中國國民黨現階段工作綱
領》,制定了「反攻復國」的各項具體部署,鼓吹以國民黨「為領導的核心,

〔註10〕 秦孝儀:《先總統蔣公思想言論總集》卷32,中國國民黨中央委員會黨史委
員會1984年版,第186~187頁。
〔註11〕 中國國民黨中央委員會黨史委員會:《革命文獻》第77輯,中央文物供應社
1978年版,第249~251頁。

發揮政治、經濟、外交、文化、心理一切力量，與軍事緊密配合，組成一個戰鬥體，完成反攻大陸的戰鬥準備」。〔註12〕

（四）十年一夢──「反攻大陸政策」的最終破滅

然而，海內外人士如同對國民黨遙遙無期的「反攻」叫囂持有疑慮一樣，對「反共聯盟」的建立反響冷落，參加者廖廖無幾。蔣介石見「反共建國」的旗號不靈光了，立即乘大陸發動「文化大革命」之際，又提出建立「討毛救國聯合陣線」。為此，蔣介石發出號召：「一切反毛的力量，在三民主義的思想與信仰之下聯合起來。」〔註13〕1967 年 3 月 29 日，蔣介石又向青年發出號召：「成立『討毛救國聯合陣線』」，並叫囂「聯合所有反毛的個人的、集體的勢力和組織，推翻那個口口聲聲造反奪權的毛賊殘暴統治。不論工、農、兵、學、商，不論種族、黨派、成分，亦不論以往一切是非恩怨，只要能實踐『不是敵人，就是同志』的信約，幡然改圖，抗暴反毛的，就都是討毛救國聯合陣線的盟友鬥士！」蔣介石還夢想大陸「反毛」力量會組成「討毛救國聯軍」，擴大「討毛救國的青年運動」，並保存與臺灣國民黨的密切聯繫，「齊集於國父三民主義青天白日滿地紅國旗下，同仇敵愾，消滅毛澤東」。〔註14〕其結果可想而知，不僅大陸「反毛」力量沒有回應，就連臺灣青年也很少問津。

轉眼又是兩年過去了，被臺灣當局吹噓得天花亂墜的「總體戰」策略，依然沒有任何建樹。相反，大陸在 1964 年 10 月 16 日，成功的爆炸了第一顆原子彈；1967 年 6 月 17 日，成功的爆炸了第一顆氫彈；1969 年 9 月 23 日，成功的進行了首次地下核試驗。具有諷刺意義的是，這一年的 5 月 19 日，正是蔣介石在國民黨八屆二中全會上提出「十年生聚，十年教訓」的最後期限。事實無情地宣布了蔣介石「反攻大陸」策略的破產。儘管他在以後幾年中，仍繼續令「光復大陸設計委員會」不斷設計新的方案，但這不過是聊以自慰，向世人做做樣子而已。

蔣介石於 1975 年 4 月 5 日滿懷遺恨地死去，享年 89 歲。他不僅未能在自己的有生之年實現「反攻復國」，連自己的遺骨也只能「暫厝」於慈湖。但

〔註12〕中國國民黨中央委員會黨史委員會：《革命文獻》第 77 輯，中央文物供應社 1978 年版，第 266～269 頁。

〔註13〕張其昀：《先總統蔣公全集》，第 3 冊，中國文化大學出版社 1984 年版，第 2909～2910 頁。

〔註14〕張其昀：《先總統蔣公全集》，第 3 冊，中國文化大學出版社 1984 年版，第 3639 頁。

是蔣至死念念不忘「反攻復國」，他在遺囑中說：「反共復國大業，方期日新月盛，全國軍民、全黨同志絕不可因余之不起而懷憂喪志！務望一致精誠團結，服膺奉黨與政府領導，奉主義為無形之總理，以復國為共同之目標，而中正之精神必與我同志、同胞長相左右。實踐三民主義，光復大陸國土，復興民族文化，堅守民主陣容，為余畢生之志事……惟願愈益堅此百忍，奮勉自強，絕不中止，矢勤矢勇，毋怠毋忽。」〔註15〕

二、完善反共思想體系

為了配合國際反共反蘇反華包圍圈，呼應美國內部惡性蔓延的反共思潮，蔣介石到臺灣後，開始拼湊新的反共理論，修補反共思想體系，為國民黨當局所進行的反共軍事、反共宣傳製造理論依據。蔣介石的主要反共理論著作，在大陸時期已有《中國之命運》，到臺灣後，在御用文人的捉刀下，又先後拋出了《反共抗俄基本論》、《解決共產主義思想與方法的根本問題》和《蘇俄在中國》等書。以上4本書，構成了蔣介石以反共為終極目標的基本理論架構。

蔣介石敗到臺灣後，痛定思痛，感到「在和共產主義的戰鬥中，政治意義重大」。他認為國民黨之所以全面崩潰，宣傳不夠主動和理論不夠充實是一個重要原因。他在一次答外國記者問時聲稱：「中華民國的反共復國大業，決不是單靠有形的軍事力量來完成的。許多外國友人常從此角度來看我們反攻這個基本問題。自然覺得這是一件萬分艱巨、甚至是短期不易達成的任務。但是諸位一定要知道：革命戰爭主要是要靠社會民眾和主義思想的力量來支持和成功的。」〔註16〕

出於這種認識，蔣介石提出當前的當務之急在於加強反共「心理建設」。為此，他又披掛上陣，不斷著書立說，還發表了一系列講話，系統地總結了國民黨的歷史「經驗」及其失敗的「教訓」。20世紀50年代，蔣介石先後拋出了三大反共論著，即《解決共產主義思想與方法的根本問題》、《反共抗俄基本論》、《蘇俄在中國》。這三部書被當時臺灣當局稱之為反共的三大「寶典」。三部論著都打著孫中山「三民主義」與中國傳統文化的旗號，系統地攻擊共產主義與中國共產黨。書中竭力鼓吹以反共為核心的「革命人生觀」，強

〔註15〕本報訊：《總統蔣公遺囑》，《中央日報》，1975年4月6日，第1版。
〔註16〕秦孝儀：《先總統蔣公思想言論總集》卷39，中國國民黨中央委員會黨史委員會1984年版，第93頁。

調國民黨官兵要樹立「主義」、「領袖」、「國家」、「責任」、「榮譽」五大信念，在反共鬥爭中不成功，則成仁。

《解決共產主義思想與方法的根本問題》是蔣介石 20 世紀 50 年代的三大反共論著之一。此文是蔣介石 1955 年元月 10 日在革命實踐研究院的講演詞，主要是從哲學的角度否定馬克思主義的哲學基礎。他是這樣說明此文的寫作目的：「我們今天如果要光復大陸，復興民族，爭取反共抗俄徹底勝利，那必須先洞燭敵人——共匪與俄寇的思想體系及其思惟法則——『唯物辯證法』，並研究我們民族傳統精神和我國固有哲學思想，以加強自身的思想武裝，來擊破敵人的陰謀詭計。

大家首先要知道：敵人共匪之一切思想的規律和法則，全是根據『唯物辯證法』推演出來的。共產匪黨對內對外的鬥爭，政治運用和社會運動等各方面的鬥爭法則，固然是根據『唯物辯證法』的推演，就是他們的戰略思想和戰術原則，也是從『唯物辯證法』出發的。因此我們要研究敵情和對匪戰法，只有從瞭解他們的唯物辯證法則及其原理入手，才能把握其重心，窺破其訣竅，從而確定我們的對策，來瓦解敵人，消滅敵人。」〔註 17〕

《解決共產主義思想與方法的根本問題》一文，重點是對共產黨的思想理論基礎——唯物辯證法作了全面攻擊。全文除提要與結論外，還另分三章。

第一章：唯物辯證法原理和來源及其基本法則的運用。蔣介石對唯物辯證法的來源和原理作了介紹和分析，馬克思主義哲學有兩個來源，一是黑格爾的辯證法思想，一是費爾巴哈的唯物主義，但蔣介石對辯證唯物主義中所蘊藏的辯證法思想更為重視並詳加研究。蔣介石站在極端反共的立場，認為唯物辯證法是對黑格爾辯證法的「一種曲解」。他說：「可知黑格爾乃是為了說明歷史的發展，才用『正、反、合』的辯證原理，作為解釋歷史的工具。但馬克思卻竊取了黑格爾辯證邏輯的方法，去解釋他所認為一個病態社會，進而曲解人類經濟、政治社會、歷史等一切規律。他對於辯證法三律的運用，就是矛盾律（對立統一律），是指凡事物原狀為『正』，事物因有內在矛盾，而分為兩個對立體為『反』；對立體有一被克服，後而產生統一，就變成『合』。否定律中的肯定是『正』，否定就是『反』，而再否定，即所謂『否定之否定』，就變成了『合』。又如質變律的舊質為『正』，量變就是『反』，而新質就變成

〔註 17〕秦孝儀：《先總統蔣公思想言論總集》卷 26，中國國民黨中央委員會黨史委員會 1984 年版，第 219 頁。

了『合』。可知馬克思『唯物辯證法』，乃是由黑格爾辯證法『正、反、合』的原理所脫胎的產物，但是其內容與精神，幾乎完全是相反的。這就是共匪要利用國父三民主義，曲解為所謂『新人民民主專政』，乃採用他這個祖傳移花接木、偽裝欺世的卑劣手法之由來。」〔註18〕

他宣稱在我國 3000 年前就產生了辯證法思想，而且比唯物辯證法更高明。他說：「辯證法的原理，並不是什麼新奇的東西。這些學術，我們中國先哲遠在三千年以前，如易經所謂『一陰一陽之謂道』，就是陽為『正』，陰為『反』，太極為『合』的意思。而且其哲理，遠較現在辯證法『正反合』之說，為高明而深邃得多。其他如老子所謂『有無相生，難易相成』，以及書經的危微精一中，以至於名家學說，即無不是現代辯證邏輯學的原理所自出。我們國父乃稱之為理則學。可惜我們對於這些『究天人之際』的理則學，不但不知發揚光大，反而視之為陳舊無用的東西；結果乃就數典忘祖，舍本逐末，無怪乎共產匪徒要認馬克思『唯物辯證法』為其鼻祖的衣缽了。」〔註19〕

他對唯物辯證法作了理論剖析之後，接著又歸結到實際問題，指出幾個對付共產黨的原則。他說：「這幾個原則，就是：（一）對矛盾律：反共組織的內部，必須單一純潔，求精而不求多。其內部必須團結無間，決不容有任何一點矛盾或對立衝突，被其滲透分化。……（二）對否定律：反共組織的精神，必須自強不息，日新又新。……因為反共鬥爭，必須以組織對組織，以力量對力量，不能稍有消極鬆弛、惰性怠忽，予敵以隙。（三）對質變律：反共組織的紀律，必須嚴肅縝密，對於防諜保密，更應防微杜漸，時時警覺，不容有絲毫散漫疏漏的地方。」〔註20〕以上原則是蔣介石研究對共產黨謀略戰所得出的結論。

第二章：唯物辯證法的根本弱點及其應用的荒謬。他認為馬克思自稱自己的唯物辯證法繼承發展了黑格爾的「觀念辯證法」，實屬「欺人自欺之談」，是馬克思「歪曲黑氏理論的一種遁辭」，〔註21〕是「掛羊頭賣狗肉」的辯證法。

〔註18〕秦孝儀：《先總統蔣公思想言論總集》卷 26，中國國民黨中央委員會黨史委員會 1984 年版，第 223 頁。

〔註19〕秦孝儀：《先總統蔣公思想言論總集》卷 26，中國國民黨中央委員會黨史委員會 1984 年版，第 223～224 頁。

〔註20〕秦孝儀：《先總統蔣公思想言論總集》卷 26，中國國民黨中央委員會黨史委員會 1984 年版，第 228～229 頁。

〔註21〕秦孝儀：《先總統蔣公思想言論總集》卷 26，中國國民黨中央委員會黨史委

他說：「馬克思所採取黑格爾的辯證法，決不是核心，而僅是其外殼」〔註22〕，「黑格爾辯證法是絕對沒有外殼和核心之分的」〔註23〕。黑格爾「要求從矛盾到統一」，馬克思卻認為「統一物的分裂是辯證法的基本」。馬克思的分裂論「使世界的矛盾儘量擴大，人類鬥爭永無止境，最後就是要使人類根本喪失人性，成為毫無良知和靈覺的禽獸」。〔註24〕黑格爾從理性的觀點看質量互變，「其目的只是在於怎樣發現對立物的「活動力」，如何在使世界事物推向進步的歷程。」但是馬克思「從鬥爭的觀點看質量互變，它們所看的就只是統一物的分裂，亦即物質的衰敗和滅絕的一面。」〔註25〕恩格斯曾批判黑格爾的唯心論，說：「世界上現象的真正聯繫，完全被他（黑格爾）頭腳倒置了。」〔註26〕馬克思也認為「一切意識為物質的反映」，〔註27〕而蔣介石卻認為，「宇宙的存在和發展，不能完全視為物質的反映，而非藉精神價值無法解釋，亦無法成立其辯證的。」〔註28〕他否定矛盾的普遍性，認為「天下一切事物，固與其周圍現象有密切關係，但其根本都是彼此協調、和諧而並行不悖的。它們不需要經過矛盾統一的機械式的過程，其本身自具有一種『中和』的本能，來求其均衡發展和互不相害。」〔註29〕據此，他套用恩格斯的話說：「雙腳朝天的倒立系統，卻正是馬克思和恩格斯學說的自身。」〔註30〕

蔣介石從其主觀唯心主義立場出發，攻擊馬克思主義唯物辯證法。他說：

員會1984年版，第233頁。

〔註22〕秦孝儀：《先總統蔣公思想言論總集》卷26，中國國民黨中央委員會黨史委員會1984年版，第232頁。

〔註23〕秦孝儀：《先總統蔣公思想言論總集》卷26，中國國民黨中央委員會黨史委員會1984年版，第233頁。

〔註24〕秦孝儀：《先總統蔣公思想言論總集》卷26，中國國民黨中央委員會黨史委員會1984年版，第234頁。

〔註25〕秦孝儀：《先總統蔣公思想言論總集》卷26，中國國民黨中央委員會黨史委員會1984年版，第241頁。

〔註26〕秦孝儀：《先總統蔣公思想言論總集》卷26，中國國民黨中央委員會黨史委員會1984年版，第233頁。

〔註27〕秦孝儀：《先總統蔣公思想言論總集》卷26，中國國民黨中央委員會黨史委員會1984年版，第234頁。

〔註28〕秦孝儀：《先總統蔣公思想言論總集》卷26，中國國民黨中央委員會黨史委員會1984年版，第234頁。

〔註29〕秦孝儀：《先總統蔣公思想言論總集》卷26，中國國民黨中央委員會黨史委員會1984年版，第237頁。

〔註30〕秦孝儀：《先總統蔣公思想言論總集》卷26，中國國民黨中央委員會黨史委員會1984年版，第234頁。

「『唯物辯證法』的祖師馬克思，雖然很機巧地利用了黑格爾辯證法，為後來共產匪徒建立了整套的唯物思想的法則。但由於馬克思理論根本否定了精神和人性的價值，更不承認其有神與天以及生命的存在；因此以『唯物辯證法』為一切法則的共匪，其生活、行動、策略和鬥爭理論，都是充滿了物慾、奪取、清算、壓制，再加上他殘忍、暴戾、陰狠和滅裂的獸性，自然是要遍地血腥了。換言之，共匪的理論和他的人生，都是反精神、反生命、反天理、反人性的，只認物質和強權，鬥爭復鬥爭，矛盾再矛盾，質變再質變，否定再否定。如此最後非鬥爭至只留他共黨頭子一人孤獨存在不可的境地，你看這是什麼境地呢？這就是『唯物辯證法』的根本弱點。」〔註31〕

蔣介石研究黑格爾辯證法主要是利用黑格爾的「觀念辯證法」這「一個不可缺少的武器」，來反擊馬克思主義的唯物辯證法。對此，他說道：「我總以為黑格爾的哲學，不論其在西洋哲學上的地位如何，亦不論其辯證法是否已成過去，但其在今日反共戰爭的思想上，如我們果能虛心研究，尤其是能把黑、馬二氏的學理、思想及其性質、內容，切實比較，得到一個正確的結論，那他對『唯物辯證法』的反擊，乃是一個不可缺少的武器。這是我們反共思想戰的過程中，有其重要地位的。」〔註32〕黑格爾辯證法之所以能夠成為「抗俄反共」的有力的思想武器，在蔣看來原因有二：首先，是因為「黑格爾與馬克思的哲學思想完全是相反的，而馬克思所採取黑格爾的辯證法，決不是核心，而僅是其外殼」〔註33〕。在這裡，不承認黑格爾哲學有「外殼」和「核心」之分的蔣介石，像黑格爾一樣「頭腳倒置」了：把黑格爾哲學中神秘主義的、唯心主義的外殼當做了核心，而把其哲學體系中的質量互變、對立統一、否定之否定等合理內核視為外殼。實際上，蔣介石如此說，是要根本否認馬克思主義唯物辯證法與黑格爾辯證法之間的繼承與發展關係。其次，蔣介石認為，馬克思、恩格斯的唯物辯證法是蘇共、中共乃至各國共產黨的「思維法則」的源泉。蔣介石指出：「我們當面敵人俄寇共匪，惟一對敵的戰術，就是其唯物辯證法。唯物辯證法認為，一切事物都是『對立的統一』，而

〔註31〕秦孝儀：《先總統蔣公思想言論總集》卷 26，中國國民黨中央委員會黨史委員會 1984 年版，第 234 頁。

〔註32〕秦孝儀：《先總統蔣公思想言論總集》卷 26，中國國民黨中央委員會黨史委員會 1984 年版，第 232 頁。

〔註33〕秦孝儀：《先總統蔣公思想言論總集》卷 26，中國國民黨中央委員會黨史委員會 1984 年版，第 232 頁。

事物的發展，就是『統一物的分裂』，和『對立性的鬥爭』；換言之，就是任何事物內在的矛盾，都不能保持其均衡，而必然發為對立性的鬥爭。所以他們以為統一是暫時的、相對的，而分裂是永久的、絕對的。列寧就是用這一思想，來決定他共產黨的戰略和戰術；他對於共產黨徒的思想教育，就是要他們從敵人的內部加以研究和觀察，看破敵人的各部分之間的差異性，利用其差異性的罅隙，施展其陰謀、挑撥、分化、煽動其內部自相鬥爭；就是要使其差異性轉變為相反性，再利用其相反性，逐漸使之轉變為矛盾性，最後卒使敵人體系歸於瓦解。這一矛盾律，列寧使用得最為神化。各國共產黨對敵人的策略和戰術，都以此為其金科玉律，奉為一切行動的根據。」〔註34〕所以，要與「俄寇共匪」進行思想戰，就必須釜底抽薪，反擊唯物辯證法；而反擊唯物辯證法的最有效武器，除了中國「正統哲學」、「民族傳統精神」外，就是黑格爾的「觀念辯證法」〔註35〕。

第三、中國傳統哲學思想是消滅唯物辯證法的基本武器。他闡述中華文化傳統的天人合一思想，指出天人合一的精神。是首在盡我做人的天職與本務，一個人只要能存天理、去人慾，就可以與天人合一，凡是能徹悟天人合一有得於心的人，只有更知主敬立極、自強不息，發揚其良知和良能的天性，堅定其自信心，倍增其責任感，一視其義理所在，而置生死得失於度外。〔註36〕因為天人合一的最大特點，「就是要從人的自然生命活動中，發現其崇高的道德價值，以別於禽獸，以攝理萬物。」〔註37〕所以凡是能了悟到天人合一的先聖往哲，以及歷代民族英雄，臨大節而不變，當大難而不苟者，都是有得於中國傳統哲學思想所致。

蔣介石誣衊唯物辯證法是一種充滿人慾的哲學，矛盾統一規律、否定之否定規律、質量互變規律，這些辯證法的基本法則展示出來的是一種以恨為

〔註34〕蔣介石：《組織的原理和功效——並說明對黑格爾辯證法研究的要領》（1956年6月25日），張其昀：《先總統蔣公全集》第二卷，中華學術院、中國文化大學編印1984年版，第2146頁。

〔註35〕蔣介石：《解決共產主義思想與方法的根本問題》（1955年1月10日），張其昀：《先總統蔣公全集》第二卷，中華學術院、中國文化大學編印1984年版，第2424頁。

〔註36〕秦孝儀：《先總統蔣公思想言論總集》卷26，中國國民黨中央委員會黨史委員會1984年版，第247頁。

〔註37〕秦孝儀：《先總統蔣公思想言論總集》卷26，中國國民黨中央委員會黨史委員會1984年版，第244頁。

主的共產主義唯物論者的世界觀。因此，同辯證唯物主義的鬥爭，實際上就是一場「天理」與「人慾」的鬥爭。因為馬克思的唯物辯證法是摒棄一切神仙與救世主的，而蔣介石卻乞靈於上帝的存在，「我們必須承認宇宙之中，是有一位神在冥冥中為之主宰的；並且他是無時不在每一個人的心中，而不待外求的。」〔註38〕「希望我們反共志士，認清這『天』與『神』的觀念，以及其宗教的信仰，都是反共的精神武裝中最精銳的基本武器。」〔註39〕

　　上述蔣氏言論表明了一個事實，在理論上，蔣介石對唯物辯證法的攻擊是無力的，基本上也就止於謾罵的水平。相反，他倒不得不承認辯證唯物主義這一武器的犀利，他以在大陸失敗的教訓佐證了這一點。他認為共產黨的三大法寶「統一戰線、武裝鬥爭、黨的建設就是共產黨人嫻熟運用唯物辯證法的例證，我們試一回顧本黨30年來的反共歷史，就可以憬然於『共匪』完全是將其『矛盾律』的法則，循環運用，以擊敗本黨的。他們先搞『統戰』以利用分化拉攏的手段，作互相滲透，以分化本黨和孤立本黨。後來又有所謂『武裝鬥爭』，那就是利用國軍各種弱點，拼命製造我們內部的矛盾，轉移國軍的注意力，以便擴大他的武裝叛亂，來達到其『全程貫徹』的目的。至於他所謂的『黨的建設』就是每一次他們在行將被本黨消滅的時候，乃教育其幹部和煽動盲從的群眾，要求與本黨妥協，但他決不放棄其消滅本黨的基本原則。」〔註40〕從這裡，我們可以看出蔣介石對唯物辯證法既抱有恐懼的心理，其理解又流於表面和簡單。他沒有看到國共兩黨在長期相處和鬥爭的後面隱藏著的歷史的真正動因，以及蘊藏在唯物辯證法裡面的對客觀世界、歷史發展合乎科學的解釋。正因如此，他對辯證唯物主義的攻擊顯得粗魯而無力，缺乏理論的廣度與深度。

　　總之，蔣介石研究黑格爾辯證法，當然是服務於他的「抗俄反共」，完成他所說的「光復大陸，復興民族」這一「國民革命第三期任務」的。〔註41〕

　　《反共抗俄基本論》是蔣介石1952年10月在國民黨「七全大會」期間提

〔註38〕秦孝儀：《先總統蔣公思想言論總集》卷26，中國國民黨中央委員會黨史委員會1984年版，第253頁。

〔註39〕秦孝儀：《先總統蔣公思想言論總集》卷26，中國國民黨中央委員會黨史委員會1984年版，第252頁。

〔註40〕秦孝儀：《先總統蔣公思想言論總集》卷26，中國國民黨中央委員會黨史委員會1984年版，第227頁。

〔註41〕蔣介石：《解決共產主義思想與方法的根本問題》（1955年1月10日），張其昀：《先總統蔣公全集》第二卷，中華學術院、中國文化大學編印1984年版，第2424頁。

出的，全文八章四萬餘字。他是這樣說明寫作目的的：「如果要革命的理論有力，就要大家意見一致，而後才能行動一致，實力充沛。但是大家最應注意的，就是理論決不可以離開事實，離開時代，換句話說，就是要瞭解今日民眾切身的利害，要代表民眾發出其由衷之言，再用理論來說明主義，用行動來證明主義，那主義才能深植人心，也就為大家樂於接受和實踐」，「我們認為惟有三民主義最高原則指導之下，才能發揮民族的潛力，爭取反共抗俄戰爭的勝利」，「反共抗俄戰爭的勝利，就是三民主義的保證」，故他提出《反共抗俄基本論》以指導未來的反共抗俄戰爭。〔註42〕蔣介石對《反共抗俄基本論》甚為重視，「自覺甚費心力，而於今後反共事業影響必大也」。他在日記中曾自問：「此乃繼《敵乎？友乎》、《中國之命運》二著之後最重要之著作乎？」〔註43〕《敵乎？友乎》發表於全面抗戰前，論述中日關係走向；《中國之命運》發表於抗日戰爭後期，討論戰後中國社會的走向，是蔣最有影響的兩部著作，均曾引起過很大反響。

蔣介石先追述中俄關係的歷史來說明「抗俄」的必要性。他說俄國自伊凡三世建國以來就是一個侵略國家，尤其是對中國的侵略「實為我中國惟一的世仇和大敵」〔註44〕，而今日之蘇共思想是「節取馬克思主義，並融合了俄國民粹主義、虛無主義、沙皇專制與大斯拉夫主義的內容，在一國建立集權獨裁的專制制度，對世界進行征服人類的思想系統」。〔註45〕他攻擊中共是「流寇與漢奸以及侵略者工具的結合，其暴虐凶頑，為歷史上空前未有，只有石勒與王彌合兵亡晉，滿清與李闖並力亡明可與比擬」，〔註46〕中共不過是蘇俄的「傀儡」，大陸新政權是「漢奸政權」，其作為無非是「控制國家，控制人民，把中國政治上併入蘇維埃聯邦為藩屬」，「經濟上加入俄帝國防體系，為其侵略戰的工具」，〔註47〕從而完成把「整個中國屬於俄帝的蘇維埃政權的

〔註42〕中央社訊：《總裁手訂「反共抗俄基本論」，七全大會昨通過》，《聯合報》，1952年 10 月 17 日，第 1 版。
〔註43〕《蔣介石日記》（手稿本），1952 年 9 月 13 日，「上星期反省錄」。
〔註44〕秦孝儀：《先總統蔣公思想言論總集》卷 8 專著，中國國民黨中央委員會黨史委員會 1984 年版，第 8 頁。
〔註45〕秦孝儀：《先總統蔣公思想言論總集》卷 8 專著，中國國民黨中央委員會黨史委員會 1984 年版，第 10 頁。
〔註46〕秦孝儀：《先總統蔣公思想言論總集》卷 8 專著，中國國民黨中央委員會黨史委員會 1984 年版，第 11 頁。
〔註47〕秦孝儀：《先總統蔣公思想言論總集》卷 8 專著，中國國民黨中央委員會黨史委員會 1984 年版，第 14 頁。

版圖」的過程。因此，他提出自抗戰勝利後，國民革命進入了第三期，革命的對象是「共產國際第五縱隊之朱毛奸匪」，革命的本質是人民生活方式的社會鬥爭，而其任務是要求「社會生存、國民生計和群眾生命獲得確實保障」，國民革命的方略是「建設三民主義」。〔註48〕

　　近代以來的沙俄帝國主義對中國侵略傷害之大，掠奪之重，是個不爭的事實。但蔣介石把「反共抗俄」當成「國民革命」第三期的根本目標，將「反共」與「抗俄」聯在一起，將中共說成是「蘇俄的傀儡」，將中國革命的勝利視為「蘇俄霸佔中國」的第一步，顯然不是不懂歷史，而是有意歪曲歷史事實，實質上是在轉移視線，煽動群眾復恨情緒而已。在國民黨一片「反共抗俄」的鼓譟宣傳中，臺灣軍隊還炮擊扣押行駛在公海上的蘇聯商船，臺灣當局還在聯合國大會上煞有介事地一次又一次提出「控告蘇聯侵略案」，要求聯合國大會「制裁」蘇聯。〔註49〕這裡除了蔣個人對蘇聯的積怨外，還有更深的用意：第一，推卸大陸失敗的責任，既然中共是「蘇聯的傀儡」，那國民黨大陸時期的對手實際上是強大的蘇聯。照此邏輯推論，其失敗很大程度上不是蔣介石無能，而要歸結為「敵人」太強大了。第二，討好西方國家，抬高臺灣的「國際地位」。國際形勢演變為社會主義與資本主義兩大陣營的對立，臺灣被當成「國際棄兒」無人搭理。蔣介石高舉「反共抗俄」大旗，突出其反對蘇聯的特色，並自詡為是「反對蘇聯全球擴張的第一線」，拼命要擠進西方陣營，引起外國的重視，以獲取青睞與支持。第三，便於對臺灣人民的愚弄與控制。要戰勝強大的敵人，臺灣人民必須有極強的憂患意識，克勤克儉，在國民黨領導下「統一意志」，方可能完成。同時，準備工作必須格外認真周全，這也為國民黨空喊「反攻」而無行動提供了藉口，批駁「反攻無望論」。基於以上原因，蔣介石始終抓住「反共抗俄」口號不放，甚至到1960年中國共產黨與蘇聯共產黨展開大論戰，兩國關係走向緊張之時，臺灣仍在說中共是「傀儡」，繼續「反共抗俄」。

　　蔣介石也深知空喊口號無益，「反共抗俄」要落實到對日常工作的指導上，而在當時，他提出在現階段發展三民主義的綱要，就是要把臺灣建設成為反共抗俄的基地和模範。因此，學習研討《反共抗俄基本論》成為「七全大會」

〔註48〕秦孝儀：《先總統蔣公思想言論總集》卷8專著，中國國民黨中央委員會黨史委員會1984年版，第16頁。

〔註49〕張山克主編：《臺灣問題大事記》，華文出版社1988年版，第49頁。

的主要內容之一，會議結束時還專門作出了一項決議：

> 總裁交議之反共抗俄基本論，對本黨主義精義，革命真理及反
> 共抗俄應對方略，乃至必勝必成之道，提示周詳，深切著名，實為
> 本黨今後反共抗俄革命建國，在思想言論及行為上所遵循之準則。
> 本大會茲特鄭重決策，敬謹接受，凡我同志務須因認識統一，求力
> 量之集中，同時亦應本提示之基本原則與理論綱領，悉心研討，實
> 踐躬行，以期發揚光大。〔註50〕

《反共抗俄基本論》由此成為國民黨指導各項政策的法寶，各部門各級
單位被通令學習研討，廣為宣傳。

《蘇俄在中國》是蔣介石寫於1956年底的繼《反共抗俄基本論》之後的
又一本反共理論著作。此時的國際形勢是社會主義陣營和資本主義陣營的對
抗有所緩和，「和平共存」的口號在國際交往中開始被接受，雙方接觸有所擴
大，尤其是中美之間的尖銳對立有降溫的跡象，並開始進行事務性會談，西
方各國對這種進展表示了某種程度的支持和歡迎。國際局勢的這種演變趨勢，
對於在兩大陣營對立中獲益多多的臺灣顯然極為不利。蔣介石為阻撓這一緩
和趨勢，特寫此書，企圖通過對親自經歷的「慘痛教訓」的訴說，「能對今日
同遭共產主義的威脅的國家及其領導者有所裨益」。他說：

> 我深恐今後俄共及其傀儡中共以其侵陷我大陸、奴役我同胞的
> 故技，轉而為害於世界人類而無法阻止，乃不揣愚拙，特將本書公
> 之於世。如其能喚起我全國同胞以及自由世界愛護自由和民主的人
> 士的警惕，共同認識俄共及其傀儡中共，對於任何一個自由國家與
> 自由人士所要求的「和平共存」，不過是要你單方面接受他的「和
> 平」，讓他俄共獨自生存，並聽其第五縱隊自由發展，而最後任其從
> 外部來武裝征服，或從內部來「和平轉變」之一個簡單符號。他這
> 個「和平共存」的符號，換言之，也就是俄共最後統治世界、奴役
> 人類的一個代名詞而已。〔註51〕

《蘇俄在中國》包括「中俄和平共存的開始與發展及其後果」、「反共鬥

〔註50〕 中央社訊：《于右任激昂演說，闡明總裁論述重要》，《聯合報》，1952年10月
17日，第1版。

〔註51〕 秦孝儀：《先總統蔣公思想言論總集》卷9專著，中國國民黨中央委員會黨史
委員會1984年版，第18頁。

爭成敗得失的檢討」、「俄共和平共存的第一目標及其最後的構想」三篇，以及補述「俄共在中國三十年來所使用的各種政治鬥爭戰術及其運用辯證法的方式之綜合研究」。該書的另一副題為「和平共存？」表明其宗旨在於對「和平共存」理念的質疑和批評。

書中，蔣介石回憶了其與蘇聯間的四次和平共存經歷及所帶來的「慘重教訓」。他認為第一次和平共存是 20 世紀 20 年代的國共合作，結果是「共產國際指使其中國支部的黨員加入中國國民黨，利用國民革命以圖接近群眾，煽起鬥爭，顛覆本黨，然後他再假借三民主義的旗幟，由他來領導北伐，獨佔中國」；〔註52〕第二次和平共存是「國共合作，一致抗日」時期，結果是蘇聯幫助中共「先求政治解圍，再圖武裝發展，使其死灰復燃，更企圖在我抗戰最艱苦的階段，以散播失敗主義來顛覆政府，奪取政權，達到莫斯科獨佔中國的目的」；戰後與蘇聯和平共存中，蘇聯又幫助中共借「和談」來「束縛國軍的雙手，分化中美的合作，以便利其全面動員和全面叛亂」。〔註53〕因此，蔣介石的結論是：「中共不是中國的產物，乃是蘇俄共產帝國的螟蛉」〔註54〕，三十幾年來，中俄與國共之間幾度和平相處，幾度決裂，「最後的結果，就是中國大陸關進鐵幕，作為蘇維埃帝國征服亞洲侵略世界的基地」，〔註55〕教訓是「慘痛」的。

姑且不論蔣介石把中蘇關係 30 年的曲折發展歸結為四次「和平共存」，有失簡單，難免為己所需，就是他所敘述的四次「和平共處」，也完全是歪曲歷史。每個國家在與別國發展關係時，都有自身利益，蘇聯政府的對華政策中有利己動機不足為怪。問題的要害是，國民黨和蔣介石本人並非這些政策的「受害者」，反而是積極推動，主動與蘇聯聯合，仍以蔣介石在《蘇俄在中國》中所列舉的幾個事件為例來看歷史真相：國民黨與蘇聯第一次「和平共存」發生在 1920 年，當時孫中山領導的國民黨屢遭挫折，尋求西方幫助不斷碰壁，轉而實行「聯俄」政策，蔣介石個人對蘇聯的黨政制度與軍隊建設頗

〔註52〕秦孝儀：《先總統蔣公思想言論總集》卷 9 專著，中國國民黨中央委員會黨史委員會 1984 年版，第 55 頁。
〔註53〕秦孝儀：《先總統蔣公思想言論總集》卷 9 專著，中國國民黨中央委員會黨史委員會 1984 年版，第 114 頁。
〔註54〕秦孝儀：《先總統蔣公思想言論總集》卷 9 專著，中國國民黨中央委員會黨史委員會 1984 年版，第 19 頁。
〔註55〕秦孝儀：《先總統蔣公思想言論總集》卷 9 專著，中國國民黨中央委員會黨史委員會 1984 年版，第 115 頁。

有興趣，率「孫文博士代表團」前往莫斯科考察。正是在蘇聯幫助下，國民黨才得以完成改組，重新凝聚戰鬥力；也是在蘇聯顧問和軍火的支持下，國民黨才得以建立黃埔軍校（蔣介石正賴此發跡）和自己的軍隊，以後又揮師北伐，從局促於廣東一隅，到囊括長江流域，並進而統一全國。毫不誇張地說，如果國民黨不實行「聯俄」政策，絕不會有此後的局面，也就說不上蔣介石個人在中國叱吒風雲的地位。再如中國抗戰時期國民黨政府與蘇聯的「和平共存」，當時國民黨推行「反蘇反共」政策，使國力大減，招致日本入侵。國民政府四處求援，無奈英美等國對日本採取「綏靖政策」，蔣介石不得不放棄「反蘇」政策，派密使到蘇聯，使兩國恢復外交關係。在全國抗戰初期外援缺乏的時刻，蘇聯的軍事、經濟援助成了雪中送炭。抗戰八年中，蘇聯始終只向國民黨領導的國民政府提供援助，軍事顧問團常駐重慶，而幾乎未向共產黨提供過物質援助。國民黨政權和蔣介石所以能在內外交困中度過艱苦的八年，蘇聯的援助可以說是起了一定作用。

蔣介石寫《蘇俄在中國》，是要以其與蘇聯「和平共存」的「親身經歷」，來警告西方國家，要堅守「反蘇反共」立場。如果這些「親身經歷」是歷史的真實也罷，只是他為了達到自己的政治目的，已經顧不得歷史的真實，而只能斷章取義了。其結論必然是：對蘇聯與中共，不能「和平」，只能「戰鬥」。而只要兩大陣營尖銳對立下去，國民黨政權即可傍依西方陣營的大樹，苟延自存，進而「反攻大陸」。他表面的用意是提醒盟友，深層的目的是為了保全自己。

蔣介石在《蘇俄在中國》中也總結了他在大陸反共鬥爭的失敗原因，以供日後借鑒。他認為從反共組織和技術方面說，主要是反共組織不夠嚴密而警察不夠強力、宣傳不夠主動而理論不夠充實，反共意志不夠集中而手段不夠徹底、外交陷於孤立與經濟陷於崩潰。從反共政策和戰略方面說，主要是對蘇復交、抗戰初期收編中共部隊、在東北問題上的錯誤處置及停戰協定的執行等。他特別強調「西方民主國家」對蘇俄及中共的「認識不清」，是造成惡果的重要原因。「西方民主國家」沒有看清蘇聯本質，為其宣傳所蒙蔽，對其「侵略」只採取有限戰爭的戰略。在軍事上表現為「惟武器論」，在政治上表現為裁軍談判與裁軍運動，在戰鬥上表現為「火力重於人力」的思想，抱怨美國的消極態度：「美國本土應該主動地建立起世界反共的兵工廠，而不能只是被動地準備其為反共戰爭的主戰場。」

　　蔣介石進一步指出，蘇聯及中共目前所發動的「和平攻勢」，目的是瓦解「自由國家反侵略戰線」，而後以武力來對資本主義國家實行決戰，「達到其共產制度成為世界體系而由俄共完全統治世界的最後構想」。西方國家要對付蘇聯，就必須依照他的提議確定一個總目標；必須協調利用「民主集團的資本主義」、「東方民族的獨立運動」、「共產鐵幕中的反共革命運動」這些力量；必須結合軍事戰術與政治戰術，採取各種不同的鬥爭形態；必須維持並加強其軍事實力。為了使西方各國瞭解蘇聯的「戰略」，蔣介石在書中還特意補述了「俄共在中國三十年來所用的各種政治鬥爭的戰術及其運用辯證法的方式」，這些方式包括合法與非法、戰與和、統一與孤立、退卻、防守與還擊等，以使各國在制訂「反蘇」政策策略時，能知己知彼，克敵制勝，立於不敗之地。

　　蔣介石在《蘇俄在中國》一書中歪曲歷史的另一目的，是為了爭取美國的援助。他不惜向美國諂媚，將美國在華的侵略說成是「友誼」，如稱頌「中美商約」是如何平等互惠，而將中國人民反抗美軍強姦中國女學生暴行的愛國運動，誣衊為中共領導的「破壞中美友好的活動」。〔註56〕再如當寫到美軍在中國人民的壓力下撤出北平、天津、青島各地，並減少對國民黨政權的援助時，蔣介石不無遺憾地說：「於是，中美兩國六年來對日共同作戰，共同受降，共同維護東亞和平，這一段並肩作戰的光榮歷史，就為中共及其國際『同志』們在莫斯科指使之下，肆意侮蔑，盡力摧毀，而中美兩國百年來傳統的親善無間的友誼，亦留下黯淡悲慘的一頁。」〔註57〕

　　蔣介石向來以「愛國者」自居，當年與美國也曾因此發生過離齬，但現實的政治需要，使他只能把近百年來包括美國在內的西方列強所加諸中國的恥辱有意刪節了。

　　《反共抗俄基本論》和《蘇俄在中國》所構築的「反共抗俄」思想體系，實質上是蔣介石大陸時期反共思想在新的時空條件下的翻版，由於它兼具了可以推卸大陸失敗責任、欺騙臺灣民眾、鞏固統治基礎與爭取西方陣營（尤其是美國）支持等多種政治功能，所以成了蔣介石的一個政治法寶，國民黨

〔註56〕秦孝儀：《先總統蔣公思想言論總集》卷9專著，中國國民黨中央委員會黨史委員會1984年版，第162頁。

〔註57〕秦孝儀：《先總統蔣公思想言論總集》卷9專著，中國國民黨中央委員會黨史委員會1984年版，第163頁。

開動了所有輿論工具大肆傳播，並將其貫穿於各項政策之中。《蘇俄在中國》出版後，「參謀總長」彭孟緝命令全體將士仔細研讀，要求各級政工幹部及部隊長必須對所部戰士詳細闡述此書的精義。《聯合報》社論說：「從歷史部分觀之，我民族領袖之忍辱負重，犯而不驕，敗而不餒，始終欲以反共復國為己任之精神，宜可振疲起衰，玩廉懦之；從政治部分觀之，此世界最偉大的政治家之一的恢宏氣度，擇善固執，獨往獨來，始終欲以救國救世為己任之精神，宜可大白天下。」〔註58〕蔣經國則吹捧該書是他父親遭受「患難、恥辱、艱危、誣陷、滲透顛覆」的一部痛苦經驗的結晶，是一部「反共十字軍的經典」。但最終結果是，蔣介石企圖通過此書「喚醒」西方「警覺」、激化東西方關係的目的並未達到，他所編造出的一部痛苦歷史，西方也鮮有理睬者。臺灣上空喧囂入雲的「反共抗俄」因無人回應，也顯得孤單而與時宜不合。

三、實施反共復國三大舉措

（一）策動「毋忘在莒」運動

蔣介石所幻想、所一再對外宣傳的「反攻大陸三部曲」是：臺灣派武裝游擊隊對大陸進行騷擾，「促進」大陸的「反暴」起義；大陸全面爆發「反共抗暴起義」；臺灣軍隊乘勢反攻，三五年內全面佔領大陸。然而，1963～1964年派往大陸的多股武裝游擊隊幾乎全被殲滅，大陸人民即使在最困難的情況下，也沒發生「反共抗暴起義」。蔣介石「反攻大陸」的幻想破滅了。

隨著時間的推移和武裝騷擾大陸一次又一次的失敗，國民黨軍隊內部士氣低落，「反攻無望」的思想在軍內蔓延。當局亟須用一種新的方法來轉移注意力，保持與鼓舞士氣。蔣介石一面指示繼續加強「軍中政治工作」，強化對官兵的思想控制，一面強調要重視「反攻復國的心理建設」，使官兵對「反攻復國」有信心和耐心。1962年蔣介石將其十多年前的一篇演講重新修訂發表，文章以歷史上越王句踐失敗後臥薪嚐膽，「十年生聚，十年教訓」，終於重新復國的故事教育國民黨官員，要求他們有長期準備，立定志向，「明恥教戰」，不要為暫時的挫敗所動搖，「還要決心從頭做起，如果準備五年不成，就要準備十年」。從1965年開始，在蔣介石的策動下。國民黨軍隊內部又開展了一場「毋忘在莒」運動。

〔註58〕社論：《反共抗俄的理論與實際》，《聯合報》，1957年6月25日，第1版。

　　「毋忘在莒」的故事發生在中國古代的戰國時期。公元前 284 年，以燕國為首的五國聯合攻打齊國，燕國大將樂毅一舉佔領了齊國的 70 餘座城。齊國只剩下被稱為「三里之城，七里之郭」的兩座小城——莒、即墨。齊國守將田單勇武不屈，在莒整修武備，休養練兵，不忘復國，終於在五年之後用「反間計」破壞了燕國內部的團結，以火牛陣大破燕軍，收復失城，一舉恢復了齊國。臺灣「毋忘在莒」運動的發起與蔣介石有直接的關係。

　　1952 年，蔣介石視察他稱為「反共最前沿堡壘」的金門島，為守軍題寫了「毋忘在莒」，讓其身在金門，不忘「反攻」大業。〔註59〕這四個字後來被刻在金門島太武山的一塊巨石上，成為該島的一大景觀。由於「毋忘在莒」、「田單復國」的故事很適合困於孤島上的國民黨自我安慰與自欺欺人的心理需要，所以很快被編成戲劇，拍成電影，在臺灣可以說是家喻戶曉，婦孺皆知。

　　蔣介石對金門極為重視，把它當成一種象徵，他曾數次去金門視察，逢年過節會派人前去慰問，以錢物犒賞。金門的國民黨守軍（尤其是高級將領）也「感恩戴德」，對蔣介石十分忠誠。該島因距大陸甚近，常受到炮擊，能收到大陸的廣播，比臺灣任何地方更容易產生「反攻無望」的思想。島上的國民黨守軍將領 1964 年 11 月決定借蔣介石的題字，在部隊中發起一場「毋忘在莒」運動，以激勵士氣。

　　此後，金門守軍代表 11 月 20 日，又向「參謀總長」彭孟緝建議，在國民黨軍內全面開展「毋忘在莒」運動。〔註60〕這正適合當局鼓舞低落士氣的需要。因而，「國防部」立即接受了建議，制定了「毋忘在莒運動綱要」，經蔣介石批准後著令各部隊執行。畢竟，「毋忘在莒」是個遙遠的歷史故事，「田單復國」與臺灣當局的處境並無多少內在的聯繫。臺灣有關當局深知這一點，便將歷史故事結合臺灣的現實加以發揮，牽強附會地歸結出「毋忘在莒」的七種精神：「堅韌不拔」、「團結奮鬥」、「研究發展」、「以寡擊眾」、「主動攻擊」、「防諜欺敵」、「軍民合作」。〔註61〕軍事當局號召各部隊「發揚『毋忘在莒』精神，加強完成反攻準備」。〔註62〕他們要求把該運動當作一次「反攻前的精

〔註59〕軍聞社：《一年來國軍進步的總報告》，《聯合報》，1965 年 9 月 3 日，第 7 版。
〔註60〕《聯合報》，1964 年 11 月 21 日。
〔註61〕秦孝儀：《先總統蔣公思想言論總集》卷 28，中國國民黨中央委員會黨史委員會 1984 年版，第 379 頁。
〔註62〕本報訊：《全國軍人過節　展開慶祝活動》《聯合報》，1965 年 9 月 3 日，第 2 版。

神誓師運動」、「中興復國運動」。〔註63〕此後，臺灣軍隊中普遍推廣金門守軍的「經驗」，定期舉行「莒光周」、「莒光日」等項活動，將日常生活的各個方面均納入「反攻」準備，以激勵士氣。

蔣介石全力推進「毋忘在莒」運動。他在 1965 年元旦接見國民黨軍隊的「英雄戰士」代表時，要求他們「全力推動最近金門守軍發起的『毋忘在莒』運動，效法『田單復國』的精神，刻苦奮鬥，以寡勝眾，……光復錦繡的大陸河山」。他說：「田單尚可以七千人而復齊七十餘城，我們就更可以創造比田單復國更偉大、更為光榮的豐功偉業。」〔註64〕

綜觀蔣介石一生，他十分重視對軍隊的控制。到臺灣後內外環境更為嚴峻，他對軍隊的控制也更加嚴密，他以「總統」兼著臺灣軍隊的「最高統帥」，每年都有固定的與部隊聯繫的日程表：元旦接見「英雄戰士」代表，「九三」軍人節訓詞，參加陸、海、空軍軍校畢業典禮，定期參觀三軍演習，下部隊視察等等，其中每年參加軍校的畢業典禮最為重要。退臺以後，國民黨軍隊實行「義務兵役制」，所有成年男子都要服兵役，這就造成了一方面是「全民皆兵」，另一方面士兵又經常輪換，但經過軍官學校正規訓練的軍官是「終身制」的。蔣介石針對這種情況，以控制軍官來控制軍隊，他每年必定參加軍官學校的畢業典禮，親自進行畢業生的「校點」，邀他們聚餐。經此「程序」，這些未來的軍官們就變成了蔣介石的「學生」。

大陸時期，蔣介石對軍隊的控制主要靠恩威並施，培養下屬對他個人的「忠誠」，並不注重「思想工作」，如以「師生關係控制」黃埔系。1965 年他控制軍隊又有新招，為配合「毋忘在莒」運動，加強「反攻心理準備」，首次召開了國民黨軍隊的「文藝大會」，推行「軍中文藝運動」，蔣介石在「軍隊文藝大會」的講話中，強調了軍隊文藝的重要性，稱「文藝是戰鬥的精神武器，而我們所需要的，就是戰鬥的文藝」，「在戰場上，文藝比任何因素都深入，都重要」。他還具體提出了推行「軍中文藝運動」的十二項要領：〔註65〕

〔註63〕本報訊：《英雄政士昨日集會　實踐勿忘在莒　提供寶貴意見》，《聯合報》，1965 年 1 月 1 日，第 2 版。
〔註64〕中央社訊：《總統訓勉英雄政士　發揮個人潛力智慧　效法田單精神一心團結奮鬥》《聯合報》，1965 年 1 月 2 日，第 1 版。
〔註65〕中央社訊：《推行軍中文藝運動：總統提示十二項要領》，《聯合報》，1965 年 4 月 9 日，第 2 版。

第一，是發出民族仁愛的精神；

第二，是復興革命武德的精神；

第三，是激勵慷慨奮鬥的精神；

第四，是發揮合作互助的精神；

第五，是實踐言行一致的精神；

第六，是鼓舞樂觀無畏的精神；

第七，是激發冒險創造的精神；

第八，是奮進積極負責的精神；

第九，是提高求精求實的精神；

第十，是強國雪恥復仇的精神；

第十一，是砥礪獻身殉國的精神；

第十二，是培養成功成仁的精神。

以這「十二項要領」為指導，國民黨軍中的文藝工作者配合「反攻大陸」，寫出了許多「反共」作品，繼20世紀50年代初期後，又掀起了一次「反共」、「反攻」的輿論高潮。

蔣介石知道，「反攻神話」在臺灣民眾的心目中已經破滅，並不僅限於軍隊之中，所以在看到軍中推行「毋忘在莒」運動有一定實效後，就決定要推向全島。在1965年的「元旦文告」中，蔣介石要求把「毋忘在莒」運動推向全臺灣：「現在我們民族的復興基地，普遍地掀起了『毋忘在莒』的民族復興運動，這亦就是我們全國軍民，要求自己，各以其良知為尺度，以責任為鞭策，以敵情觀念為第一，以戰鬥意識為第一，一切工作對準敵人，一切工作都是戰鬥，加緊準備，加緊建設，加緊團結，人人堅定決心，人人竭盡責任，從不同的崗位出發，向著共同的惟一的反攻復國的目標奮進！」〔註66〕他在3月29日發表的「告青年書」中又要求臺灣青年，「人人效法先烈，念念不忘在莒」。〔註67〕

從1965年開始，「毋忘在莒」運動又從原先只在臺灣軍隊開展的一項活

〔註66〕中央社訊：《總統號召共赴國難　及早組成反共聯盟》，《聯合報》，1965年1月1日，第1版。

〔註67〕中央社訊：《效法先烈革命氣節　念念毋忘在莒精神》，《聯合報》，1965年3月29日，第1版。

動，漸漸推向全社會，成為一場遍及全臺灣的政治運動。

「毋忘在莒」運動實質上是國民黨在其「反攻」遭到一系列挫敗，民心士氣低落的社會氣氛之下設計的一場「政治激勵運動」，力圖使民眾將日常生活的各個方面都與「反攻準備」聯繫起來，使當局仍能維護「反攻大陸」的「神話」。關於推行這一運動的效果，《聯合報》上的一篇文章說：「『毋忘在莒』運動推行九個月以來，已在軍中、學校、農村及社會的每一個角落，都掀起了舉國一致的心理革新和精神動員，到處呈現出走向戰鬥的新行動和新氣氛，特別是對反攻戰士之激勵，工作效率之增進，以及節約風氣之提倡等，已經收到了極為具體的效果。三軍官兵更確能認識此一運動為一中興復國運動，在心理上奠定了良好的基礎。」〔註68〕

（二）「反共建國聯盟」

在蔣介石、國民黨的心目中，「大陸政策」始終是他們確定所有內外政策的核心。所謂國民黨的「大陸政策」，是指退據臺灣後的國民黨對中國大陸的政策，最初是以「反攻復國」為核心的軍事對峙。

1950年3月19日，蔣介石提出「革命第三階段」，他把北伐稱為第一階段任務，抗戰稱為第二階段任務，「反共抗俄」稱為第三階段任務。基於此點，1952年2月1日，國民黨中央改造委員會通過《反共抗俄總運動員運動綱領》，其中心就是建設「反共復國基地」。

同年10月，國民黨召開第七次代表大會，通過了《中國國民黨反共抗俄時期工作綱領》，正式確立「反攻復國」大陸政策的具體目標和行動綱領，提出在「軍事反攻」的同時，開展「心理作戰」、「政治作戰和敵後作戰」。

然而，國民黨的這一大陸政策，受到來自美國和中國大陸兩方面的制約。有鑑於此，國民黨雖然繼續堅持「反攻復國」立場，但基調有所降低。1957年10月，在國民黨第八次代表大會上通過決議，確定「反攻復國戰略，得以政治為主，軍事為從，主義為先鋒，武力為後盾」。

1958年8月，人民解放軍炮擊金門、馬祖，兩岸之間發生激烈炮戰，一時釀成「臺海危機」。迫於輿論壓力和自身利益考慮，美國要求國民黨當局採取軍事守勢和政治攻勢。無奈之下，蔣介石聲言，實現統一中國使命的主要

〔註68〕軍聞社訊：《一年來國軍進步的總報告》，《聯合報》，1965年9月3日，第7版。

途徑「非憑藉武力」。並開始修正武力「反攻大陸」的口號，提出「光復大陸」，恢復大陸人民之自由的主張。

由於無力實現「反共復國」、「反攻大陸」的夢想，他們只能不斷推出新的口號，開展新的運動，來維持民間的「反共」熱度，以等待新的機會。

1963 年 11 月的國民黨第九次代表大會上，中心議題之一是確定「反攻復國總體戰」方略，籌組「中華民國反共建國聯盟」，國民黨副總裁陳誠在《政治報告》中聲稱，「反共鬥爭是一種長期的總體戰」，它包括在政治、經濟與文化、社會各方面，以及過去與將來的作戰，並不僅僅限於一時的軍事作戰。目前國民黨的戰略原則是以「政治為前鋒，軍事為後衛，使大陸革命與臺海戰爭相結合」。對此，大會審視「反共戰爭」的實際需要，確定中心任務是以「七分政治」輔以「三分軍事」，策進對大陸的政治戰，滲透大陸，發展策反組織，有計劃有組織地從事各種破壞活動，以配合軍事作戰。〔註69〕

20 世紀 60 年代的最初幾年，國民黨加強竄擾大陸的活動，曾派遣多股武裝特務進犯廣東、福建沿海地區。同時用海軍在浙江、福建、廣東的沿海及港口，加強禁運封鎖。但是，在多次海戰、空戰和炮戰中，國民黨軍隊均遭敗績。面對強大的人民解放軍，蔣介石不得不自認力不從心，深感難以用軍事反攻為主要手段推進大陸計劃，遂改變方略，重又提出「中華民國光復大陸的指標，乃是以民主政治、民族精神、倫理文化、人心歸向，來光復大陸，而不僅以軍事力量為主」，〔註70〕從而形成一種「長期的反共總體戰」。

「九全大會」上，蔣介石再次自欺欺人地提出「現一切反攻準備，即已接近就緒」，為使「舉國意志更加集中，才智更加發揮，行動更加一致」，他向大會提出籌組「中華民國反共建國聯盟」，並擬定《反共建國共同行動綱領》提案交會議議決。提案主要內容為：〔註71〕

（一）中華民國反共建國聯盟以集中海內外意志與力量，提供反共建國大計，爭取勝利為主旨。（二）中華民國反共建國聯盟為在現行憲政體制下之全民性結合。（三）中華民國反共建國聯盟以個人為主體。由各民族、各黨派、各宗教、各社團、各僑團、各經

〔註69〕黃修榮：《國共關係 70 年紀實》，重慶出版社 1994 年版，第 1086 頁。
〔註70〕秦孝儀：《先總統蔣公嘉言總輯》，中國國民黨中央委員會黨史委員會 1981 年版，第 795 頁。
〔註71〕中國國民黨中央委員會黨史委員會：《革命文獻》第 77 輯，臺北：中央文物供應社 1978 年版，第 216～217 頁。

濟團體、各學術文化團體、各婦女及青年團體——特別是敵後組織，具有聲望、成就與代表性之人士參加之。（四）擬具《反共建國共同行動綱領要案》，融會各方意見，提出聯盟會議，以為今後共同行動之準據。（五）中華民國反共建國聯盟會議決議事項，其屬與政府職權者，經由政府有關方面採擇施行。（六）責成九屆中央委員會根據上項原則，研擬具體方案，付之實施並望於最短期內達成此一任務。

到了 60 年代中期，隨著臺灣政局的相對平穩，經濟上日漸發展，蔣介石的心情又輕鬆許多，他又再度鼓譟，對大陸挑起新的攻勢。不同的時間、不同的情況，總要賦予新的內容，因此，拼湊所謂「反共聯盟」，就是其又一傑作。他試圖通過此舉引起世人的注意，使得臺灣在世界反共力量中佔有一席之地。由以上內容可以看出，「反共建國聯盟」僅僅是蔣介石「反共復國」政策的一個變體，是在軍事反攻受挫後的無奈之舉。如果說要有新意的話，是該聯盟要以「個人為主體」，由廣泛的社會階層與團體參加，「以集中海內外意志與力量」。其實以國民黨對臺灣社會的絕對控制力，只需蔣介石一聲令下，這個聯盟無需大造聲勢就能瞬間而立。值得注意的是，蔣介石在提案中將「敵後組織」列入聯盟的重要組織部分，除了虛張聲勢外，也包含著他確實對靠自身力量「反攻」感到無望，而幻想著大陸內部的變化。

國民黨「九全大會」通過了蔣的提案，並決議盡快建立「反共聯盟」。1964 年 1 月 1 日，蔣介石發表元旦文告，針對各界對聯盟的種種疑問，宣稱「反共聯盟」不是一個一時性的政治利益的結合，而是一個「肝膽相照、反共建國、共同負責的組織」，要求迅速建立該組織。〔註72〕「行政院長」嚴家淦 3 月 20 日在「立法院」答覆「立法委員」的質詢時聲稱，「反共建國聯盟的召開，不會超越憲政體制」，將來「聯盟的任何意見，如需先制定法案者，當然必須先經過立法程序」。

1964 年 4 月，臺灣「行政院」成立「反共建國聯盟籌備委員會」，院務會議通過「反共建國聯盟籌備會」組織條例，決定籌委會由谷正綱、袁守謙、陶希聖等 7 人組成，谷正綱為召集人，下設秘書室於臺北，轄議事、聯絡、新聞、總務 4 個組，各項籌備事宜緊鑼密鼓地展開了。但是，各方對

〔註72〕中央社訊：《總統號召全國志士仁人結成全民反共建國聯盟》，《聯合報》，1964年 1 月 1 日，第 11 版。

「反共聯盟」存有種種疑慮，反響冷落，參加者寥寥無幾，實際籌備工作異常緩慢。

1965 年 1 月 1 日，蔣介石在一年一度的《元旦文告》中聲稱，「一年來的突擊就是反攻的前奏，今年完成組建『反共聯盟』，各方有志人士加入，共赴國難」。〔註 73〕其後，他又對美國記者稱：「自由世界三五年內，必可剷除中共政權。」

蔣介石說這番話是別有用心的，他十分清楚，組建反共聯盟，只依靠臺灣國民黨的力量是成不了氣候的，必須把美國——這個「自由世界」的領頭羊請出來，發揮它的影響，以至帶動整個世界。同年 8 月，蔣介石在接見美國記者時的一番話表明了他的這一觀點，他說：「美國應當採取有效的步驟解救亞洲當前危機，組成以美國為首的反共聯盟；美國不能退出亞洲。應當注意中共的陰謀……」〔註 74〕並提出「中國問題獲得徹底解決，亞洲的乃至世界性的一切混亂、迷惘、怯懦，所造成的紅色災害劫難，才能因而得到最後的解決」。〔註 75〕言外之意，美國要是不唱主角，不進行干涉，中共很可能危及整個亞洲乃至世界的安全，這將影響到美國的利益。因此，「反共聯盟」不單單只是對於臺灣有利，對美國來說則更為重要。國民黨中央委員會秘書長唐縱在美國訪問時也四處游說，鼓吹籌建中的「反共聯盟」的重要性。他說成立反共建國聯盟的目的，「乃是在可能最廣大的基礎上，達到全國團結」，認為這是「對中國大陸發動反攻前夕的必要步驟」，以期獲取海外華人和美國當局的支持。〔註 76〕

美國人對蔣介石要將其拉入「反攻大陸」的企圖保持著警惕，當然不會輕易許諾。蔣的期望落空，而「反共建國聯盟」終因缺乏內外條件無疾而終。蔣介石著力鼓吹號召了兩年，竟連個基本組織形式都未完成，只好不了了之，這在臺灣是罕見的。如果說在號召組建聯盟過程中有何收穫的話，那就是蔣介石提出所有人在「反共」旗幟下團結起來，對瓦解海外「臺獨」勢力起了較大作用。

〔註 73〕中央社訊：《總統號召共赴國難　及早組成反共聯盟》，《聯合報》，1965 年 1 月 1 日，第 1 版。

〔註 74〕社論：《挽救亞洲危機的有效途徑》，《聯合報》，1965 年 8 月 4 日，第 2 版。

〔註 75〕秦孝儀：《先總統蔣公嘉言總輯》，中國國民黨中央委員會黨史委員會 1981 年版，第 832 頁。

〔註 76〕李松林等：《中國國民黨大事記》，解放軍出版社 1988 年版，第 478 頁。

（三）「討毛陣線」

「反共建國聯盟」未建立起來，但中國大陸的形勢卻發生了出乎蔣介石意料的變化。

中國大陸從 1966 年開始了一場史無前例的「文化大革命」，這場運動使得大陸政治上出現動盪，經濟發展遭到破壞、停滯，造成極為混亂的局面，給外界帶來不良影響。蔣介石對大陸的內亂如獲至寶，大加利用，在反共策略上把原來籠統的「反共」提法濃縮，改為具體的「反毛」運動。利用「文化大革命」所造成大陸暫時的困難，把矛頭直接指向毛澤東，以期掀起一場反毛之戰。他曾說：「我們對中共的態度，只是認定其罪魁禍首之毛澤東為惟一敵人的！其餘毛共內部，無論是不是過去黃埔的教官和學生，都不算是我們的敵人，因為他們都是反毛的，

有許多還是反共的。毛共的口號是『不是同志，就是敵人！』我們的口號卻是『不是敵人，就是同志。』我們只認定毛澤東為惟一的敵人，在毛澤東之外，只要是覺醒的，就沒有不可以合作的……除毛澤東這個惟一的敵人外，其他我們都沒有當敵人來看待的。」〔註77〕企圖通過打擊一個人，達到既分離中共內部、又造成聯合多數的一石二鳥的目的。蔣介石提出一切「反毛」力量聯合起來，並重申三項保證、十項約章。蔣介石曾經被中國共產黨領導的革命統一戰線所打敗，如今，他想照搬硬套，利用攻心戰術，走政治道路，來達到其目的。所謂「三大保證」、「十條約章」是蔣介石為分化大陸，號召官兵民眾舉行「反共起義」而論功行賞的辦法。當初提出時，根本沒有對大陸產生任何影響。「文化大革命」中，大陸內部高層受到衝擊，政局動盪，社會混亂，蔣介石覺得有機可乘，所以舊話重提。

「文化大革命」同時導致中國大陸在外交方面受挫。相對而言，臺灣不利的外部環境卻在一定程度上有所改觀，生存空間壓力減少，蔣介石認為時機已到，加快了發動「討毛陣線」的步伐。在 1967 年的《元旦文告》中，蔣介石大談「討毛救國」，稱：「對毛匪戡亂戰爭相持十七年之間，已形成了今日內外反毛之大時代，而且在此十七年來，敵我實力的對比與攻守形勢的轉變，正在繼續不斷地消長之中……」〔註78〕為了擴大「討毛陣線」，他提

〔註77〕中央社訊：《我對匪黨政軍重要幹部從來沒有當敵人來看待》，《聯合報》，1969年3月17日，第1版。

〔註78〕秦孝儀：《先總統蔣公思想言論總集》卷 34，中國國民黨中央委員會黨史委

出了四點綱領：〔註79〕

> （一）精神重於物質，政治先於軍事。（二）重用專才，實行新
> 政。（三）匯合海內外才智，仰賴全民族奮鬥。（四）消弭全球核戰，
> 達到世界和平，不論黨派，不論階級，不計恩怨，一切反毛力量攜
> 手光復神州。

這些內容與「反共建國聯盟」大同小異，說明「討毛陣線」只是蔣介石根據局勢演變提出的新策略，是舊瓶裝新酒。

即使面對大陸局面一片混亂，蔣介石也不敢再向民眾開出那種「一年準備，兩年反攻」之類的空頭支票，而只是說：「今日擺在我們面前的主題，已不是軍事反攻大陸如何勝利，奸匪毛賊何時授首的問題……今日光復大陸的問題，乃在如何收拾毛賊所遺留的毒素與殘局，而何時反攻大陸與埋葬毛匪乃成為次要的問題。這並不是我們軍事反攻戰備從此就可以鬆懈片刻，坐待其毛匪自取滅亡之意，乃是指政治性質在目前討毛戰爭中更為重要。」〔註80〕

為了貫徹蔣介石提出的「討毛陣線」，臺灣當局把它列入施政方針之中，「副總統」嚴家淦向「立法院」提出，「擴大反毛陣線，支持大陸抗暴，推行文化復興運動，增強三軍戰鬥力」。

蔣介石在 3 月 29 日青年節文告中，對「討毛陣線」的內容作了更具體的說明：〔註81〕

> （一）成立討毛救國聯合陣線。聯合所有反毛的個人的、集體
> 的勢力和組織，不論工農兵學商，不論宗族、黨派成分，亦不論以
> 往一切是非恩怨，只要能實踐「不是敵人，就是同志」的信約，翻
> 然改圖，抗暴反毛，就是討毛救國陣線的盟友鬥士！（二）匯合討
> 毛救國聯軍。聯合所有覺醒的共軍士兵、起義武裝與抗暴組織，以
> 及敵後游擊部隊和我們國民革命軍，一齊討毛救國。（三）擴大討
> 毛救國的青年運動。青年子弟必須以反共內應來救國，以動員戰鬥來

　　　員會 1984 年版，第 146 頁。

〔註79〕中央社訊：《精神重於物質　政治先於軍事》，《聯合報》，1967 年 1 月 1 日，
　　　第 1 版。

〔註80〕中央社訊：《不分黨派不論階級不計恩怨一切反毛力量攜手光復神州》，《聯合
　　　報》，1967 年 1 月 1 日，第 1 版。

〔註81〕中央社訊：《總統號召全國青年成立討毛救國陣線》，《聯合報》，1967 年 3 月
　　　29 日，第 1 版。

報國！（四）大陸任何起義，政府必定馳援，金馬臺澎自由基地電臺，希望反毛力量取得聯繫。

為擴大宣傳效果，國民黨金門前線駐軍，立即將其講話，分用氣球及廣播喊話擴大向大陸飄播。傳單和廣播喊話特別強調蔣介石訓詞所提示之各項：凡是抗暴反毛的就是「討毛救國陣線」的盟友鬥士，亦是「國民革命軍」的分遣軍。並告知「大陸同胞」隨時與臺灣前線保持聯絡，國民黨軍亦可隨時空運補給，派軍馳援任何地區的「反共起義」。

當年臺島舉行第十五屆「華僑節」，與臺灣關係密切的部分僑胞赴臺灣觀光遊覽。蔣介石抓住機會，向僑胞兜售他的「討毛陣線」。他煞有介事地說，「我政府無時不刻以弔民伐罪、討毛救國為惟一職責。我們必須團結海內外一切反共力量，意志集中，行動一致，共同完成光復大陸，解救同胞神聖的使命」。他要求各地僑胞「努力推行中華文化復興運動，徹底粉碎匪共邪惡思想；加強對匪經濟作戰，隨時抵制匪共劣貨傾銷；擴大討毛救國聯合陣線」。並希望「僑社各階層、各行業形成堅強的組織，一致奮起，竭智抒忠，輸財政力，並爭取僑居地朝野人士的合作支持，於祖國復興大業，作更大的貢獻」。〔註82〕蔣介石見縫插針，大造輿論，對爭取部分對大陸「文化大革命」疑慮不滿的僑胞起了一定作用。

蔣介石並不滿足於對「討毛」的經常性宣傳，他的目的是要建立一個固定的組織，專門負責「討毛」的各項日常工作。11月21日，國民黨在召開的九屆五中全會上，通過了《討毛救國聯合陣線十項主張》，之後，國民黨中央常務委員會又通過了《建立討毛救國聯合陣線初步計劃要點》。

1968年1月，臺灣在「自由日」14週年紀念日同時舉行擴大推行討毛「救國運動大會」，蔣介石在會上發表講話，宣稱：「政府已確定了建立討毛救國聯合陣線的行動方針，期使一切反毛反共力量，不論海內海外，敵前敵後，都集中在三民主義的旗幟下，攜手並肩，同趨一的。我復興基地軍民，自應本此認識，成為發動此一運動的核心力量，積極推進，以竟全功……」〔註83〕蔣介石自以為只要「討毛陣線」一旦發動，回應必眾。他曾口出狂言，

〔註82〕本報訊：《總統期勉海外僑胞擴大討毛救國陣線》，《聯合報》，1967年10月21日，第1版。

〔註83〕中央社訊：《總統號召團結自由力量予毛賊以最後致命一擊》，《聯合報》，1968年1月23日，第1版。

「反毛就是救國」，大陸任何沿海地區發生抗暴，國民黨軍隊可以在 6 小時內馳援。〔註 84〕

那幾年只要一有機會，蔣介石必談「討毛陣線」。他還放言，要把「反毛」擴大到世界範圍，聲稱要「聯合全世界反共力量，加強討毛救國運動」，號召「我中華國民無分黨派，無分職業，只要是集中在三民主義國民革命旗幟下，致力於反共反毛的都是同志，大家本著倫理、民主和科學的精神，分別從政治、經濟、文化、軍事及社會各階層的各個崗位上，貢獻其智慧，竭盡其能力，以討毛救國、復國建國為己任，全民動員，一致奮起，加強海內海外反攻復國人心的匯合，加速敵前敵後討毛反共軍民的會師」。〔註 85〕他還題詞：「海內海外一條心，一齊來參加討毛救國的聯合陣線，剷除匪偽政權，建設倫理、民主、科學的三民主義的新中國。」〔註 86〕蔣介石試圖利用大陸「文化大革命」所造成的惡果，來反證襯托臺灣的「穩定與發展」，孤立大陸，在國際上形成一個「討毛」聯合陣線。

蔣介石還發表過《告中共黨人書》，共分 10 個部分，企圖挑動大陸內部的黨員，投入「反毛」運動之中，居然提出「要在大陸推動反毛運動」，〔註 87〕但在大陸絲毫沒起作用。在「文化大革命」期間，大陸沒有一處發生過蔣介石所期望的「討毛起義」。那時在大陸，蔣介石臭名昭著，沒人願與他聯在一起。

對於蔣介石提出的「討毛陣線」這一行動，不僅在臺灣是光打雷不下雨，在國際上也沒有得到什麼回應，就連美國這個最親密的盟友也無任何說法，這使蔣介石很難堪，他不得不哀歎今後要「靠自力更生消滅毛共」了。

時間的日曆牌翻到了 1970 年代，大陸雖仍在「文化大革命」期間，但已度過了最混亂的時刻，尤其是在外交方面有重大突破。1971 年 10 月，聯合國大會以壓倒多數通過「接納中華人民共和國，驅逐臺灣代表」的提案；繼而在 1972 年 2 月，美國總統尼克松訪華，中美在上海達成聯合公報；同年 9 月，日本總理大臣田中角榮到北京訪問，29 日，中日兩國聯合聲明簽字，日本與

〔註 84〕中央社訊：《蔣總統雙十國慶文告》，《聯合報》，1968 年 10 月 10 日，第 2 版。
〔註 85〕本報訊：《聯合全球反共力量加強討毛救國運動》，《聯合報》，1969 年 1 月 23 日，第 1 版。
〔註 86〕本報訊：《聯合全球反共力量加強討毛救國運動》，《聯合報》，1969 年 1 月 23 日，第 1 版。
〔註 87〕蔣介石：《告中共黨人書》，《聯合報》，1969 年 10 月 10 日，第 1 版。

中華人民共和國建立外交關係，同時與臺灣斷交。蔣介石「討毛」不成，毛澤東反而愈加成為國際媒體關注的焦點、成功的象徵。蔣介石和臺灣則成了國際間爭相離去的「棄兒」，這大概是歷史對他的一次大嘲弄，足以說明在情緒化的「反共討毛」支配之下，蔣介石是不識時務，未能跟上時代的腳步。

1973 年以後，熱噪幾年的「討毛救國陣線」，在歷史發展不可阻擋的趨勢下，終於自行消亡。

第二節　三民主義「新」解

一、三民主義「新」理論哲學基礎

為執行所謂的「反攻大陸」計劃，蔣介石推出了新三民主義哲學，把自己打扮成孫中山先生的繼承者和中國傳統文化的傳承者。

從 1950 年起，蔣介石便在臺灣苦思失敗的原因，由於軍事上有大的作為還看時機，更多的是不可能，於是轉而從理論著手。日月潭邊的沉思，使他為自己的失敗找到了好的理論藉口：他說國民黨缺乏「革命哲學作基礎」，「思想不統一」，「徒有完美的主義，高尚的哲學，而不能實踐篤行，尤其是抗戰勝利以來，我們一般同志精神墮落，氣節喪失，把本黨五十年來的革命的精神道德，摧毀無餘」〔註 88〕，因此，「我們今日一般幹部的革命人生觀，……多半都不是發自他自己的內心──良知，所以他對於革命，只是茫茫蕩蕩，隨隨便便的一個掛名黨員，既沒有徹底的信仰，更沒有絕對的決心。」〔註 89〕

他認為這樣就必然導致國民黨在思想、文化、教育等方面慘重地失敗。對此，蔣介石痛心疾首。他說：「我們軍隊尤其是高級將領已經失卻了主義的信仰，我們的軍隊已經成了沒有靈魂的軍隊！一個軍隊沒有思想的領導，沒有作戰的目標，一旦與敵人作戰，自然如摧枯拉朽」〔註 90〕。因此，蔣介石在臺灣極力修補其反共思想體系，嚴密控制社會思想和人民的生活。20 世紀

〔註88〕秦孝儀：《先總統蔣公思想言論總集》卷 23，中國國民黨中央委員會黨史委員會 1984 年版，第 151 頁。

〔註89〕秦孝儀：《先總統蔣公思想言論總集》卷 26，中國國民黨中央委員會黨史委員會 1984 年版，第 96 頁。

〔註90〕秦孝儀：《先總統蔣公思想言論總集》卷 23，中國國民黨中央委員會黨史委員會 1984 年版，第 37 頁。

50 年代初，蔣介石發表了《反共抗俄基本論》、《三民主義的本質》、《解決共產主義思想與方法的根本問題》、《總理知難行易學說與陽明知行合一哲學之綜合研究》等一系列文章和演講，打著孫中山、三民主義和中國傳統文化的旗號，系統攻擊馬列主義，把臺灣社會的思想文化納入反共的軌道，其主要目的，在於從理論上「反攻大陸」，以達到其政治目的。

在這種反共思想體系指導下，狂熱的反共宣傳，一時遍及臺灣全島。蔣介石儼然以「領袖」、「導師」、「救星」自居，大講其思想，其中主要表現在兩個內容上。

第一是宣傳中國傳統文化中的「四維八德」。他概定自己、孫中山和國民黨是中國傳統文化的唯一繼承者，攻擊中國共產黨是外來思想，並聳人聽聞地說：隨著國民黨 1949 年在大陸的失敗，共產黨「要把我中華民族五千年崇高優秀的歷史文化，摧毀無遺」。[註91] 蔣介石由此大呼，要重振「四維八德」。他說「禮義廉恥，國之四維；四維不張，國乃滅亡。」因此要把它們調整過來，從正面肯定：「四維既張，國乃復張。」蔣介石宣揚「四維八德」的目的就是「發揚我們固有的道德」，使青年成為國民黨「繼絕存亡之聖賢英傑。」他希望用自己的這套理論來武裝臺灣民眾的思想，以反對共產黨的馬克思主義，最終「反攻大陸」。

第二是曲解孫中山的「知難行易」學說為「革命哲學」，創造出他所謂的力行哲學。蔣介石說：「這『知難行易』與『知行合一』的哲學，就是我們革命的哲學基礎，也就是我們革命的精神教育的本源。」[註92]「這個信心，就是我們革命哲學的基礎。……但如何能把這種信心見諸實行，那就是要靠我們大家能夠致自己的良知，立個志去力行主義，實踐革命，即使犧牲了生命，亦是心安理得，無所遺恨，能使自己徹頭徹尾的覺到力行主義，實踐革命，是我們今日應負的責任，亦是我們人生最安樂的處所，不再有物慾之蔽，也不再有外誘之私，然後這才是真的信其可行，而且是必其可行了。」[註93]蔣介石斥責一般國民黨黨員缺少所謂的「革命實踐精神」，「只知空談幻想，

〔註91〕秦孝儀：《先總統蔣公思想言論總集》卷 32，中國國民黨中央委員會黨史委員會 1984 年版，第 213 頁。

〔註92〕秦孝儀：《先總統蔣公思想言論總集》卷 26，中國國民黨中央委員會黨史委員會 1984 年版，第 104 頁。

〔註93〕秦孝儀：《先總統蔣公思想言論總集》卷 26，中國國民黨中央委員會黨史委員會 1984 年版，第 103 頁。

不圖改變」，和共產黨一對陣，「力量便無形瓦解了。」〔註94〕他要求國民黨黨政等各級人員，「切實研讀」他的《行的道理》講演詞，杜絕「消極」情緒的蔓延，防止「一旦外援斷絕」，「就認為前途絕望。」〔註95〕蔣介石同時給國民黨官兵打氣，鼓吹培植起以反共的「新武德」為核心的所謂「革命人生觀」，要國民黨官兵建立「主義、領袖、國家、責任、榮譽五大信念」〔註96〕，時時「乾乾惕惕，操危慮患」，一旦和中共交戰，則「不成功，便成仁。」〔註97〕其實，蔣介石的這種「革命哲學」（即力行哲學）就是替蔣介石、國民黨賣命的哲學，其哲學的政治目的十分露骨。

　　這當然是蔣介石企圖「反攻大陸」的政治理論需要，從根本上講，談不上有什麼建樹。為了使自己的理論更有體系，更體現繼承性和歷史性，蔣介石標榜自己是孫中山的接班人，他的思想是孫中山三民主義的發展。為了更好地說明這一點，蔣介石重新解釋了三民主義，發誓要用新的三民主義「反攻大陸」，用自己的理論發展三民主義，為此，在臺灣開展「中華文化復興運動」。特別是其三民主義復興大陸更有影響和代表性。

二、三民主義「新」的內容

　　蔣介石進行獨裁統治，並沒有忘記為自己的統治粉飾。為標榜自己，同時也為了說明自己確實是孫中山的最佳接班人，並藉此掩蓋其對孫中山革命理論和實踐的背叛，聲稱早在大陸時，他就對孫中山的三民主義大有研究。當然，蔣介石對三民主義的研究和闡釋，主要是為自己的政治和軍事活動服務，故在不同歷史階段，蔣介石對三民主義的解釋就大不相同。

　　蔣介石統治大陸時，尤其是發起新生活運動以來，他對三民主義的講解都是以禮義廉恥和明明德為其歸宗，或者乾脆說三民主義就是禮義廉恥。這也是他提出政府要經常採取的「研究方式」，只要他認為是那麼一回事，就一定要反覆重複，彷彿那就是真理一般，他這樣解釋孫中山的三民主義，其實

〔註94〕秦孝儀：《先總統蔣公思想言論總集》卷 23，中國國民黨中央委員會黨史委員會 1984 年版，第 338 頁。

〔註95〕秦孝儀：《先總統蔣公思想言論總集》卷 24，中國國民黨中央委員會黨史委員會 1984 年版，第 68 頁。

〔註96〕秦孝儀：《先總統蔣公思想言論總集》卷 28，中國國民黨中央委員會黨史委員會 1984 年版，第 327 頁。

〔註97〕秦孝儀：《先總統蔣公思想言論總集》卷 24，中國國民黨中央委員會黨史委員會 1984 年版，第 70 頁。

不過是為自己進行的新生活運動尋找理論源泉，因為「新生活運動」是他的創造，是「科學的」，是有老祖宗的。蔣介石這樣做，在國民黨內自然不敢有第二種聲音，只有附和和吹捧。

國民黨敗退臺灣後，一方面為適應其「反攻大陸」的新形勢需要，另一方面要「發展」三民主義，蔣介石對三民主義的解釋又有所改變。

1952 年 7 月 7 日，蔣介石出席青年夏令講習會並作演講，在這次會上蔣介石專門重新講解了三民主義的本質，後來他把自己的想法寫成一本小冊子《三民主義的本質》，試圖系統地闡釋三民主義。為了適應潮流和形勢，蔣介石換掉「禮義廉恥」和「明明德」，而代之以倫理、民主、科學。他說：「三民主義的本質，究竟是什麼？簡單地說，就是倫理、民主與科學」〔註98〕。倫理就是民族主義的本質，民主就是民權主義的本質，科學就是民生主義的本質。

為什麼蔣介石認為民族主義的本質是倫理呢？

蔣介石在批評五四運動時代所提民主與科學兩個口號的時候，認為最大的缺點，就是缺少救國和文化的口號來代替民族。因此，他強調過要用民族主義救國的口號，和要以民族的文化來做民主與科學的基礎，來發揮民族獨立的精神，加強國民愛國的道德。但是他認為救國與文化，仍並不算是民族主義的本質。這其中的道理，蔣介石說得很清楚。他說：「關於民族主義的涵義，我雖然曾經以『救國』和『文化』的意義來闡述過，但這兩個名詞，對民族主義的精神，還不能完全包涵，因為前者——救國，只可以說是民族主義的行動表現；後者——文化，只是代表民族精神的一部分，都不能妥切作為民族主義的精義。當然民族主義的大前提是為著要救國，而民族精神之所託，是在於我們有民族文化，這意思是不會錯的，但是都不能完全算是民族主義的本質。民族主義的本質，與其說是救國，或者說是文化，還不如用我們民族可大可久的特點『倫理』來代表民族雄厚的基礎，較為完備。」〔註99〕蔣介石指出，倫理是本民族群體中個人對家庭、鄰里、社會、國家所持的正當態度，由理性定出標準。因此，蔣介石說倫理是中華民族的立足點。有了他所說的倫理，才能有民族繁榮、獨立和自由。在此基礎上，蔣介石進一步說倫理是民族靈魂、民族自

〔註98〕秦孝儀：《先總統蔣公思想言論總集》卷 3，中國國民黨中央委員會黨史委員會 1984 年版，第 161～162 頁。
〔註99〕秦孝儀：《先總統蔣公思想言論總集》卷 3，中國國民黨中央委員會黨史委員會 1984 年版，第 173 頁。

信心。因此，他說：「倫理確是民族主義的立足點，而實行民族主義也正是倫理高度發揚的極致的表現。因此，我們的民族主義就是要建立一個完全基於倫理的國族，以使民族繁榮，民族獨立，和民族自由。我們過去之所以不能避免失敗的命運。現在可以肯定地說，就是完全失敗在民族自信心的喪失，和民族精神的墮落之故，所以我們今日如要召回我們的民族靈魂，提振我們的民族精神，恢復我們民族的自信心，就要以倫理為出發點，來啟發一般國民的父子之親，兄弟之愛，推而至鄰里鄉土之情，和民族國家之愛，以提醒國民對國、對家、對人（對民眾）、對己的責任，最後就是要如總理所說的：『用民族精神來救國』！特別是在暴俄奸共竊據大陸，人性斫喪、倫理蕩然的今日，這種倫理的愛的啟示，愛的呼喚，尤其是需要得十分迫切。」〔註100〕

由於蔣介石認為民族主義的本質是倫理，因此，他對於忠孝仁愛信義和平的八德，和禮義廉恥的四維，特別注重。他認為這些都是倫理道德的標準。但他又認為這些四維和八德，都是包含在仁愛範疇之內，而以仁愛為基礎，所以他認為《禮運》中所說的「故人不獨親其親，不獨子其子，使老有所終，壯有所用，幼有所長，鰥寡孤獨廢疾者皆有所養」這一段話，是民族主義所要實現的目的，也就是我們民族的倫理道德所發揮的極致，而應該把它一一都實行起來。〔註101〕

與此同時，他大肆謾罵中國共產黨在大陸采取種種滅絕人性的殘酷行為，把人類基於天性的倫理的愛，摧殘得乾乾淨淨。他說：「朱毛奸匪在幾項所謂『土改』、『民改』『三反』『五反』和『鎮壓反革命』等類運動中，就都是用的『大張旗鼓的宣傳』、『天羅地網的布置』和『斬草除根的手段』、『用秘密審判、人民審判、街頭審判相結合的大屠殺』，以及『進行勞動改造的慢性屠殺』等殘酷的手法，……來破壞我們民族的根基，猶以為未足，還要用所謂『英雄』等類的頭銜，來進行醜惡的鼓勵，以『坦白』的煙幕，來進行陰毒的脅迫，使子控其父，弟控其兄，女訟其母，夫婦互相監視，家人視同寇讎，並且用『丟包袱』的思想，來拆散所有的家庭，……來撕毀每一個人的廉恥，用『圍剿』使你恐怖，用『洗腦』使你屈服。總之，它的目的，是在達成『鎮壓

〔註100〕 秦孝儀：《先總統蔣公思想言論總集》卷3，中國國民黨中央委員會黨史委員會1984年版，第174～175頁。

〔註101〕 秦孝儀：《先總統蔣公思想言論總集》卷3，中國國民黨中央委員會黨史委員會1984年版，第177頁。

反革命』，是在『犧牲這一代』！它根本就泯滅了人性，更無所謂倫理」〔註102〕。不僅如此，他還攻擊和誣衊中國共產黨出賣整個民族國家的利益，已成為俄國人的忠實走狗。他說：「朱毛奸匪現在在大陸上，誠如毛匪在《論人民民主專政》中所說的，是在走『俄國人的路』，是在倒向俄國的一邊，這句話的用意所在，就是要中國人都變成為俄國人，先走俄國人的道路，再住俄國人的土地，這樣一來中國的土地不就是俄國人的土地麼？中國人民，自然要變為俄國永久的奴隸了，朱毛奸匪決心要斷送我們民族，走這條死路。所以他早就已經在進行了俄帝交給他的『減少大陸上兩億以上人口』的計劃，這也就是說要他殺滿兩億以上的同胞，先要滅亡我們大陸人口的一半！而後還要將這留下來的一半人口，使他半死半活，亦就是要使他不死不活，來做俄帝馴服的奴隸牛馬，乃至送他當侵略的炮灰。」〔註103〕為了拯救受苦受難的大陸民眾，因此，他叫囂：「我們不但要以仁愛去喚醒同胞，也要同時以倫理去啟導匪幹的悔悟。只有這樣才可促成朱毛奸匪整個的崩潰，而且只有這樣，才可根本解決朱毛奸匪和萬惡的共產國際問題。」〔註104〕

關於民主，蔣介石認為自「五四」以來所喊的「民主與科學」的口號，不但正確，而且必須。一向標榜傳統的蔣介石，在解釋民主時也沒有忘記民族的文化傳統，他說：「如果沒有我們民族的文化來做民主與科學的基礎，那麼這兩個口號，不僅不能救國，而且徒增國家之危機。」

蔣介石宣稱三民主義所提倡的民主，是真正全民的民主政治。相反，他卻指責共產黨打著「民主」的旗號，在大陸行「專制、獨裁」之實。他說：「不論朱毛奸匪現在所行的是不是『人民民主專政』，是不是要再『進步』成為『最新民主主義』，它目前的所作所為，就已經是結合了『暴民政治』『獨夫政治』『傀儡政治』於一身，它所稱的民主，就是要使所有的人民，都成為他的『求死不得』的奴隸，使他成為這些『求死不得』的奴隸的主人。這真是我們五千年來所從未有過的黑暗和浩劫。」〔註105〕

〔註102〕秦孝儀：《先總統蔣公思想言論總集》卷 3，中國國民黨中央委員會黨史委員會 1984 年版，第 175～176 頁。

〔註103〕秦孝儀：《先總統蔣公思想言論總集》卷 3，中國國民黨中央委員會黨史委員會 1984 年版，第 175 頁。

〔註104〕秦孝儀：《先總統蔣公思想言論總集》卷 3，中國國民黨中央委員會黨史委員會 1984 年版，第 177 頁。

〔註105〕秦孝儀：《先總統蔣公思想言論總集》卷 3，中國國民黨中央委員會黨史委員會 1984 年版，第 171、172 頁。

　　民主的基本精神是什麼呢？蔣介石認為是「自由與獨立，亦是權利與義務」。〔註106〕他把自由上升為國家形態，認為自由應是「為國家爭自由」。獨立也是先爭取國家的獨立，只有國家獨立與自由之後，才有個人的獨立與自由。要達到國家的自由與獨立，就必須先盡國民的義務，這個義務就是「守紀律負責任」，只有國民能夠守紀律負責任，國家才能獨立與自由。〔註107〕

　　這是一整套的「反攻大陸」的政治言論。因為蔣介石認定中國共產黨領導的新中國是不獨立和不自由的，所以三民主義要為中國爭「國家的自由」。既然整個國家不獨立不自由，個人當然談不上自由和獨立，而為了個人的自由和獨立，每個人就應當「守紀律負責任」，這個「守紀律」就是聽蔣介石國民黨的話，「負責任」就是盡全力擔負起「反攻大陸」的使命。

　　更何況蔣介石只講如何爭取國家的獨立與自由，至於國民的民主權利問題，卻連一個字也未提。看來蔣介石只要國民盡義務，為他的政權效勞，誓死保衛他，為他「反攻大陸」，而對國民的民主權利，蔣介石連講也不願講了。

　　關於科學，蔣介石說是民生主義實現的手段。他的理由是：第一，「實行民生主義的方法有兩種：一個是平均地權，一個是節制資本。無論平均與節制，都要用科學的方法和精神來從事。」〔註108〕這是從分配方法看，民生主義顯然是和科學發生關連的。第二，「要解決民生的食、衣、住、行四大需要上下去從事科學之計劃、科學之管理與科學之發展。易言之，就是要用科學的方法來使我們的農業工業化，來使國家與私人的資本合理化。」〔註109〕這是從生產方法上說明民生主義和科學是有著密切關係的。

　　基於上述兩個理由，因此，蔣介石認定民生主義的本質是科學。他說：「由此可知民生主義就不能離開科學，如果他離開了科學而談民生主義，就無從實現，亦如同過去一樣的，等於空談了。我們為著要使大家知道實行民生主義，就必先從發達科學來著手，乃可以說科學就是民生主義的本質，也

〔註106〕秦孝儀：《先總統蔣公思想言論總集》卷 3，中國國民黨中央委員會黨史委員會 1984 年版，第 172 頁。

〔註107〕秦孝儀：《先總統蔣公思想言論總集》卷 3，中國國民黨中央委員會黨史委員會 1984 年版，第 172～173 頁。

〔註108〕秦孝儀：《先總統蔣公思想言論總集》卷 3，中國國民黨中央委員會黨史委員會 1984 年版，第 165 頁。

〔註109〕秦孝儀：《先總統蔣公思想言論總集》卷 3，中國國民黨中央委員會黨史委員會 1984 年版，第 165 頁。

可以說民生主義是科學的。」〔註110〕民生主義的科學是「保民」與「養民」的科學，〔註111〕是以科學方法和科學精神從事生產和分配。具體說，土地改革要實行農民償還地價的溫和土改；工業經濟上，也要實行節制私人資本，而不沒收私人資本的溫和方法，實行「社會與人民均富」。

他反對共產黨採取「沒收土地的土改和沒收私人資本的全部國營化」等政策，並認為這些政策「是以恨為出發點的」，也是以「反人性為出發點的」，因而是不科學的。他說：「朱毛奸匪在土地上，為了要使農民成為土地的奴隸；在資本上，要使商人成為『合作社』的祭品，使工人成為機器的奴隸，所以就要採取這種無產就是大私有的集產，生根就是挖根的揠苗手段。這些手段在理論上，它是以恨為出發點的，恨的挑撥，恨的鬥爭；在事實上，它是以反人性為出發點的獸性的發揮，和獸欲的控制，這是不是合於科學的呢？我們應該肯定地說『這非但不是科學的，而且是反科學的原始野蠻的獸行！』可說朱毛奸匪的理論，以及其行動方向，無一不是倒退的，逆轉的，反動的，毀滅的！沒有一樣東西不是反科學的！而我們民生主義，對地權則主張平均，對資本則主張節制。這種實行民生主義的方法，乃是要使社會與人民『均富』，真是大公無私的經濟平等的制度。而朱毛奸匪卻是要奪取每一人民的財產，都變成無產，以造成朱毛奸匪個人大私有的集產制度，這種人性與反人性，科學與反科學的分野，不是非常明顯嗎？不過獸性雖能猖獗一時，假科學也能詭辯一時，但是人性的恢復與發揚，終能制服獸性，消滅獸性的；科學的真理與實踐，終將揭穿假的科學，根絕假的科學的，這是絕對沒有疑義的事。」〔註112〕因此，蔣介石號召民眾：「要掃除朱毛奸匪這種反科學的獸行，要清除朱毛奸匪這種詭詐的煙幕」。〔註113〕

為什麼要提出這「倫理」、「民主」和「科學」的口號？蔣介石聲稱：「用意就是要駁斥朱毛奸匪以往所利用的『科學』與『民主』虛妄欺詐的罪惡，一

〔註110〕秦孝儀：《先總統蔣公思想言論總集》卷 3，中國國民黨中央委員會黨史委員會 1984 年版，第 165 頁。

〔註111〕秦孝儀：《先總統蔣公思想言論總集》卷 3，中國國民黨中央委員會黨史委員會 1984 年版，第 168 頁。

〔註112〕秦孝儀：《先總統蔣公思想言論總集》卷 3，中國國民黨中央委員會黨史委員會 1984 年版，第 168 頁。

〔註113〕秦孝儀：《先總統蔣公思想言論總集》卷 3，中國國民黨中央委員會黨史委員會 1984 年版，第 169 頁。

面是要提醒大家確實認清三民主義的本質所在，還有另一個意思，……乃是要大家徹底瞭解要建設民生主義，必要用科學來實踐的；要實現民權主義，必要用民主來實踐的，尤其是我們如要實行民族主義，必須先要實踐我們固有的倫理道德，方能期其有成。大家須知現在是我們反攻復國的時候，切不可再如過去那樣徒託空言，不可空喊三民主義的口號了。必要實心實力來建設以科學為基礎的民生主義，這樣民生，方能獲致實用；建設以民主為基礎的民權主義，這樣民權，方能穩固；建設以倫理為基礎的民族主義，這樣民族，方能真正復興和繁榮。」〔註114〕為此，他號召國民黨切實貫徹「倫理」、「民主」和「科學」，只要這樣，「那我們就必然可以復國建國，必然可以實行三民主義，這樣當然可以完成反共抗俄的使命」。〔註115〕

由上可知，在新的解釋中，蔣介石強調倫理，強調中華民族文化傳統，這是中國獨立和自由的基礎。而共產黨不講，甚至反對中華文化傳統，馬克思主義是外來倫理和理論，當然「不能夠救中國，只有三民主義才能救中國。」所以他認為從倫理出發研究，就可以判定「三民主義必然光復大陸」。接著蔣介石把三民主義的民主說成是爭取國家獨立和自由。顯然，共產黨不講民主，國家不獨立和自由。於是他號召人們站在中華民族的倫理基礎之上，為國家獨立和自由而奮鬥，以實現三民主義的民主，「而就觀當前形勢，無非是盡一切力量，反攻大陸，從而實現國家獨立和自由。」如何實現呢？蔣介石把「科學」作為其「反攻大陸」成功的手段。認為依靠民生主義就可以達到目標，共產黨的集體化是違背人性的。至此形成一套可以自圓其說的理論，為其在臺灣繼續大搞個人獨裁專制粉飾，同時為其苦心經營的「反攻大陸」作輿論宣傳。

蔣介石在臺灣時闡釋的三民主義，就是要人民敦倫理、守紀律、盡義務；國家行保民、養民的「均富」政策。蔣介石對此體系十分滿意，號召全黨全軍要仔細研讀，認真領會。領會什麼呢？無非是領會出蔣介石的解釋三民主義本質的內在意義。說白了，就是要認真研習和領會如何用三民主義「反攻大陸」。

〔註114〕秦孝儀：《先總統蔣公思想言論總集》卷 3，中國國民黨中央委員會黨史委員會 1984 年版，第 178 頁。

〔註115〕秦孝儀：《先總統蔣公思想言論總集》卷 3，中國國民黨中央委員會黨史委員會 1984 年版，第 180 頁。

三、民生主義育樂兩篇補述

在蔣介石的三民主義「新」解中，還有育樂理論。1953 年 11 月，蔣介石發表《民生主義育樂兩篇補述》，對人口、家庭、教育、城鄉建設、文藝音樂等進行闡述。《民生主義育樂兩篇補述》是他到臺灣後的另一部比較重要的著作，全書分序、育的問題、樂的問題及結論四章，共五萬餘字。

在序言中，蔣介石認為孫中山的民生主義，不應僅包括衣、食、住、行四大要素，還應包括育、樂兩大問題，孫中山在著述中雖對這兩個問題有所涉及，但不系統。在從農業社會向工業社會的轉化過程中，舊的社會組織已無法適應新的形勢，更無法解決民生主義的育樂問題。他提出隨著臺灣社會的發展，「民生主義的社會政策之研究確立，刻不容緩。而育樂兩篇的補充，也就成為重要工作了」。[註 116] 因此，他根據孫中山有關育樂問題的論述，加上自己的設計，提出了解決民生主義育樂問題的方案，以「補總理民生主義全部講稿中未完部分的缺憾」[註 117]。文中提出「要解決民生問題，一定要完成工業革命」。[註 118]「要有計劃的改革社會為自由安全的社會，不能放任社會的自然發展」。[註 119]「民生主義的社會不是以競爭為基礎，而是以合作為基礎，各階級互相依賴，在互信互愛的情形下共同生活，人人以其所付出之勞力為比例來分沾其利益，如此，人民全體都有生活的機會，有完全的自由，並有充分的娛樂和幸福。」[註 120]

在「育的問題」一章中，蔣介石討論了生育、養育與教育三大問題。

關於生育問題，蔣介石反對馬爾薩斯人口論，他認為人口增長並非以幾何的比率或級數而增長，糧食增長很快，也不是按算術比率增長。他認為中國不患人口數量多，而患人口質量不高，患人力資源利用之不合理。解決此問題的辦法是「從營養、衛生和教育中提高人口的質量」，在農工礦業布局、

〔註116〕秦孝儀：《先總統蔣公思想言論總集》卷 3，中國國民黨中央委員會黨史委員會 1984 年版，第 192 頁。

〔註117〕秦孝儀：《先總統蔣公思想言論總集》卷 3，中國國民黨中央委員會黨史委員會 1984 年版，第 192 頁。

〔註118〕秦孝儀：《先總統蔣公思想言論總集》卷 3，中國國民黨中央委員會黨史委員會 1984 年版，第 194 頁。

〔註119〕秦孝儀：《先總統蔣公思想言論總集》卷 3，中國國民黨中央委員會黨史委員會 1984 年版，第 196 頁。

〔註120〕秦孝儀：《先總統蔣公思想言論總集》卷 3，中國國民黨中央委員會黨史委員會 1984 年版，第 197 頁。

城鄉發展規劃方面要促進人口的均衡分布，「做到城市鄉村化，鄉村城市化，每一個家庭都得到充分的空間和健康的環境」。〔註 121〕蔣介石非常重視國民生育率問題，「為了防制國民生育率的減低，採取獎勵國民生育的辦法。例如國家對於結婚的青年，給予貸款；對於獨身者課以賦稅；又如工廠對於生育子女的女工給以較長的假期，對於家庭子女較多的工人增加工資」，〔註 122〕然而，「最有效的根本政策，還是一般國民能夠就業，使其職業收入能夠安定，而無失業恐慌之患。尤其是每一家庭都有機會得到自己的住宅，使其有恆產，有恆心。有了安定的家庭，才能養育健全的子女。如果我們做到這一層，國民生育率就不至於隨工業化的進步而轉趨低落了。」〔註 123〕蔣介石鼓勵國民多生育內在政治目的，是希望能有更多人的能為他的「反攻大陸」事業服務，否則，臺灣人口減少，哪裏找人去「反攻大陸」？不能「反攻大陸」，三民主義的民生主義不就失去存在的價值了麼？

關於養育問題，他認為由於工業化的發展，家庭傳統功能的弱化，兒童、疾病殘廢、鰥寡孤獨問題越來越嚴重。解決這個問題的辦法是大力提高國民生活水平，普及國民衛生教育，重樹「國之本在家」的倫理觀念，國家、社會、團體與個人共同興辦社會婦幼、養老、衛生保健等公益事業。在婚姻家庭方面，蔣介石不提倡離婚，主張嚴格控制離婚率，以免有更多家庭破碎，兒童悲慘。〔註 124〕在游蕩問題上，他認為游蕩份子可分為三大類：（1）失業者；（2）初入社會未就職業的青年；（3）職業流氓，而其中婦女甚至淪為娼妓。「這三種人所以陷入孤獨流離的生活，無家可歸的境遇，最大的客觀原因是失業和失學，最大的主觀的原因是家庭的變故，技能上的缺失和游蕩的習慣。從這些原因上加以考察，就可看出游蕩份子的問題是與失業問題，和家庭問題，相結而不可分的。」因此，要對孤苦的人加以救助，對游蕩的人加以糾正，地方政府和地方自治團體應該與工廠礦場和農場密切合作，設立游民習藝所與乞丐妓女收容所，教導其生產技術，養成其墾荒殖邊的生活

〔註121〕秦孝儀：《先總統蔣公思想言論總集》卷 3，中國國民黨中央委員會黨史委員會 1984 年版，第 202 頁。

〔註122〕秦孝儀：《先總統蔣公思想言論總集》卷 3，中國國民黨中央委員會黨史委員會 1984 年版，第 201 頁。

〔註123〕秦孝儀：《先總統蔣公思想言論總集》卷 3，中國國民黨中央委員會黨史委員會 1984 年版，第 203 頁。

〔註124〕秦孝儀：《先總統蔣公思想言論總集》卷 3，中國國民黨中央委員會黨史委員會 1984 年版，第 213 頁。

技能，使其為社會服務。〔註125〕在喪葬問題上，他認為：「今日大城市的殯儀館，最大的弊病是純粹商業化。一般貧苦市民不能利用以殯殮其死者，就是有資力利用的人們，在這裡也無從安死者之靈，慰生者之心。」因此，他主張「必須設置公眾的殯殮場所，要訂定『哀而不傷』的喪禮，卻又能節約死者家屬的煩費。」〔註126〕

關於教育問題，他認為在變動的社會裏，「教育是指導國民從舊社會瓦解中建設新社會的唯一方法，尤其是指導青少年適應新社會生活的唯一道路。」〔註127〕然而，過去的教育存在三大缺點，即升學主義、形式主義、孤立主義，不注重生活教育、能力教育，「科學教育怎麼能自處於象牙塔裏，孤芳自賞？」〔註128〕因此，他提出民生主義的教育內容包括：「四育」與「六藝」（「四育」指智、德、體、群；「六藝」是指中國古代的禮、樂、射、御、書、數），認為教育的使命在促成社會進步和「民族復興」；教育的任務在充實學生生活的內容，家庭、社會、學校必須密切配合，教育的形式要多樣化，要加強對兒童強迫教育、成人識字、家庭生活教育、公民教育、娛樂生活教育、大學教育、成人教育、國民軍訓、童子軍、勞動服務等方面的領導和管理。

在「樂的問題」一章中，蔣介石主要討論了四個問題：康樂的意義、康樂的環境、心理的康樂及身體的康樂。關於康樂的意義，他從身心的平衡、情感與理智的和諧、城市與健康、閑暇與娛樂等方面加以論述；關於康樂的環境，他從城市鄉村建設的原則、山川林原的設計等方面論述；關於心理的康樂，他論述了文藝與武藝、社會變動中的文藝、音樂與歌曲、美術、書畫與雕刻、電影和廣播、宗教等問題；關於身體的康樂，他從國民生理的康樂、健康的習慣、國民體育、現代國民必須具備的藝術和技能等方面作了闡釋。

在全書的《結論》中，蔣介石說明了民生主義建設的物質條件和精神條件，指出民生主義建設的最高理想是逐步實現《禮記·禮運篇》中的「三世」。

〔註125〕秦孝儀：《先總統蔣公思想言論總集》卷 3，中國國民黨中央委員會黨史委員會 1984 年版，第 214 頁。

〔註126〕秦孝儀：《先總統蔣公思想言論總集》卷 3，中國國民黨中央委員會黨史委員會 1984 年版，第 218 頁。

〔註127〕秦孝儀：《先總統蔣公思想言論總集》卷 3，中國國民黨中央委員會黨史委員會 1984 年版，第 220 頁。

〔註128〕秦孝儀：《先總統蔣公思想言論總集》卷 3，中國國民黨中央委員會黨史委員會 1984 年版，第 222 頁。

民生主義建設是「從小康進入大同的階梯」，〔註 129〕他特別描繪了一幅未來「大同世界」的圖景：「法定男子五、六歲入小學堂，以後由國家教之養之，至 20 歲為止，視為中國國民之一種權利。學校之中備各種學問，務令學成以後，可獨立為一個國民，可有參政、自由平等諸權。20 歲以後，當自食其力。50 歲以後，年老無依者，則由國家給與養老金。如生子多而無力養之者，亦可由國家資養。此時家給人樂，則中國之文明康樂，不僅與歐美並駕齊驅而已。」〔註 130〕

民生主義育樂兩篇補述》主要講的是民生具體問題，在蔣介石諸多言論中不太多見。客觀上講，此文中他關於加強教育、衛生事業、城市發展、市政建設、社會保障等方面的一些具體論述是頗有見地的。當時報紙吹噓該文是「建立自由安全社會的大設計」，「是把變亂的中國建設為康樂的中國之大設計」，「是孔子學說與總理思想融貫為一體」。〔註 131〕但當時臺灣社會普通民眾尚在為溫飽而奮鬥，又在「戒嚴體制」的白色恐怖中，「大同世界」之樂是遙不可及的事。另外，建設「三民主義模範省」是「反共抗俄」戰略的一部分，蔣介石的「育」、「樂」之中，都融匯了「反共仇共」的內容。正如他說：「建設臺灣為三民主義模範省，乃是反攻勝利的前提，亦是復國建國的基礎，說得更明顯一點，如果臺灣建設不能成功，則反攻大陸，必無把握」。〔註 132〕

第三節　一個中國原則

國民黨敗退臺灣後，一直以「正統」自居，始終堅持「漢賊不兩立」的一個中國原則。然而，美國政府出於控制臺灣，遏制新中國的戰略需要，製造「臺灣地位未定」、「聯合國託管」、「兩個中國」、「一中一臺」等一系列謬論，並在對臺政策中採取實際措施企圖讓臺灣從中國分裂出去。在這個問題上，蔣介石出於維護臺灣國民黨政權的需要，也出於民族主義立場，始終堅持「一

〔註 129〕 秦孝儀：《先總統蔣公思想言論總集》卷 3，中國國民黨中央委員會黨史委員會 1984 年版，第 260 頁。

〔註 130〕 秦孝儀：《先總統蔣公思想言論總集》卷 3，中國國民黨中央委員會黨史委員會 1984 年版，第 260 頁。

〔註 131〕 中央社訊：《宣讀民生主義補述兩篇》，《聯合報》，1953 年 11 月 15 日，第 1 版。

〔註 132〕 秦孝儀：《先總統蔣公思想言論總集》卷 26，中國國民黨中央委員會黨史委員會 1984 年版，第 412 頁。

個中國」的立場，與美國的分裂政策進行了鬥爭，同時全力抑制島內「臺獨」勢力，從而使得「臺獨」分裂活動在蔣介石統治時期始終未能得逞。

一、堅持「漢賊不兩立」的一個中國原則立場

1949 年 10 月 1 日，中華人民共和國宣告成立，同年 12 月，國民黨的「中華民國政府」遷到臺灣。然而，國民黨當局拒不承認中華人民共和國政府為代表中國的唯一合法政府，定臺灣是恢復其統治大陸的基地；定大陸是中共「叛亂集團」以武力強行佔領的地區，要通過「反攻戡亂」，奪回由己再統治之地。它仍以「中華民國憲法」和「臨時條款」的法統為依據，宣稱「中華民國為一主權獨立的國家」，堅持「中華民國政府」是中國的「唯一合法政府」，對包括外蒙古在內的中國全部領土擁有主權。

雖然國民黨堅持一個中國的理念，但他們所主張的一個中國，並不是代表絕大多數中國人民利益的中華人民共和國，而是被中國人民趕出大陸、敗退臺灣的所謂「中華民國」。敗退臺灣後，國民黨仍以中國「正統」的主宰者、「當然」的兩岸統治者自居，把自己稱作「漢」，妄稱自己是中華民族利益的「真正代表者」；把中共稱作「賊」，是「叛亂組織」，是引狼入室的「賊」，與中共是「不共戴天」。1956 年元旦，蔣介石在《告全國軍民同胞書》中提出要與中共「漢賊不兩立」，他說：「我們決不因為國際苟安姑息主義與中立投機主義的流行，而自己擔憂。我們民族的正氣，是『漢賊不兩立，匪我不共存』；我們革命的正氣，是『寧為玉碎，毋為瓦全』」，聲稱要與中共及俄共搏鬥到底。〔註 133〕所謂「漢賊不兩立」，就是任何與臺灣保持「邦交」關係的國家，必須斷絕與大陸的聯繫，也就是「有你無我，有我無你，勢不兩立」。「漢賊不兩立」理念指導下的臺灣對外實踐主要表現為：不承認中華人民共和國為國際上代表中國的合法主體，在國際組織與其他國家的關係上排除與大陸的「雙重承認」，將國共的內部衝突延伸到國際戰場，爭取國際支持，與中華人民共和國進行你來我走的「外交」爭奪戰，爭奪全中國的代表權。

國民黨當局在「外交」上採取「漢賊不兩立」的強硬立場，堅決反對外國政府與中華人民共和國建交，堅決與任何承認中華人民共和國的國家「斷交」。1950 年 1 月 5 日，就英國和中華人民共和國舉行建交談判，蔣介石和

〔註 133〕秦孝儀主編：《先總統蔣公思想言論總集》卷 33，中國國民黨革命委員會黨史委員會 1984 年版，139 頁。

閻錫山進行緊急磋商，決定與英國「斷交」，撤回「外交使節」。「外交部長」
葉公超也對英國和中國就建交問題舉行談判「深表遺憾」。〔註 134〕20 世紀
60 年代後，與新中國建交的國家越來越多（見表 2-1），臺灣當局的「抗議」
也就更加頻繁。1962 年 7 月 6 日，臺灣「外交部」發言人就中國與老撾建
交問題，發表聲明稱，一切承認中華人民共和國的行為都是對臺灣極不友好
行為，臺灣當局堅決反對「兩個中國」。〔註 135〕9 月 7 日，當老撾政府同中
華人民共和國政府建立外交關係後，臺灣當局關閉了在老撾的「大使館」。
1964 年 1 月 27 日，法國同中國正式建交。2 月 7 日，臺灣當局「外交部」
就此向法國提出強烈抗議，指斥法國與中共「勾結」，重申反對「兩個中國」
政策，並指責戴高樂中立政策係「分期投降」。2 月 10 日，臺灣當局宣布與
法國「絕交」。〔註 136〕

表 2-1　1949 年後，承認「中華民國」與中華人民共和國的國家數目
　　　　變動表〔註 137〕

時　　間	1949	1950	1955	1960	1965	1970	1971	1972	1973	1974	1975
承認「中華民國」國家	47	39	42	53	57	67	54	41	37	31	27
承認中華人民共和國者	9	18	25	39	50	50	67	86	88	96	105

　　1965 年 2 月 23 日，臺灣當局「外交部長」沈昌煥在加拿大發表談話，反
對「兩個中國」謬論，表示堅決與任何承認中華人民共和國的國家「斷交」。
〔註 138〕1969 年 1 月 24 日，臺灣當局就意大利政府準備同中國建交一事向意
大利政府提出「嚴重抗議」。〔註 139〕2 月 11 日，臺灣當局就加拿大準備同中

〔註 134〕本報訊：《葉「外長」聲明深表遺憾》，《中央日報》，1950 年 1 月 7 日，第 1 版。
〔註 135〕本報訊：《「外交部」發言人談中寮建交問題》，《中央日報》，1962 年 7 月 7
　　　　日，第 1 版。
〔註 136〕本報訊：《「我國」政府發表聲明宣布與法斷絕邦交》，《中央日報》，1964 年
　　　　2 月 11 日，第 1 版。
〔註 137〕李子文：《國際法上之承認與中華民國》，收錄於國史館：《臺灣主權論述論
　　　　文集》，臺北：國史館編印 2001 年版，第 37～38 頁。
〔註 138〕合眾國際社：《沈「外長」訪問加拿大　獲加政府保證不承認「偽」政權》，
　　　　《中央日報》，1965 年 2 月 24 日，第 1 版。
〔註 139〕中央社訊：《意大利竟準備承認「匪偽」　我提嚴重抗議》，《中央日報》，1969
　　　　年 1 月 26 日，第 1 版。

國建交，再次提出「抗議」。1970 年 10 月 13 日，中華人民共和國與加拿大建交並發表建交聯合公報，公報中指出，加拿大政府注意到中國政府的立場，承認中華人民共和國是中國的唯一合法代表，中國政府重申臺灣是中國領土不可分割的一部分。同日，臺灣「外交部」宣布與加拿大斷交，聲明加拿大與中華人民共和國建交為不明智之舉，並嚴重損害了臺灣「利益」。〔註 140〕

　　從 1956 年 5 月到 1975 年 6 月，埃及、老撾、法國、意大利、智利、科威特、伊朗、墨西哥、澳大利亞、新西蘭、菲律賓、泰國等國家紛紛與中華人民共和國建交，臺灣「外交部」不停地發表聲明，表示強烈不滿，並稱任何國家與中華人民共和國達成的一切協議均屬「無效」，並與他們斷交。臺灣當局堅持「漢賊不兩立」的立場，拒不接受中共的一切和談建議，拒不與中共進行正式接觸。

二、堅決反對「聯合國託管臺灣」、「臺灣地位未定論」

　　早在日本投降之際，美國就有人鼓吹由美單獨管理臺灣或「由聯合國託管」。當時，蔣介石正以「抗日英雄」自居，對此分裂臺灣的主張給予嚴厲的駁斥和譴責。1947 年 3 月，趁臺灣島內二·二八事件之亂局，美駐臺北總領事館建議以目前臺灣在法律上還是日本的一部分為由，用聯合國的名義進行直接干涉。8 月，美國特使魏德邁在臺灣進行詳細調查後，提出所謂「有跡象表明臺灣人對美國監護或美國託管會接受」的謬論〔註 141〕。對此，蔣介石命令臺灣省主席魏道明發表長篇談話，以強烈的措辭駁斥分離臺灣的種種企圖，他說，謠傳臺灣人民希望脫離祖國而願受外國的統治，這一說法不僅是對臺灣人民的侮辱，也是對全體中國人的侮辱。他在回顧了臺灣為日本帝國主義強佔以及歸還中國的經過後說，在戰後可能遠東有一些遺留問題有待對日和會解決，但是臺灣問題早已決定，《開羅宣言》已明確指出臺灣應歸還中國，失物應歸還失主是合乎邏輯的。他最後表示，堅決反對在對日和會上討論臺灣問題，如果發生這種情況，六百萬臺灣人民和四萬萬五千萬大陸的中國人民將不惜為之流血鬥爭。〔註 142〕12 月 19 日，臺南市參議會也發表嚴正聲明：「國內外少數別有用心者作荒謬言論，企圖離間，以遂其政治野心與國際陰

〔註 140〕本報訊：《「我外交部」嚴正聲明與加拿大斷絕邦交》，《中央日報》，1970 年 10 月 14 日，第 1 版。
〔註 141〕美國國務院編：《美國對外關係檔集》，1947 年第 7 卷，第 725 頁。
〔註 142〕美國國務院編：《美國對外關係檔集》，1947 年第 7 卷，第 477～479 頁。

謀，我全省 650 萬同胞不勝髮指」，「臺灣乃中華民國疆土，臺胞本炎黃世胄，與祖國不能分離」。〔註143〕

　　1949 年初，美國相繼炮製諸如在臺灣扶植親美代蔣勢力、製造「臺灣地位未定論」以及所謂「聯合國託管」案。對這些活動，蔣介石均予以堅決抵制。蔣介石聲稱：「對此一問題（指聯合國託管）最足顧慮，故對美應有堅決表示，余必死守臺灣，確保領土，盡我國民天職，決不能交歸盟國。」〔註144〕他還命令剛離職的外交部長王世杰在臺灣發表公開講話，提出臺灣是收復失地，不是軍事佔領區，中國對該島的內政和外交擁有絕對的自主權，自 1941 年中國對日正式宣戰以來，《馬關條約》已經失效，自那時起臺灣在法律上就已歸還中國。到戰爭結束時，再從日軍手中實際收回。王世杰要求民眾對「帝國主義實現直接或間接控制臺灣的企圖」提高警惕。〔註145〕6 月 9 日，美國國務院提出了一份關於臺灣問題的政策建議書，要旨是：國民黨當局在臺灣治理不當，已喪失了行使主權的能力，應由美國和部分盟國出兵佔領，形成既成事實後，操縱臺灣公民投票，要求「聯合國託管」。6 月 20 日，蔣介石再度向美國駐遠東軍司令麥克阿瑟表明其對「聯合國託管」的說法及各種分離臺灣方案的態度和立場，指出「臺灣移歸盟國或聯合國暫管之協議，實際為中國政府無法接受之辦法，因為此種辦法，違反中國國民心理，尤以中正本人自開羅會議收回臺、澎的一貫努力與立場，根本相反。」〔註146〕由於蔣介石的堅定立場與相關行動，使得美國借聯合國分離臺灣的圖謀一一胎死腹中。

　　1950 年 6 月 25 日，朝鮮戰爭爆發。美國總統杜魯門旋即命令美國第七艦隊進駐臺灣海峽，又特別聲明臺灣「未來地位的決定，必須等待太平洋安全的恢復、對日和約的簽訂或經由聯合國考慮」，〔註147〕「臺灣地位未定論」正式出籠。對此聲明，國民黨當局頗為不滿。在聲明提出的當天，國民黨當

〔註143〕陳鳴鐘、陳興唐：《臺灣光復和光復後五年省情》上，南京出版社 1989 年版，第 351 頁。

〔註144〕《蔣總統經國先生言論著述彙編》第 2 輯，臺灣黎明文化事業股份有限公司 1982 年版，第 628 頁。

〔註145〕崔之清：《臺灣是中國領土不可分割的一部分》，人民出版社 2001 年版，第 220 頁。

〔註146〕《蔣總統經國先生言論著述彙編》第 2 輯，臺灣黎明文化事業股份有限公司 1982 年版，第 629～630 頁。

〔註147〕《美國國務院公報》，1950 年 7 月 3 日。見國臺辦：《臺灣問題文獻資料選編》，人民出版社 1994 年版，第 864～865 頁。

局駐聯合國「代表」蔣廷黻在安理會發言，聲明「臺灣在日本投降後，重又為中國的一個省，臺灣是中國的一部分」。次日，美國向臺灣方面提出備忘錄，提出美國向臺灣派出第七艦隊不是應「中華民國政府」邀請協防臺灣。蔣介石對此深表憂慮，即命駐美「大使」顧維鈞緊急約見杜勒斯，表示不能承認美國在這片水域擁有自衛權力，但被美國拒絕。6月28日，蔣介石在「總統府」召開軍政首腦會議，經過反覆權衡利弊得失，鑒於美國對華政策對「日益危險的臺灣安全頗有裨益」，遂決定「原則接受」。同日，「外長」葉公超發表聲明，在「原則接受」美國的提議同時，持有三點保留：「（1）在對日和約未訂之前，美國政府對予臺灣之保衛，自可與中國政府共同負擔其責任；（2）臺灣係中國領土之一部分，乃為各國所公認。美國政府在其備忘錄中，向中國所為之上項提議，並不影響中國政府對臺灣之主權或開羅會議關於臺灣未來地位之決定；（3）中國政府之接受此項建議，自不影響中國反抗國際共產主義侵略，維護中國政府領土完整之立場。」〔註148〕臺灣當局對於美國提議不敢正面駁斥，只是通過重申《開羅宣言》從側面表示異議。8月29日，杜魯門發表政策聲明，宣稱將臺灣問題交聯合國討論。臺灣當局反應激烈，隨即向美國交涉，希望美國方面收回提案，並表示不惜使用否決權以阻止聯大討論所謂「臺灣地位」。9月11日，蔣介石在「革命實踐研究院」發表演講，作進一步抗爭：「臺灣無論在歷史上、民族上、地域上，尤其是法律上，都是中國領土的一部分，……如果是對臺灣地位還有問題的憂慮，那就是杞人憂天，太無常識了。因為臺灣是我們抗戰勝利後應該從日本手裏收回的，是光復故土，而不是佔領敵國的佔領地可比。尤其是我們政府向日本宣戰的時候，曾經發表宣言，聲明過去同日本所訂的一切條約，自宣戰日起一概無效。當然過去割讓臺灣的馬關條約，從那時宣戰之日起，就已失去效用，臺灣就是我們領土，這是國際間的常例，亦是國際法的通解。……我認為臺灣地位，無論國際上如何變化和聯合國態度如何，臺灣是我們中國的領土，歸我們政府所統治，這是決沒問題，決無變更的可能。」〔註149〕10月7日，聯大應美國代表奧斯汀的要求，通過將所謂「臺灣問題」列入議程。為爭取蔣介石迴心轉意，10月20日，美國國務院顧問杜勒斯約見臺灣駐美「大使」顧維鈞

〔註148〕陳誠：《陳誠回憶錄——建設臺灣》，北京：東方出版社2011年版，第84頁。
〔註149〕秦孝儀：《先總統蔣公思想言論總集》卷23，中國國民黨中央委員會黨史委員會1984年版，第394～395頁。

說：「美國的意圖在於暫時凍結臺灣地位，以避免臺灣落入美國的不友好者手中。」如果臺灣當局在聯大反對美國對臺灣的立場，「勢必增加美國意欲確保臺灣不為中共所奪及維護臺灣當局國際地位等方面的困難，假使美國已將臺灣當做完全是中國領土看待，不僅中國政府的代表問題必須給予解決，而且美國派遣第七艦隊進駐臺灣亦將失去理論上的依據」。〔註150〕蔣介石不理會美國的「苦衷」，指示「外交部」官員發表談話：臺灣問題屬於中國內政，聯合國無權討論。12月4日，周恩來也代表中國政府嚴正聲明：「依據《開羅宣言》，臺灣及澎湖列島已歸還中國，這些業已決定的領土問題，完全沒有重新討論的必要。」〔註151〕後來，由於中華人民共和國政府的強烈抗議以及蘇聯等國主持公義，英國提出的「無限期推遲討論臺灣地位案」在聯大獲得通過。美國企圖將臺灣問題「國際化」的陰謀再次被挫敗。

三、蔣介石對美國「兩個中國」政策的抵制

所謂「兩個中國」問題，即是主張將大陸與臺灣分開，使其各自獨立之意。1953年6月29日，據美國專欄作家艾倫報導，臺灣與大陸分別獨立之方案，原係澳大利亞所擬，由澳大利亞駐美大使司本德於1952年6月首次向美國國務卿艾奇遜提出，但艾奇遜認為朝鮮戰爭尚未結束，對此問題不便討論，遂被擱置。〔註152〕1953年8月，美國民主黨總統候選人史蒂文森也提出，「兩個中國」分別獨立的意見。〔註153〕針對國際上關於「兩個中國」的說法，國民黨當局非常氣憤，並明確表態：「『兩個中國』的試探，則純粹是無視事實的幻想，絕無實現之可能。因為『中華民國』存在一天，就一天不會接受此試探。」〔註154〕

美國知道，如果直接提出「兩個中國」的方案肯定行不通，於是便利用兩次「臺海危機」及聯合國，以「停火」、「撤軍」、「雙重代表權」等狡猾手段為名，強迫臺灣當局接受「兩個中國」的安排，美國的計劃，遭到蔣介石的強

〔註150〕南京大學臺灣研究所編：《海峽兩岸關係日誌》，九州出版社1999年版，第15頁。

〔註151〕南京大學臺灣研究所編：《海峽兩岸關係日誌》，九州出版社1999年版，第16頁。

〔註152〕陳誠：《陳誠回憶錄——建設臺灣》，北京：東方出版社2011年版，第101頁。

〔註153〕陳誠：《陳誠回憶錄——建設臺灣》，北京：東方出版社2011年版，第101頁。

〔註154〕陳誠：《陳誠回憶錄——建設臺灣》，北京：東方出版社2011年版，第102頁。

烈抵制與反擊。這主要表現在以下幾個方面：

（一）反對新西蘭提案，拒絕「停火」

1954 年美臺《共同防禦條約》簽訂。根據此條約，美國承擔起保衛臺灣的責任，但卻不包括金門、馬祖等島嶼。臺灣被正式納入美國的「反共防禦體系」之中，臺灣被美國視為「永不沉沒的航空母艦」和「反共前哨」；國民黨政權也因此在臺灣立住腳跟，得以偏安一隅。然而，美蔣之間存在一些重大矛盾。特別是在對沿海島嶼的認識上，一直存在著分歧。美國深知國民黨「反攻大陸」、「光復國土」從軍事上講已無可能，因此對國民黨軍隊在大陸沿海地區的軍事騷擾活動並不積極支持，認為金門、馬祖等沿海島嶼在軍事、政治上都十分敏感，容易引起麻煩。為了消除引起麻煩的根源，美國從第一次臺海危機起，就一直勸說臺灣當局從金、馬撤軍，這樣做，既可以在軍事上減少將美國捲入遠東戰爭的一個隱患，又可以在政治上隔離臺灣，割斷臺灣與大陸的聯繫，達到「劃峽而治」，製造「兩個中國」的目的。對美國來說，「一中一臺」或「兩個中國」是最符合他們利益的。

然而，臺灣當局卻十分看重金、馬等沿海島嶼在政治上的價值，蔣介石很清楚，持有這兩個外島意味著臺灣當局仍統轄著大陸福建省的部分土地，是國民黨政府仍然對大陸享有統治權的一個象徵。如果退出金、馬，不僅會動搖國民黨政權在國際社會中「代表」中國法統的地位，而且還將有利於美國等西方國家推行「兩個中國」的方針。如果放棄「反攻大陸」，他們便不能自稱是「中國合法政府的代表」，甚至也無理由在臺灣立足。因此，他們必須堅守「一個中國」和「反攻大陸」的口號和目標，而反對「劃峽而治」。這就導致了國民黨當局與美國政府在臺灣問題上的直接衝突。

新中國為反對美臺簽約，同時也為了表明解放臺灣的堅定立場，從 1954年 9 月 3 日起，對金門、馬祖等沿海島嶼實行「懲罰性打擊」，第一次臺海危機隨之爆發。美國朝野一片喧囂，政壇各界眾說紛紜，艾森豪威爾威爾難決其擇，於是杜勒斯提出折衷建議，將沿海島嶼問題提交聯合國安理會，利用聯合國做出維持臺灣現狀的決議，以達到既取得停火，又不使美國捲入戰端，同時還可以製造「兩個中國」，實現分裂中國的陰謀。10 月，杜勒斯與英國、新西蘭政府磋商，由非常任理事國新西蘭向安理會提出停火方案，即為《新西蘭提案》。為使蔣介石接受該案，美國負責遠東事務助理國務卿羅伯遜專程赴臺與蔣介石磋商，蔣介石看到「停火」的背後隱藏著對臺灣不利的陰謀，

即將本屬中國內政的問題「國際化」，這不僅干涉了中國的內政，還將危及其「法統地位」，甚至可能在聯合國內出現「兩個中國」的前景。無論從心理上，還是從政治上，蔣介石都難以接受。他說，沿海島嶼停火和中立只是第一步，下一步就是「臺灣中立化」，再接下來就是中共進入聯合國，形成「兩個中國」。如果我們贊同這個提案，那麼對國民黨軍隊、生活在臺灣的老百姓、海外華人和大陸上的中國人將產生毀滅性的影響，這是萬萬不能接受的〔註155〕。於是，他指示「外交部長」葉公超向艾森豪威爾威爾總統轉達他本人意見，希望美國防止「兩個中國」的理論和國際上的這一傾向〔註156〕。

1955年臺海戰端再起，美國又繼續通過各種管道勸說蔣介石接受該案。蔣介石怒不可遏，立即致電「駐美大使」顧維鈞，指示：「對新西蘭在安理會的行動應予以極大的保留，它將引起巨大的疑惑、憂慮和誤解，並將鼓勵和支持那些正在以『兩個中國』為目標的人。」〔註157〕同時，他還希望美國駐聯大代表在辯論中堅決否認「兩個中國」的概念。臺灣聯大「代表」蔣廷黻秉承蔣介石之意，投票反對在聯大討論該案。蔣介石認為該提案等於要臺灣放棄「反攻大陸」，為「兩個中國」的合法化鋪設道路。對蔣介石來說，丟掉一些沿海島嶼，無疑，沒有「兩個中國」概念的危險性那麼大〔註158〕。2月8日，蔣介石在「國父紀念日」發表演講，質疑新西蘭提案，痛斥「兩個中國」的謬論。強調大陸、臺灣均「中華民國」的領土，不容任何人割裂。臺澎是我領土，大陸必須收復，曲解臺灣地位者顯然別有用心，所謂「兩個中國」尤其「荒謬絕倫」〔註159〕。這是蔣介石首次對「兩個中國」問題作了明確的表態。後來，蔣介石又多次對西方記者發表談話，嚴厲譴責「兩個中國」的說法。由於蔣介石在反對兩個中國問題上，立場堅定，態度明朗，加上新中國強烈抗議，聯合國安理會只好決定無限期擱置討論，最後不了了之。美國想通過新西蘭提案，製造「兩個中國」的陰謀遭到可恥的失敗。

〔註155〕宋連生、羣小華：《穿越臺灣海峽的中美較量》，昆明：雲南人民出版社2001年版，第59頁。

〔註156〕資中筠、何迪：《美臺關係四十年（1949～1989）》，北京：人民出版社1991年版，第285頁。

〔註157〕美國國務院：《美國對外關係檔集（1955～1957）》第3卷，第107頁。

〔註158〕〔美〕卡爾‧蘭金著、海英譯：《蘭金回憶錄》，上海人民出版社1975年版，第225頁。

〔註159〕本報訊：《正告世界：大陸臺澎均我土地 「中華民國」領土不容任何人割裂》，《中央日報》，1955年2月11日，第1版。

（二）反對「劃峽而治」，拒絕「撤軍」

美國儘管圖謀佔據臺灣，卻不敢覬覦金門、馬祖等沿海島嶼，因為它們的地位不同於臺澎，在歷史上，它們從未割讓給日本，從未脫離過中國的管轄範圍，美國無法否認其為中國領土的事實。而要製造「兩個中國」的事實，又必然涉及沿海島嶼的歸屬問題，杜勒斯意識到，沿海島嶼問題是美國與中國發生磨擦，與盟友產生不和的重要根源，美國一旦為此捲入戰爭，將付出巨大代價，在國際輿論上也會孤立無援。因此，美國唯一辦法就是說服蔣介石放棄這些島嶼，「劃峽而治」，但杜勒斯沒有想到，海峽兩岸同聲譴責其「兩個中國」的蓄意安排。

蔣介石數度以堅決的語言，堅定的立場表示死守金馬的決心。1955 年 3 月 19 日，小沙茲博格訪臺提及金馬撤軍時，蔣介石立刻嚴厲地說，「金馬乃是我們中華民國的生命線，放棄金馬，即等於放棄我們反共抗俄整個事業。故不論美國協防與否，我們自己將不顧一切犧牲，予以確保。」〔註160〕23 日，蔣介石在接見美國報人塞爾資伯格時，聲稱：「若因我們退出大陳，便以為我們將撤退馬祖、金門，那是一個錯誤，我們一定將為這二外島而戰。」〔註161〕不得已，艾森豪威爾威爾決定派遠東助理國務卿羅伯遜和參謀長聯席會議主席雷福德赴臺，說服蔣介石從金馬撤軍。

但是蔣介石態度仍十分強硬，他表示，撤退金馬一事，絕無考慮餘地，而且不管美國協防與否，我們必堅守兩地到底〔註162〕。會談結束時，蔣介石表示：他的答覆是最後正式答覆〔註163〕。面對蔣介石毫不妥協的態度，美國擔心逼蔣過甚，引發不利的影響，只好暫時作罷。隨著危機的緩和，蔣介石非但沒有從金馬撤軍，反而加強那裡的防務，確定金馬為戰地政務區，並將 1／3 國民黨軍部署在那裡，做出在此決戰到底的姿態。

1958 年 8 月 23 日大陸炮擊金門，第二次臺海危機爆發，美國煞有介事，擺開戰局，儼然要履行對臺條約義務，然而美國沸沸揚揚的所謂「行動」僅

〔註160〕張其昀：《先總統蔣公全集》第 2 冊，臺北：中國文化大學出版部 1984 年版，第 2473 頁。

〔註161〕張其昀：《先總統蔣公全集》第 3 冊，臺北：中國文化大學出版部 1984 年版，第 3883 頁。

〔註162〕張其昀：《先總統蔣公全集》第 2 冊，臺北：中國文化大學出版部 1984 年版，第 2485 頁。

〔註163〕美國國務院：《美國對外關係檔集（1955～1957）》第 3 卷，第 151～156 頁。

限於離金門 3 海里以外，為金門守軍運送補給的船隊「護航」。在「護航」行動連遭失敗下，美國又力勸蔣介石撤出金馬。其意圖十分明顯：一是避免為這區區小島被蔣介石拖入中國內戰；二是陰謀割裂臺灣與大陸的聯繫，進而孤立臺灣，達到劃峽而治，製造「兩個中國」的目的。

對此，蔣介石在 9 月 29 日對記者發表談話時，表示在「存亡絕續之交，恐已不可能以盟邦態度之故，而尚容其徘徊瞻顧」〔註 164〕。到緊要關頭，臺灣將獨立作戰。蔣介石頑固到底，使美蔣關係急劇惡化。30 日，杜勒斯在記者招待會上聲稱，「如果在那個地區有了看起來相當可靠的停火，我認為，在這些島嶼上保持這批為數不少的部隊就是愚蠢的。」〔註 165〕為了迫使蔣介石撤軍，杜勒斯進一步說明，美國「沒有保衛沿海島嶼的任何法律義務」，美國也「不想承擔任何這種義務」。杜勒斯的這番話，表明美國準備從金馬「脫身」換取中國同意不對臺澎使用武力，實現「兩個中國」計劃。蔣介石在震驚之餘，立即給予反駁。10 月 1 日，他對美聯社記者說：杜勒斯 9 月 30 日的談話「不能置信」，因為它「只是單方面的聲明，因此我的政府沒有任何義務來遵守它」〔註 166〕。他堅決反對削減他在沿海島嶼的武裝部隊，反對使沿海島嶼的地位有任何改變。

毛澤東意識到美國逼蔣放棄金馬的意圖，權衡利弊，決定幫助蔣介石頂住美國要其撤軍的壓力，挫敗美國「劃峽而治」，製造「兩個中國」的陰謀。10 月 6 日，大陸發布告臺灣同胞書，決定從即日起停止炮擊一周，以使蔣介石軍隊「可以充分地自由地輸送供應品，但以沒有美國人護航為條件」〔註 167〕。13 日，大陸又對金門再停止炮擊兩周，以使金門軍民得到充分補給，以利他們固守。就在大陸停炮之機，杜勒斯又勸蔣介石撤軍，然而蔣介石態度始終強硬，表示「不撤退、不姑息、準備隨時以更堅強的反擊對付武力的攻擊」〔註 168〕。無奈之餘，杜勒斯於 21 日親赴臺灣，勸說蔣介石減少駐外島的兵

〔註 164〕 張其昀：《先總統蔣公全集》第 3 冊，臺北：中國文化大學出版部 1984 年版，第 3942 頁。

〔註 165〕 《中美關係資料彙編：第 2 輯》（下），北京：世界知識出版社 1960 年版，第 2816 頁。

〔註 166〕 《中美關係資料彙編：第 2 輯》（下），北京：世界知識出版社 1960 年版，第 2824 頁。

〔註 167〕 《中美關係資料彙編：第 2 輯》（下），北京：世界知識出版社 1960 年版，第 2838 頁。

〔註 168〕 張其昀：《先總統蔣公全集》第 3 冊，臺北：中國文化大學出版部 1984 年版，第 3950 頁。

力並承諾不以武力打回大陸，然而蔣介石仍固執己見，最後雙方達成妥協，發表《聯合公報》，美國承認「金門連同馬祖的防務是同臺灣和澎湖的防務密切相關的」；而蔣介石也被迫同意不以武力「反攻大陸」。然而在事實上，「公報絕未妨礙中華民國在行使其固有的自衛權利或在大陸上發生大規模革命時使用武力」〔註169〕美國卻被迫協防金馬，其「劃峽而治」製造「兩個中國」的陰謀再告破產。

（三）反對「兩個中國」言論，拒絕「雙重代表權」

在 20 世紀 50 年代臺灣海峽兩次實質性的軍事衝突結束後，美蔣在臺灣問題「國際化」問題上的交鋒重新回到談判桌，主要爭議點則在於恢復中華人民共和國政府聯合國席位問題。美國政府企圖通過談判桌上的運作，再次依靠聯合國的工具，實現海峽兩岸的實質性分離，但同樣無果而終。

隨著新中國實力的增強和外交政策的成功，每年的聯合國大會上都有關於接納中華人民共和國驅逐臺灣的提案，支持的國家也越來越多。在這種形勢下，蔣介石多次通過外國媒體發出呼籲，以維護其一個中國原則。1954 年 11 月美國《國際新聞社》記者採訪蔣介石，說：「西方國家正醞釀一種運動，欲誘使美國同意共匪加入聯合國，同時給予臺灣獨立地位，俾以單獨名義成為聯合國會員國。」〔註170〕蔣介石則斥之為「不可思議的幻想」。他說：「我以為美、英真欲維護聯合國基於正義與公理的神聖憲章，那絕不會存有這樣不可思議的幻想，所以我不相信美、英會有這樣自毀其領導國際的立場，以毀滅聯合國的會談。」〔註171〕然而，國際上「兩個中國」的呼聲不斷，這些外國輿論更嚴重威脅蔣介石的「一個中國」原則。針對國外盛傳的「兩個中國」輿論，1955 年 2 月的中外記者會上，蔣介石斬釘截鐵地說：「『兩個中國』的說法，真是荒謬絕倫。在四千餘年的中國歷史上，雖間有賣國賊勾結敵寇叛亂之事，但中華民族不久終歸於一統。『漢賊不兩立』，為中國人立身報國的基本立場，承認賣國賊的統治，乃中國歷史所不許。……即就整個自由世界而言，亦絕不會容許這種違反正義和公理的謬

〔註169〕陳志奇：《美國對華政策三十年》，臺北：中華日報社 1981 年版，第 176 頁。
〔註170〕秦孝儀：《先總統蔣公思想言論總集》卷 38，中國國民黨中央委員會黨史委員會 1984 年版，第 323 頁。
〔註171〕張其昀：《先總統蔣公全集》第 3 冊，臺北：中國文化大學出版部 1984 年版，第 3878 頁。

論成為事實的。」〔註 172〕

在新中國的外交競爭下，國際社會上不利於蔣的游移勢力日多。1956年，國際間流傳美國在日內瓦會談中討論允許中國政府派代表團出席聯合國大會的可能性。蔣介石十分驚恐，大肆宣傳如讓大陸加入聯合國，「對於自由將為莫大之損害」。他對美國報界表示，希望美國政府在中國席位問題上要「立場堅定不移」，「不致違反正義，自毀立場而引狼入室」。〔註 173〕當有人問到如果大陸加入聯合國，臺灣是否會接受「兩個中國」的觀念，繼續留在聯合國內時，蔣介石斷然予以否定：「兩個中國的觀念是不可能的，倘使朱毛匪幫進入聯合國，即訓令中國代表退出此一國際組織。」〔註 174〕1956年 12 月，蔣接見伊朗參議員時，再次重申「漢賊不兩立」的態度。他說：「倘聯合國允許共匪加入，實乃自棄其憲章之目的原則，吾人即將撤銷對該國際機構之支持。」〔註 175〕

1958 年 10 月 23 日，美國副總統尼克松放出試探氣球，在記者招待會上聲稱，美國的目的是使臺灣成為一個「自由之島」，而不是「把美國的對華政策同蔣介石連接起來」，「有必要成立一個可以使 1200 萬福摩薩人和成百萬華僑表示忠心的『獨立的中國政府』」〔註 176〕12 月 2 日，臺灣「外交部長」黃少谷在墨西哥城發表談話說，任何關於把臺灣「『國際化』的建議都是荒謬的和毫無理由的」，「臺灣幾個世紀以來從歷史上、地理上、種族上、文化上和法律上都是中國領土不可分割的一部分」〔註 177〕12 月 13 日，臺灣「立法院長」張道藩對美國記者談話時說，臺灣當局堅決反對使臺灣「國際化」的任何做法。

1959 年 9 月 1 日，應美國參議院對外關係委員會的要求，康隆協會發表

〔註172〕秦孝儀：《先總統蔣公思想言論總集》卷 38，中國國民黨中央委員會黨史委員會 1984 年版，第 333 頁。

〔註173〕秦孝儀：《先總統蔣公思想言論總集》卷 39，中國國民黨中央委員會黨史委員會 1984 年版，第 19 頁。

〔註174〕張其昀：《先總統蔣公全集》第 3 冊，臺北：中國文化大學出版部 1984 年版，第 3889 頁。

〔註175〕張其昀：《先總統蔣公全集》第 3 冊，臺北：中國文化大學出版部 1984 年版，第 3909 頁。

〔註176〕南京大學臺灣研究所編：《海峽兩岸關係日誌》，九州出版社 1999 年版，第 90 頁。

〔註177〕梅孜編：《美臺關係重要資料選編》，時事出版社 1997 年版，第 91 頁。

一份研究美國對外政策的報告，其中有關中國部分建議：取消對中國大陸的
禁運，同中共訂立條約給予事實上的承認，贊成中共加入聯合國並為常任理
事國，臺灣則為普通會員；成立「臺灣共和國」，臺灣軍隊撤出金、馬等。〔註
178〕這是一份完整的「一中一臺」方案。在沉默一個月後，10 月 16 日，臺灣
「外交部」發言人沈劍虹宣稱：《開羅宣言》早已明文規定臺灣歸還中國，自
1945 年起即無所謂有臺灣的法律地位問題。11 月 14 日，沈劍虹指責「康隆
報告」提出了一種不切實際的幻想，宣稱「安撫中共並不能換來遠東地區的
暫時和平，而是適得其反。」〔註 179〕

　　1960 年 4 月 1 日，民主黨政策委員會主席、肯尼迪的外交顧問鮑爾斯在
《外交》季刊上發表《重新考慮中國問題》，主張金門、馬祖等沿海島嶼「中
立」化，重新考慮美國對北京和臺北的政策。〔註 180〕4 月 10 日，周恩來在二
屆人大二次會議上莊嚴聲明，中國人民堅決反對美國製造「兩個中國」的陰
謀，任何國際會議和國際組織，只要有可能出現「兩個中國」的局面，中國絕
不參加；任何國際協議如果沒有中國代表參加，對中國將毫無約束力。〔註 181〕
9 月周恩來與英國記者格林談話時說，美國製造「兩個中國」、「臺灣獨立國」、
「中華福摩薩國」、甚至「託管臺灣」，是割裂中國，侵犯中國主權，使美國侵
佔合法化，「中國人民包括臺灣人民在內都堅決地反對，甚至蔣介石集團裏只
要有一點民族大義的人也不贊成。」〔註 182〕

　　10 月 7 日，美國總統候選人肯尼迪和尼克松舉行電視辯論，肯尼迪認為
金、馬對於防守臺灣並非必不可缺，美國的防線僅劃在臺灣本島周圍。10 月
13 日，蔣介石對此發表談話，稱即使戰鬥到最後一人，也不放棄沿海島嶼，
哪怕美國不予支持，也絕不改變這一立場。〔註 183〕14 日，臺灣「外交部」聲

〔註 178〕南京大學臺灣研究所編：《海峽兩岸關係日誌》，九州出版社 1999 年版，第
　　　　95 頁。
〔註 179〕南京大學臺灣研究所編：《海峽兩岸關係日誌》，九州出版社 1999 年版，第
　　　　95 頁。
〔註 180〕南京大學臺灣研究所編：《海峽兩岸關係日誌》，九州出版社 1999 年版，第
　　　　99 頁。
〔註 181〕南京大學臺灣研究所編：《海峽兩岸關係日誌》，九州出版社 1999 年版，第
　　　　99～100 頁。
〔註 182〕《人民日報》，1960 年 9 月 6 日。
〔註 183〕陳志奇：《美國對華政策三十年》，臺北：中華日報社 1981 年版，第 199～
　　　　200 頁。

明幾乎點名批評肯尼迪，還表示要靠自己的力量為這些島嶼而戰，無需美國人為之流血。11 月 12 日，臺灣「外交部」就鮑爾斯在英國發表電視談話，對所謂「承認北京與臺灣為『兩個國家』」，表示「十分激怒」，臺灣當局永不同意「兩個中國」觀點或直接、間接與中共談判。〔註 184〕

1961 年 4 月 18 日，臺灣當局宣稱無論如何將維持對任何「兩個中國」政策的不妥協立場，如果中共加入聯合國，臺灣將退出。5 月，趁美國副總統約翰遜「訪臺」之機，臺灣報紙連篇累牘發表「美國對華政策之批評」的文章，集中攻擊「兩個中國」的各種方案，要求美國政府施加影響，停止美國國內關於「兩個中國」的討論，停止對「臺獨」活動的支持；強烈要求美國明白地指認協防金、馬的堅定承諾，認為這是美國對臺立場最直接的證明，將勝於任何宣言和保證。6 月 13 日，蔣介石接見美國專欄作家李普曼時稱，「兩個中國」及「中立主義」的幻想，不明事實，不明道義，不負責任，美國不應對此事加以考慮。「兩個中國」會使臺灣當局的「神聖使命」失去基礎，不論中共是否接受「兩個中國」，這都是幫助中共消滅國民黨。〔註 185〕6 月 30 日，臺灣「外交部長」沈昌煥在「立法院」表示，「任何企圖以兩個中國的方式解決聯合國代表權問題的安排」，絕非臺灣當局所能接受和容忍。表示絕不接受「兩個中國」的主張。〔註 186〕與此同時，1961 年 6 月 13 日，毛澤東在同印尼總統阿哈默德‧蘇加諾談話中說：「因為聯合國裏有蔣介石的代表，所以我們不進聯合國，這是同臺灣問題有關係的。只要蔣介石的代表還在聯合國，我們就不進聯合國。我們已經等了十一年了，再等十一年或者更久也沒有關係。我們不忙於進聯合國。」當蘇加諾總統表示中國能否像蘇聯和烏克蘭一樣，在聯合國也擁有兩個代表。毛澤東明確表示，蘇聯、烏克蘭、白俄羅斯在聯合國的代表權是有歷史原因的，但「中國在聯合國只能有一個代表」。《人民日報》發表《只有一個中國，沒有兩個中國》的社論，指出「對臺灣當局來說，只要考慮他們自己的前途，權衡利害得失，也不會不看到追隨美帝國主義搞兩個中國政策，不啻是自掘墳墓」。

〔註 184〕南京大學臺灣研究所編：《海峽兩岸關係日誌》，九州出版社 1999 年版，第 103 頁。

〔註 185〕崔之清：《臺灣是中國領土不可分割的一部分》，人民出版社 2001 年版，第 230 頁。

〔註 186〕南京大學臺灣研究所編：《海峽兩岸關係日誌》，九州出版社 1999 年版，第 106 頁。

1961 年 8 月 2 日《聯合公報》發表，美國重申支持中華民國在聯合國的代表權，以及繼續反對中華人民共和國進入聯合國的決心。〔註187〕但是美國政府也經常表現出「兩個中國」或「一中一臺」的觀點。〔註188〕此種兩面作為亦引起國際媒體的猜測。所以當 1961 年 6 月美國記者訪問蔣介石時，蔣即義正詞嚴的批評對國民黨政府地位有所質疑者。他說：「關於『兩個中國』的想法，這只是中立主義者不明事實，不負責任，不顧道義的考慮，冀圖不付代價而獲取和平的幻想。『兩個中國』的說法將使自由中國的神聖使命的繼續執行失去基礎，無論共匪接受與否，其足以幫助共匪消滅自由中國的企圖，極為明顯。」〔註189〕

蔣介石嚴正的對外表示，「兩個中國」的想法將使國民黨政府失去反共復國使命的合法性，更助長中共滅臺的野心。倘若實現中共「兩個中國」的目的，將會消滅「自由中國」存在的意義，而這是國際上中立主義者「不明事實，不負責任，不顧道義」的考慮，蔣斥之為是一種「幻想」的陰謀做法。1961 年 10 月，蔣對美國《呼聲紀事報》也表達了相同的說法：「中共政權是蘇俄侵略中國的產物，迄未為中國人民所接受，對內暴政，對外顛覆侵略，違背聯合國的宗旨，不配入聯合國，目前主張聯合國容納共匪者，誤以為姑息政策可以導致和平。若真納入，則聯合國本身失去存在意義，無疑加速世界大戰爆發。」〔註190〕

8 月 5 日，臺灣當局還要求美國澄清鮑爾斯 7 月 25 日所作關於「臺灣自決權」的言論，11 日，美國國務院對此辯解說鮑爾斯談話是對臺灣自由與安全的「關切」。〔註191〕由於受到海峽兩岸中國人的共同反對，1961 年 12 月 8 日，美國國務卿臘斯克在記者招待會上再次否定「兩個中國」說，宣稱美國並不喜歡「兩個中國政策」，他承認「中華民國」與中共都完全拒絕「兩個中

〔註187〕臺灣主權與一個中國論述大事記編輯小組編：《臺灣主權與一個中國論述大事記》，臺北：「國史館」2002 年版，第 84 頁。
〔註188〕社論：《從小疏忽中看美國的對華政策》《聯合報》，1961 年 4 月 15 日，第 2 版。
〔註189〕張其昀：《先總統蔣公全集》第 3 冊，臺北：中國文化大學出版部 1984 年版，第 3973 頁。
〔註190〕張其昀：《先總統蔣公全集》第 3 冊，臺北：中國文化大學出版部 1984 年版，第 3978 頁。
〔註191〕南京大學臺灣研究所編《海峽兩岸關係日誌》，九州出版社 1999 年版，第 107 頁。

國」方案來解決中國在聯合國代表權問題。〔註192〕至此，美國借聯合國製造「兩個中國」的企圖暫告平息。

由於中華人民共和國國際地位的不斷上升和聯合國內第三世界力量的持續壯大，在1970年聯合國大會表決時，關於恢復中華人民共和國在聯大一切合法權利的提案首次獲得超過半數的支持。美國又忙於策劃新的陰謀。1971年2月25日，尼克松總統在第二次國情咨文中，再次提議在聯合國內製造「兩個中國」。3月10日，蔣介石重申反對「兩個中國」政策的立場，並宣稱，「聯合國如准許中共加入，無疑給聯合國敲起了警鐘」。〔註193〕4月11日，臺灣當局以國際研究所學術座談會的形式邀請專家學者討論「尼克松總統世局咨文之檢討」，批判咨文在聯合國內實行「兩個中國」的政策是「既不切合實際、又危害到盟國的一種幻想。」4月16日，尼克松再次發表談話，正式提出「雙重代表」方式解決中國在聯合國地位問題，即中華人民共和國獲得聯合國大會的會籍和安理會的席位，同時准許「中華民國」留在聯合國。對此，臺灣「外交部長」周書楷對尼克松的講話表示堅決反對，並要求美國澄清對臺灣「法律地位」和對大陸的態度。〔註194〕臺灣《中央日報》發表社論，就美國國務院發言人28日談話說「臺灣地位未定」進行駁斥，指責美國官員發表謬論。〔註195〕

當聯合國內形勢越來越不利時，蔣介石於1971年6月15日發表講話，提出「莊敬自強，處變不驚，慎謀能斷」，〔註196〕進行自我安慰。在第26屆聯大表決之前，蔣介石為避免尷尬局面出現，遂令周書楷率代表團悄悄退出聯大會場。

20世紀70年代以後，世界各國紛紛與中國建交，美國越來越感到繼續在聯合國排斥中國已經難以為繼。因而在1971年9月22日向聯大提出兩項議案：一是多年推行的「重要問題」案；二是「兩個中國」、「一中一臺」案，

〔註192〕南京大學臺灣研究所編《海峽兩岸關係日誌》，九州出版社1999年版，第108頁。

〔註193〕南京大學臺灣研究所編《海峽兩岸關係日誌》，九州出版社1999年版，第62頁。

〔註194〕南京大學臺灣研究所編：《海峽兩岸關係日誌》，九州出版社1999年版，第164頁。

〔註195〕社論：《對國際姑息主義者的警告》，《中央日報》，1971年4月30日，第2版。

〔註196〕張其鈞：《先總統蔣公全集》第3冊，臺北：中國文化大學出版部1984年版，第3097頁。

企圖再次藉此分裂中國。這種逆國際潮流而動的陰謀，無疑遭到中國與國際社會的強烈抵制。10 月 25 日，美國的「雙重代表」提案被聯合國大會否決，而恢復中國合法席位的提案則以絕對多數通過。這一勝利充分表明，一個中國原則已經成為國際社會和聯合國的普遍共識，更是中國處理臺灣問題的政治基礎。26 日，蔣介石宣布，「本『漢賊不兩立』之立場，宣布退出聯合國。」27 日，蔣介石發表談話，稱「對於主權的行使，決不受任何外來的干擾，無論國際形勢發生任何變化，我們將不惜任何犧牲，從事不屈不撓的奮鬥，絕對不動搖、不妥協。」但他也不得不承認，被驅逐出聯合國，是國民黨當局「遷臺以來的最大挫折」。〔註 197〕

四、維護中國的主權和領土完整

蔣介石在臺灣統治 20 餘年，雖然頑固堅持「反共復國」，主張「中華民國的法統」，不承認中國共產黨領導新中國的現實，但卻堅決維護中國的主權獨立和領土完整。

1962 年 10～11 月印度當局片面修改中印傳統邊界線，越過雙方實際控制線，悍然向中國邊防部隊發起進攻。我藏、新疆邊防軍被迫進行自衛反擊，驅逐了入侵的印軍，維護了中國的主權和領土完整。與此同時，臺灣當局也於 1962 年 10 月 29 日就印度入侵中國發表聲明，嚴正指出「麥克馬洪線」是非法的、無效的，歷屆中國政府均未承認過「麥克馬洪線」，中國的領土不容侵犯〔註 198〕。這充分表明中國政府和以蔣介石為代表的臺灣當局在維護西南邊疆主權上是一致的。

中國南海四大群島是自古以來就是中國的領土。中華人民共和國成立後，曾多次聲明對南海諸島擁有無可爭辯的主權。國民黨當局在維護南海主權問題上，無論何時，每當別國對此提出非分要求時，都始終堅持南海是中國領土的一部分。

20 世紀 50 年代，南海周邊有些國家中的別有用心者，趁中國內戰和兩岸暫時處於分裂之機，開始窺視我國的南沙群島，並採取種種方式提出無理的主權要求。1956 年 3 月，菲律賓海軍學校校長克洛馬帶領一個探險隊到達

〔註 197〕張其鈞：《先總統蔣公全集》第 3 冊，臺灣中國文化大學出版部 1984 年版，第 3757～3758 頁。
〔註 198〕李松林等：《中國國民黨大事記》，解放軍出版社 1988 年版，第 472 頁。

南沙，宣布其「發現與佔領」南沙群島，並致函菲外交部，聲言他對所佔島嶼的所有權。克洛馬還將其探險隊所佔據的島嶼命名為「自由邦」，更改了 50 個島嶼與暗礁的名稱。菲律賓當局則要菲有關官員仔細研究對克洛馬的「權利主張」，準備會商以「稗確立自由邦的界址」〔註 199〕。菲律賓外長加西亞在一次記者招待會上甚至說，南中國海上包括太平島和南威島在內的一群島嶼，「理應」屬於菲律賓，理由是它們距離菲律賓最近。〔註 200〕越南等國也相繼以各種方式表示對南沙群島擁有「主權」。

這一事件雖然還不是菲律賓政府的行為或官方的正式聲明，但是事關中國領土和主權的問題，海峽兩岸採取了一致的立場。

臺灣當局首先是發表聲明，表明對南沙群島的領土和主權立場，繼而採取行動，重新派兵進駐。臺灣「外交部」於 5 月 22 日發表聲明，明確指出南沙群島是中國領土，抗議菲律賓無理提出對該群島的主權。聲明說：「無論就歷史、地理、法理及事實上，均係不容爭議者」。同日，臺灣當局駐菲律賓「大使」陳之邁奉「外交部」命令，向菲律賓表明任何人不得佔據此等島嶼。同時臺駐菲律賓「大使館」發表聲明：中國政府將不承認任何外國對於中國南海之南沙群島的要求，並認為此類要求係侵犯「中華民國」的領土權利。雖然南沙群島有時或許無人居住，但他們毫無疑問的是在中國的管轄權之內〔註 201〕。在隨後的數日裏，臺駐菲「大使館」通過向菲律賓外交部照會等形式，說明南沙群島是中國領土，中國對南沙群島主權的詳細歷史。

5 月 26 日，菲律賓有關官員透露 5 月 25 日會商結果時表示：南沙群島是非菲屬領土，但亦「尚未為任何國家主張主權」。克洛馬則表示：他會在該群島中兩個最大島嶼上留下 40 人，以便保證其對該島的「所有權」，因為南沙群島附近是一個重要的漁場，他還將於 6 月率領一個規模更大的遠征隊前往南沙群島，以便「鞏固其所有權」。臺灣當局對此提出嚴重抗議。〔註 202〕5 月 28 日，臺「外交部長」葉公超約見菲律賓駐臺「大使」羅慕斯，鄭重指出：

〔註 199〕中央社訊：《陳「大使」奉令向菲律賓表示嚴正立場　聲明任何人不得藉詞無人居住而予佔據》，《中央日報》，1956 年 5 月 23 日，第 1 版。

〔註 200〕《人民日報》，1956 年 5 月 30 日。

〔註 201〕中央社訊：《陳「大使」奉令向菲律賓表示嚴正立場　聲明任何人不得藉詞無人居住而予佔據》，《中央日報》，1956 年 5 月 23 日，第 1 版。

〔註 202〕中央社訊：《南沙群島主權事　菲政府立場現仍未澄清》，《中央日報》，1956 年 5 月 27 日，第 1 版。

「南沙群島的主權，屬於中華民國」，並請羅慕斯向菲律賓政府轉告臺灣當局的這一嚴正立場。同日，《中央日報》刊登臺灣「內政部」曾於 1947 年 12 月 1 日核定公布的東沙群島、西沙群島、南沙群島、中沙群島、礁、灘名稱，同時發表《南沙群島主權確屬我國鐵證》，從歷史、地理、國際間的條約等方面，充分的論證南沙等群島是中國領土。

　　5 月 30 日和 6 月 2 日，臺灣「外交部長」葉公超再兩度約見菲律賓駐臺灣「大使」，再次聲明南沙群島是中國領土，中國主權不容侵犯。

　　在行動上，臺灣當局決定派駐軍隊，對南沙群島實施廣泛偵察，武裝進駐。6 月 1 日，臺灣當局「外交部」和「國防部」同時宣布：臺灣海軍有巡弋所有領水及領土海面之責任。臺灣海軍組建「立威」艦隊，於 6 月 2 日上午從臺灣出發，5 日下午到達南沙太平島錨泊。次日早晨，小分隊分乘兩隻艘橡皮舟登上太平島。經過全面搜索，發現島上並無人跡，也未發現牲畜家禽等。原南沙群島駐軍管理處辦公室、警衛排及電臺鋼筋水泥房屋尚在，屋頂一面用油漆塗畫的青天白日旗仍清晰可見。7 日上午，臺灣軍隊在太平島重新樹立石碑，舉行升旗典禮，表明中國對南沙群島及本島的主權。「立威」艦隊於 8 日中午從太平島泊地起航，對南威島、西月島進行了登陸視察，14 日返達臺灣。接著，臺灣當局決定派南沙守備隊重駐太平島，並於 1956 年 6 月 29 日組成「威遠」特遣支隊進行護送。7 月 9 日上午，「威遠」特遣支隊從臺灣起航，11 日抵達太平島。全部物資裝備於 18 日卸完，南沙守備隊人員駐下，兵艦返回臺灣，完成了重駐任務。〔註 203〕

　　面對海峽兩岸一致立場和強硬態度，菲律賓當局有所收斂。當臺灣軍艦駛往南沙群島，6 月 6 日，菲律賓令克洛馬勿引起國際糾紛。當臺灣軍隊進駐南沙群島後，菲律賓決定調查克洛馬探險隊未經當局許可，非法出境一事，改變了「袖手旁觀」的態度。〔註 204〕

　　與此同時，1956 年 5 月南越當局也宣稱其在南沙及西沙群島有「傳統的權利」。對此，臺灣當局「外交部」發言人於 6 月 2 日發表聲明：南沙群島和西沙群島、中沙群島、東沙群島，皆是「中華民國」領土的一部分。南威島是

〔註 203〕本報訊：《「我國防部」派遣部隊昨已抵達南沙群島》，《中央日報》，1956 年 7 月 12 日，第 1 版。

〔註 204〕中央社訊：《菲總統麥格塞塞告誡菲外交部勿再支持克洛馬之權利主張》，《中央日報》，1956 年 6 月 6 日，第 1 版。

南沙群島中的一島。越南所說其代表團 1951 年 9 月 7 日在舊金山參加簽訂對日和約的會議時，曾聲明南威島和西沙群島是越南的「傳統主權」，而無人表示異議。「外交次長」周書楷就此表示：（1）數百年前，南沙群島、西沙群島即為中國領土；（2）中國內政部於 1947 年公布四群島及附屬島嶼名稱時，包括越南在內，無人異議；（3）中國未參加對日和約，和約公布當天，葉公超即發表聲明，對日和約的一切決定，對於中國皆無約束力，尤其有關中國權益和利益之處，更不受其影響。〔註 205〕6 月 10 日，對越南外長吳文凱對西沙群島、南威島提出「主權要求」，臺灣當局重申立場，並表示「對於越南外長的要求不必再為表示意見」。〔註 206〕這些是對越南當局所謂「主權要求」的有力駁斥。

美國政府從自身戰略利益的需要出發，於 1970 年 8 月間，私下表示在歸還琉球群島給日本時，把釣魚島也包括在內。釣魚島本屬中國臺灣管轄，是臺灣地區漁民日常的捕魚作業區。美國的這一公開侵略中國主權行為，遭到臺灣海峽兩岸的中華兒女的堅決反對。1970 年 8 月 15 日，臺灣當局「監察院」對日本所提有關尖閣群島（即釣魚島列島）的無理要求予以嚴厲駁斥，並嚴正聲明：「東中國海的大陸礁層，包括釣魚島附近海底的大陸礁層，與臺灣海岸相鄰接，都是『中華民國』陸地『領土』的自然延伸。依現行國際法原則及《大陸礁層公約》，在臺灣海岸鄰近大陸礁層界線之內突出海面的礁嶼，臺灣對其具有『完全的權利』。」〔註 207〕1970 年 9 月 15 日，臺「外交部次長」沈劍虹召「美國大使館」安士德代辦到「外交部」，詳細說明在歷史、地理、條約上，「中華民國」均有權對釣魚島行使主權的理由，並遞交了「口頭聲明」，要求美國政府不能將該島交給日本。9 月 25 日，嚴家淦在「立法院」報告施政，表示臺灣對釣魚島之正當權益，決心全力維護。〔註 208〕

1971 年 3 月 15 日，臺灣當局向美國國務院聲明關於釣魚島問題的立場主張：「從 15 世紀起，中國史料記載中就將釣魚島作為臺灣和琉球的分界線。釣魚島的地理構造與臺灣附屬島嶼相似，釣魚島更接近臺灣而非琉球，並與

〔註 205〕中央社訊：《「外交部」發言人亦發表聲明：駁斥越對南威西沙主張》，《中央日報》，1956 年 6 月 3 日，第 1 版。

〔註 206〕中央社訊：《對海南各島　「我國」重申立場》，《中央日報》，1956 年 6 月 10 日，第 1 版。

〔註 207〕錢復：《錢復回憶錄》卷 1，天下遠見出版股份有限公司 2005 年，第 136 頁。

〔註 208〕錢復：《錢復回憶錄》卷 1，天下遠見出版股份有限公司 2005 年，第 138 頁。

琉球大陸架分離。臺灣漁民在釣魚島上有捕魚的傳統。日本政府在甲午戰爭時期割占澎湖列島之前沒有將釣魚島併入琉球」。「從國際法的角度，軍事佔領區並不影響其最終主權歸屬。在 1972 年美國結束對琉球佔領之際，要求美國尊重中國對釣魚島的主權並將其歸還」。〔註 209〕1971 年 4 月，臺灣「外交部」發言人在答「保釣運動」學生問題時，表示絕不會放棄對釣魚島的主權，隨後向美國提出強烈抗議。1971 年 6 月 11 日，臺灣「外交部」發表聲明表示：釣魚島「附屬臺灣省，構成中華民國領土之一部分，基於地理位置、地質構造、歷史聯繫以及臺灣省居民長期繼續使用之理由，已與中華民國密切相連，中華民國政府根據其保衛國土之神聖義務在任何情形之下絕不能放棄尺寸領土之主權」。〔註 210〕然而，美國政府置臺灣海峽兩岸中國人的強烈反對於不顧，竟於 1971 年 6 月 17 日與日本簽訂《歸還沖繩協定》，正式把釣魚島與琉球群島一起歸還日本，有意挑起國際事端。中國人民強烈抗議這一侵略行徑。當天，臺灣「外交部」發表聲明指出，釣魚島屬於中國，要求美國政府採取措施加以解決，中國政府絕「不能接受」美日之協定。12 月 30 日，中國政府嚴正聲明，釣魚島是臺灣附近的附屬島嶼，和臺灣一樣自古以來就是中國領土，美國將其歸還日本是非法的，無效的。中國人民一定要解放臺灣，也一定要收復上述島嶼。1972 年 5 月 9 日，臺灣「外交部」重申釣魚島主權屬於中國，美向日歸還琉球群島應與臺協商。在中華民族的強烈抗議和壓力下，在中國政府和臺灣當局的積極努力下，美國國務院發表聲明，提出琉球群島交還日本，釣魚島主權由臺日協商解決。由此可見，在中國領土問題上，國民黨當局一貫是積極力爭，寸土不讓，確保中國主權獨立和領土完整。

五、打擊瓦解「臺獨」勢力

在全中國範圍之內，蔣介石在政治上有組織的敵人有兩個：中國共產黨和「臺灣獨立運動」組織。

臺灣是中國領土不可分割的一部分，臺灣人民是中華民族大家庭中的一員，這是有大量史籍證明的無可更改的歷史事實。可是，由於臺灣與祖國大陸間有臺灣海峽相隔，交通不便，臺灣在歷史上又曾數次被外國勢力強佔，與祖國斷絕過聯繫。1947 年在臺灣光復後，國民黨又血腥鎮壓「二二八起

〔註 209〕FRUS, 1969～1976, Volume XVII, China, 1969～1972, Document 115, p. 296.
〔註 210〕孫淡寧：《釣魚臺群島資料》，香港：明報出版社 1979 年版，第 50 頁。

義」，屠殺臺灣人民，造成了部分臺籍人士對祖國的不信任感。有些與日本有密切關係的臺灣籍人士開始策劃「臺灣獨立運動」。

「臺獨」分子並無統一的組織系統，政治目標和鬥爭方式也不盡相同，但他們都否認臺灣是中國的一部分，要求建立獨立的「臺灣國」。「臺獨」分裂祖國的政治主張，與國際上「臺灣地位未定」、「一中一臺」等主張遙相呼應（實際上「臺獨」也得到了國際間別有用心政治勢力的支持），嚴重損害了中華民族的利益，遭到包括絕大多數臺灣人民在內的全中國人民的反對。

對於從大陸敗退到臺灣的國民黨來說，「臺獨」主張則直接威脅到它的生存空間。因為實現「臺灣獨立」的先決條件是將國民黨趕出臺灣。若「臺獨」主張正確，國民黨就成了「外國的侵略者」，其統治臺灣的「合法性」就會受到挑戰。「臺獨」分子的總部雖設在國外，卻不斷派人回臺灣，進行反國民黨宣傳，挑撥臺灣籍人與大陸各省籍人的關係，有些激進的「臺獨」分子還在島內進行爆炸等破壞活動，後來出任「副總統」的謝東閔，就曾被「臺獨」分子投寄的特製郵包炸殘了手臂。因此，國民黨蔣介石對「臺獨分子」是恨之入骨的，一旦抓住，均嚴刑重治。「臺獨」也一度成為蔣介石鎮壓臺灣人民反抗的一頂大帽子。對反對國民黨的人，若是由大陸遷去的，就會被說成是「共黨匪諜」；若是原籍臺灣的，則會被扣上「臺獨」的罪名。「臺灣獨立運動」力量分散，並沒有統一的組織和名稱，其成員是居住在世界各地原籍臺灣的人。五六十年代，「臺獨」的中心在日本，其領導人則以廖文毅最為著名。

廖文毅（原名廖溫義，英文名 Thomas Liao），臺灣雲林縣人，其家庭是「臺灣有數的幾個大財主之一」。他在日本讀中學，畢業後到美國留學，獲俄亥俄州立大學化學博士學位，回國後曾任浙江大學教授，軍政部兵工署上校技正等職。臺灣光復後，廖文毅被派回臺北參加接收，擔任臺北市公共事業管理處處長。但他對政治更感興趣，創辦了「臺灣民族精神振興會」等組織和《前鋒》雜誌。1946 年，廖文毅競選「國民大會代表」時以一票之差落選（有一票選廖，只因「毅」字少了兩點，被判為廢票）。以此為轉機，廖開始對國民黨的政策進行激烈批評。「《前鋒》雜誌，對於戰後臺灣政治社會的批判，可說淋漓而直。」〔註211〕

「二二八起義」後，廖文毅也遭國民黨當局通緝，但他已先逃至香港。

〔註211〕李筱鋒：《自我放逐的「大統領」——廖文毅》，載《臺灣近代名人誌：續篇》，臺灣風雲出版社 1999 年版，第 281 頁。

從 1947 年 9 月起，他開始了有組織地從事「臺灣獨立運動」的歷程。1948 年 5 月，他和黃南鵬、藍國成等人在日本成立「臺灣民主獨立黨」。他們的活動，以香港、日本為據點，以臺灣為目標，不能公開活動時，便轉入地下工作。〔註 212〕他們建黨的宗旨：「是要臺灣經過託管而成為一個『獨立國』」。〔註 213〕1956 年 2 月，廖文毅及同夥正式建立「臺灣共和國臨時政府」，作為「臺獨」的流亡政府，他自任大統領（總統）。為聯合各地「臺獨」分子，他 1960 年又建立了「臺灣獨立統一戰線」，自任總裁。他還周遊世界，在各地宣傳「臺獨」主張，「並派遣人員潛伏來臺，從事顛覆活動」。〔註 214〕

　　廖文毅是早期「臺獨」分子的旗幟，其成員主要是一些與日本關係密切、在「土地改革」過程中喪失了土地、對國民黨不滿的舊式地主和留日學生。日本一些人支持他，給予了財政等方面的支持。但「臺獨」分子多係烏合之眾，彼此不服，其內部經常為爭權奪利鬧得矛盾叢生。臺灣方面對廖文毅從事「臺獨」活動，氣惱至極，發出了通緝令，並查封沒收了他的全部財產。60 年代中期，蔣介石對「臺獨」分子的策略稍有變化：在嚴厲譴責、嚴刑重治的同時，發出了暗示，在「共同反共」的前提下，可既往不咎，實行合作。在國民黨「九全大會」上，蔣介石建議成立由海內外各「反共」政黨團體、人士等組成「反共建國聯盟」，稱：「在復國建國過程中，非舉國意志，更加集中，才智更加發揮，行動更加一致，不足以迅赴事功，加速勝利。九全大會允應掌握時機，恢宏襟袍，以與海內外仁人志士才智俊彥，推誠合作。」〔註 215〕蔣介石在 1964 年「元旦文告」中提出：「不是敵人，都是同志。」〔註 216〕向「臺獨」分子伸出手。

　　具體到廖文毅本人，臺灣有關部門利用「臺獨」內部分裂，活動屢次碰壁，經濟拮据困難及廖文毅思鄉心切等具體情況，制定了策反方略。先派人打入「臺獨」組織，接近廖本人，乘機進言，傳遞臺灣方面的信息，動之以

〔註 212〕陳誠：《陳誠回憶錄——建設臺灣》，北京：東方出版社 2011 年版，第 152 頁。

〔註 213〕陳誠：《陳誠回憶錄——建設臺灣》，北京：東方出版社 2011 年版，第 152 頁。

〔註 214〕中央社訊：《特赦免廖文毅　依法發還財產》，《聯合報》，1965 年 6 月 9 日，第 1 版。

〔註 215〕《聯合報》，1963 年 9 月 12 日，第 1 版。

〔註 216〕中央社訊：《一切為反共　一切為團結》，《聯合報》，1964 年 1 月 1 日，第 1 版。

情。另一方面又將廖的大嫂、侄兒廖史豪及同黨數人逮捕判重刑，勸廖史豪給廖文毅錄了錄音帶送往日本：「……叔叔，我母親患心臟病快死了，我和您的部下黃紀男也被判死刑，即將被槍決，國民黨已保證，只要您回到臺灣，他們不但不追究您的罪行，我們也會馬上得到釋放……叔叔，請趕快回來救救我們吧！」〔註217〕國民黨的恩威並施取得成功，廖文毅終於決定放棄「臺獨」主張。國民黨聞訊立即派高級官員秘密去日本與廖會見，作出善後安排。1965年3月6日，廖文毅終於同意向臺灣當局「輸誠」。5月15日，56歲的廖文毅從日本返回離別18年的臺灣。他發表書面聲明，公開宣布解散「臺獨」組織，放棄「臺獨」活動，聲明他領導的「臺獨」組織，因他返臺而已不復存在。「他希望過去受他領導的朋友們，也跟著放棄那種錯誤的主張。」他在談到放棄「臺獨」返回臺灣的動機時稱，是受了蔣介石的「感召」，要「回應蔣總統反共建國聯盟號召，劍及履及，離日返臺，貢獻所有力量為反共建國大業，堅決奮鬥，回國從事反共大業」。〔註218〕

　　廖文毅返臺，政治上的敵人反戈一擊，要與國民黨「共同反共」，被稱為是臺灣當局「最近十年來在政治上成功的一件大事」。此前不久，臺灣報紙上充滿了不幸的消息，如與法國斷交、臺日關係危機、聯合國席位危機、陳誠去世等，故當局對廖文毅返臺的消息大事渲染，一片歡天喜地的樣子。

　　蔣介石喜不自勝，在廖到臺北的當天他就表示，「對廖文毅的幡然悔悟，參加反共大業，予以慰勉」。〔註219〕臺灣有關當局宣布，「對廖文毅的通緝予以撤銷」。6月8日，蔣介石依「憲法賦予總統的權力」，赦免廖文毅的「叛亂罪」，並發還過去所沒收廖文毅的財產。廖的大嫂、侄兒也獲赦出獄。〔註220〕廖文毅對蔣介石的「寬宏大量」感動萬分。臺灣中央社在播發這條消息時特地說：「今後凡迷途知返，願為國效力者，據悉均將獲得自新之路」，〔註221〕

〔註217〕李筱鋒：《自我放逐的「大統領」──廖文毅》，載《臺灣近代名人誌：續篇》，臺灣風雲出版社1999年版，第290頁。

〔註218〕本報訊：《廖文毅離東京返臺前書面聲明全文》，《聯合報》，1965年5月16日，第1版。

〔註219〕本報訊：《廖文毅歸求　「總統」感欣慰》，《聯合報》，1965年5月15日，第1版。

〔註220〕本報訊：《廖文毅家人相見　叔嫂無言勝有言》，《聯合報》，1965年5月15日，第2版。

〔註221〕中央社訊：《特赦免廖文毅　依法發還財產》，《聯合報》，1965年6月9日，第1版。

趁勢對其他的「臺獨」分子進行招降。

　　本來蔣介石在廖文毅到臺北時就要召見他的，後來意識到這麼急不可耐地與一個昨日政敵見面，有失尊嚴，召見之事才延宕了一些時日。7月2日，蔣介石召見了廖文毅，詢問他返臺後的生活情形和家人的近況。蔣告訴廖，他已把臺灣建成了「三民主義的模範省」，「這也就是我們今後反攻大陸，復國建國的準據」。〔註222〕廖文毅於年底被任命為「曾文水庫建設委員會」的副主任委員，職位不高，可象徵意義不小，蔣介石為這一安排定然費心不少。曾文水庫是臺灣當時最大的水利工程，預算投資臺幣60億元，水庫面積是陳誠主持的石門水庫的3倍，主任委員為臺灣省主席黃傑。

　　爭取廖文毅返臺，是臺灣在瓦解打擊「臺灣獨立運動」方面取得的重大進展。廖文毅還呼籲在世界各地的「臺獨」分子以他為榜樣，「痛改前非，悔悟自新，共同參加祖國反共復國的行動」。〔註223〕不久，一批海外的「臺獨」組織紛紛關門大吉，當年的五六月間，「臺灣共和國臨時政府駐港澳辦事處主任」劉德利宣布解散港澳的「臺獨」組織；「臺灣民政黨委員長」鄭萬福等在東京宣布解散該黨，停止「臺獨」活動；「自由獨立黨」的組織部長曾源宣布脫離「臺獨」。至此，在日本的「臺獨」組織「實際已全面瓦解」。〔註224〕廖文毅返臺一度使「臺獨」勢力遭到沉重打擊，但「臺獨」分子的活動並未因此而停止。此後「臺獨」進入了一個新階段：「臺獨」的活動中心由日本轉移到了美國；成員構成上，新一代臺灣留學生取代舊式地主成了「臺獨」的骨幹分子，其中最著名的是從臺灣潛逃出去的彭明敏。

　　彭明敏是臺灣知名的國際法專家，深受胡適的賞識，34歲即受聘為臺灣大學教授，後又任臺大政治系主任，當選過「十大傑出青年」，還曾被聘為臺灣「駐聯合國代表團」的顧問。當局原計劃對他好好培養，蔣介石單獨召見過他，「副總統」陳誠也約彭晤談，臺灣政壇一度盛傳，彭明敏將出任某方面的要職，但他始終不願加入國民黨，頗使當局難堪，雙方的關係冷下來了，可大體上相安無事。

〔註222〕　本報訊：《「總統」在官邸召見廖文毅》，《聯合報》，1965年7月3日，第2版。

〔註223〕　本報訊：《廖文毅呼籲在海外友人棄暗投明　團結反共》，《聯合報》，1965年5月19日，第1版。

〔註224〕　中央社訊：《在日所謂「臺獨」組織實際已全面瓦解》，《聯合報》，1965年5月27日，第1版。

　　20 世紀 60 年代初，臺灣「外交部」為拓展對非洲的關係，委託彭明敏去非洲考察，撰寫專門報告。報告的題目為「泛非思想的感情因素」，彭明敏對正風起雲湧的非洲人民反對殖民地統治，爭取民族獨立的運動予以高度評價。不料這份報告先被他兩名有極深「臺獨」意識的學生魏朝廷、謝聰敏看到，他們是對國民黨不滿的極端分子，竟然提出彭明敏報告中所列的非洲現狀與臺灣頗有相似之處，國民黨的某些舉措類似入侵的「殖民者」，臺灣人民也應起而傚仿非洲人民，爭取「獨立」。兩人便攛掇彭明敏把報告拿出去公開發表。彭明敏未經「外交部」同意就交給了當時正和當局唱反調的《文星》雜誌，《文星》刊用時又配了火上澆油的「編者按」，當局大為惱火。

　　文章的發表竟成了彭明敏走火入魔、踏上「臺獨」不歸路的標誌。他與魏朝廷、謝聰敏師生三人以非洲人民反對殖民主義的邏輯，推導出「臺灣自決」的錯誤結論，並且廣為散播。1964 年春天，彭明敏起草了題為「臺灣人民自救運動宣言」的檔，正式提出了「臺獨」的八大主張、三大目標、八點原則，印刷了 1 萬份，在島內秘密投遞。如此大規模地進行「臺獨」的理論宣傳，在島內尚屬罕見，「警備總司令部」不會等閒視之。1964 年 9 月 20 日，正值中秋節，彭明敏與已是《今日的中國》雜誌編輯的謝聰敏、「中央研究院」助理研究員的魏朝廷三人乘節假日的機會又外出散發「宣言」，等他們剛回到一家藏有「宣言」的小旅館時，追蹤的特工人員立即一網抓擒，人贓俱獲。當局宣布以涉嫌「叛亂罪」逮捕他們。〔註 225〕

　　由於彭明敏有一定的「國際影響」，他被捕的消息一傳出，就有人向臺灣當局施加壓力，要求「慎重處理」。1965 年 4 月，臺灣省警備總司令部軍事法庭宣布判處謝聰敏 10 年徒刑，彭明敏和魏朝廷各判 8 年，罪名都是「從事顛覆破壞活動」。〔註 226〕雖然當局在對三人的處罰上已經考慮了「國際影響」，從輕發落，可國際上「營救」彭明敏的活動仍有增無減。1965 年 11 月，蔣介石下令「特赦」彭明敏。彭的實際在押期僅一年多，這是國民黨統治臺灣以來絕無僅有的先例。

　　彭明敏並未「感恩」，出獄後與海外的「臺獨」分子掛上了鉤，繼續從事「臺獨」活動，有些美國人公開或暗地裏支持他。當局容忍了彭明敏的活動，

〔註 225〕薛化元主編：《臺灣歷史年表　I　終戰篇　1945～1965》，臺北：業強出版社 1993 年版，第 420 頁。
〔註 226〕社論：《論彭明敏等叛亂案的宣判》，《聯合報》，1965 年 4 月 3 日，第 2 版。

只是限制了他出境的權力。

　　1970 年 1 月 2 日深夜，臺中市清泉崗美軍軍用機場上，一架美軍的專機早已發動引擎，振翅待飛。午夜裏 2 時，一輛黑色轎車急駛入停機坪，車上的人匆匆登上飛機。隨著一聲巨大的轟鳴，飛機劃破黑暗的夜空，呼嘯而去。當時，美軍飛機在臺灣的上空飛行是不受任何限制的，誰也沒想到，這架在黑暗中飛離的軍用機上，竟載著《臺灣人民自救運動宣言》的起草者彭明敏。

　　一周後，遠在歐洲的瑞典政府宣布，彭明敏向其申請政治庇護，已獲批准。世界輿論為之譁然，臺灣島內引起了一場心靈大地震。一般民眾的驚愕震撼自無須多言，當局對「盟友」美國竟如此不夠朋友，出動軍用飛機接運「臺獨分子」，感到大丟面子，不知所措，以致彭明敏出逃事件在裏裏外外鬧得滿城風雨了，臺灣當局仍三緘其口，一言不發，只能「吃啞巴虧」。彭明敏在瑞典住了半年後即移居美國，長期從事「臺獨」活動，是「臺獨」較有影響力的人物。90 年代，彭明敏得返臺灣，再度掀起「臺獨」狂潮，這是後話。

　　由於蔣介石堅持「一個中國」的立場，堅決反對國際間各種「兩個中國」、「一中一臺」等分裂中國的陰謀，對「臺獨分子」採取了嚴刑峻法，使其在臺灣無立足之地，只能在少數外國勢力的庇護下苟延殘喘，難以找到發展的空間。終及蔣介石去世，「臺獨」活動始終沒成過大氣候。蔣介石堅決反對「臺獨」，維護「一個中國」，無論其動機如何，結果都是擊退了分裂中國的陰謀，維護了國家統一，值得肯定。

第三章　國民黨政府二元政治體制

　　1949 年，國民黨退臺後，為了維護其「代表全中國」的法統地位，借「動員戡亂」之名，將在大陸選出的第一屆「國會」（「國民大會」、「立法院」和「監察院」）封閉起來，長達 40 年不改選，形成舉世罕見的「萬年國會」和「萬年議員」。其他幾個關鍵職位，包括臺灣省長和改制後的兩個「院轄市」（臺北市和高雄市）市長，也被長期凍結，不開放民選。但與此同時，國民黨又開放了地方所有公職的全部席次，實行民選。由此形成了臺灣「封閉中央」與「開放地方」並行的體制特色。

第一節　中央政權機構的封閉性

一、「萬年國代」

　　國民黨退臺後，所能行使統治的地域雖然只限於臺灣、澎湖及其他一些島嶼，但在維持政權「合法性」的考慮下，國民黨政府對內對外都堅稱擁有中國大陸主權，是「代表全中國」的「合法政府」。為此國民黨一方面把內戰狀態制度化，不斷叫喊「反攻大陸」；另一方面完整保留一個在大陸時期按「合法」手續選出的「中央民意機關」（包括「國民大會」、「立法院」和「監察院」）〔註1〕，以維持其統治的「法統」不墜。

〔註 1〕按照 1957 年 5 月 3 日「司法院大法官會議」作出的「釋字 76 號解釋」：「……就憲法上之地位及職權之性質而言，應認國民大會、立法院、監察院共同相當於民主國家之國會。」參見吳庚等編纂《月旦六法全書》，臺北：元照出版有限公司 2001 年版，第 2829～2830 頁。

　　國民黨退臺後，其生存條件極其險惡。一旦變更政體，上千名隨蔣介石跑到臺灣去的「國大代表」、「立法委員」、「監察委員」，將成為多餘的人。「中央政府」的各個部門，也會有大批人「下崗」。這些都將激化潛伏著的黨內矛盾，為長期動亂埋下種子。而且，國民黨統治臺灣的法理依據，在於「國民政府」是中國的「中央政府」，而臺灣是中國的一個省，按照地方服從中央的原則，臺灣人民有接受「中央政府」領導的義務。如果改變政體，「法統」即告中斷，新政府亦即失去「中央政府」的地位，這等於為那些反對國民黨統治的臺灣人準備了一件極具殺傷力的武器。再說美國批評國民黨政府不民主的聲音不絕於耳，如果實行軍事獨裁，勢必增加杜魯門政府對蔣政權的惡感，最終可能導致美國減少甚至停止對臺援助。基於上述原因，蔣介石沒敢採用「非常時期政府」的統治方式，而是不厭其煩地把大陸上的那一套龐大的「中央民意機構」和政府機構全搬到臺灣，宣稱「憲法體制決不改變」。

　　臺灣的所謂「中央民意機構」由「國民大會」、「立法院」、「監察院」組成，成立於 1948 年 3 月 29 日。依據「中華民國憲法」規定，「國民大會代表」共 3045 人，任期 6 年，有權選舉「總統」和「副總統」；「立法委員」共 773 人，任期 3 年，行使「立法權」；「監察委員」共 223 名，任期 6 年，行使「監察權」，並有權彈劾甚至罷免「總統」。其實，第一屆「國會」在成立時就存在「合法性」或「代表性」不足的問題。由於國共內戰爆發，第一屆「國會」選舉時，西北、華北和東北部分地區已處於中國共產黨的控制之中，這一地區的「國民代表」只能在該地區逃往國統區內的少數人中選出，代表性和合法性缺失。而在第一屆「國會」中，從臺灣省選出的「議員」人數分別為：「國代」28 名，「立委」8 名，「監委」5 名，〔註 2〕只占總數的約 1%。此外，第一屆「國大」是在蔣介石一手操縱下召開的，許多「民意代表」是由蔣介石親自圈定的；中國共產黨及其他民主黨派並未與會，廣大解放區人民也被排斥在外。可想而知，這些名義上由各省人民「選舉」產生的「民意代表」實際上能有幾分「民意」可言。

　　1951 年 5 月，按照偽憲法「立法委員」任期三年、「國大代表」和「監察委員」任期六年的規定，第一屆「立法委員」的任期已滿，依法應宣布本屆「立法院」解散，並於解散前三個月內選出第二屆「立法委員」。但是，如果

〔註 2〕鄭牧心：《臺灣議會政治 40 年》，臺北：自立晚報社 1987 年版，第 112～113 頁。

真的這麼辦，則第二屆「立法委員」只能在臺、澎、金、馬選出，又怎能代表整個「中華民國」呢？為此，「行政院」傷透了腦筋。幸好《動員戡亂時期臨時條款》第1條規定：「總統在動員戡亂時期，為避免國家或人民遭遇緊急危難，或應付財政經濟上重大變故，得經行政會議之決議，為緊急處分，不受憲法第39條或第43條所規定程序之限制。」〔註3〕蔣介石遂根據「緊急處分權」和「行政院建議」，以「總統」名義核准，由他出面要求「立法院」同意第一屆委員繼續行使立法權一年。

　　為了「憲政」，蔣介石算是做足了戲，給足了面子，但仍逃不出「非法」二字。因為「立法委員」只能對選民負責，任期一到必須下臺。蔣介石以非法的「復任總統」身份干涉民意代表的去留，本身即是違「憲」，而「立法委員」們接受「挽留」，自行再幹一年就更是荒唐。至於「行政院」通過請「總統」出面挽留，不僅直接違反「五權分立」的原則，而且凌駕於「立法院」之上，成了「自由世界」的笑柄。

　　1952年和1953年，蔣介石每年都無可奈何地重導這幕鬧劇。1954年5月，「國大代表」、「監察委員」的任期已滿，如再沿用「諮請挽留」的方式，連蔣介石本人都感到厭倦了。更為麻煩的是，「總統」的任期也已告滿，無論是連任還是換馬，都必須由「國大代表」選舉產生。由於國民黨失去了大陸地區的實際統治權，因此，自然無法選出除臺灣省外其餘省份之代表。

　　對於第一屆「國大代表」的任期問題，1954年「行政院」通過決議，在第二屆代表選舉不能實行時，可以適用「憲法」第28條「每屆國民大會代表之任期，至次屆國民大會召開之日為止」的條文。〔註4〕這「次屆」二字，就可以拿來大做文章了。也就是說，如果「次屆」召開不了，則本屆代表永遠在任。這種斷章取義、自欺欺人的方案彙報上去，竟獲得蔣介石欣然同意。1953年9月23日，蔣介石親自將此意知會「國大秘書長」洪蘭友。10月5日，「司法院長」王寵惠對記者發表講話，稱第一屆「國大代表」任期必須至下屆代表會開會始告終了，因第二屆「國大代表」無法產生，故第一屆「國大代表」的任期被無期限延長。於是，第一屆「國大代表」成為「終身代表」。

　　「國大代表」的任期問題解決了。「立、監委員」的任期問題也如法炮製，但因為偽憲法中只有「立法委員之任期三年」、「監察委員之任期六年」的規

〔註3〕林紀東：《中華民國憲法釋論》，臺北：大中國圖書公司1980年版，第471頁。
〔註4〕林紀東：《中華民國憲法釋論》，臺北：大中國圖書公司1980年版，第449頁。

定，而無「任期至下屆開會之日止「的條文，所以還多費一番手腳，由「行政院」將此問題提請「司法院」解釋。為了解決「中央民意機關」的續任問題，有「憲法」解釋權的「司法院大法官會議」在 1954 年 1 月 29 日作成「釋字31 號解釋」，稱：「國家發生重大變故，事實上不能依法辦理次屆選舉時，若聽任立法、監察兩院職權之行使陷於停頓，則顯與憲法樹立五院制度之本旨相違，故在第二屆委員未能依法選出集會與召集以前，自應由第一屆立法委員、監察委員繼續行使其職權。」〔註 5〕

光解決「中央民意代表「的任期問題還不夠，還要解決「法定多數」的問題，才能真正保住「法統」。按「憲法」的實施程序，「國民大會」、「立法院」和「監察院」的法定名額分別為 3045、773 和 223 人。這些機構召集會議，出席者必須超過半數，才算合法。如「國民大會」進行「修憲」，則要求更為嚴格，必須有 2／3 以上代表出席，有出席代表 3／4 之決議，方為有效，即起碼要有 2030 人才能討論修憲問題。「立法院」開會也有諸如此類的規定，必須達到 579 人才能討論修憲問題。

1948 年，實際選出的「國大代表」為 2961 人、「立法委員」為 760 人、「監察委員」為 180 人，當然夠法定多數。但在內戰中，這些「民意代表」或留在大陸，或安居香港，或前往歐美。隨國民黨逃臺的「國大代表」僅 1080 人，「立法委員」僅 300 人、「監察委員」僅 104 人，這個數字對「監察院」開會影響不大，但對「國民大會」和「立法院」的合法性卻頗具威脅。1950 年9 月 4 日，蔣介石被迫對緩開「國大」臨時會議作出解釋：「關於這次政府決定停開臨時國民代表大會的原因，完全基於客觀情勢的需要。……今天國內外的局勢，演變至此，黨國正在風雨飄搖之中，此時而言開會，不但非一般民眾所希望，而事實上亦無集合法定人數舉行會議的可能。」〔註 6〕

「國大」關門，難免引來議論紛紛：「看樣子，老頭子又要獨裁了。」1950年 12 月 25 日，蔣介石邀宴「國大」代表，很是做了一番安撫工作，他說：「至各同仁請求政府調查各地代表人數一節，現在正由內政部及國民大會秘書處繼續進行調查，一俟法定人數足額及情勢許可時，自當隨時召集。」〔註 7〕1951

〔註 5〕「釋字 31 號解釋」，載吳庚等編纂：《月旦六法全書》，臺北：元照出版有限公司 2001 年版，第 2826 頁。

〔註 6〕秦孝儀主編：《先總統蔣公思想言論總集》卷 23，臺北：中國國民黨中央委員會黨史委員會 1984 年版，第 379～380 頁。

〔註 7〕秦孝儀主編：《先總統蔣公思想言論總集》卷 23，臺北：中國國民黨中央委員

年 5 月，國民黨從原「候補立法委員」中遞補 112 人。接著又派出人馬，軟硬兼施地從港澳、歐美等地拉回一些「忠貞立委」，使「立法委員」達到 545 人。1953 年，國民黨又到海外動員了「國大代表」314 人赴臺，並於 11 月辦理出缺遞補手續，規定原「國大代表」中犯內亂外患罪、貪污罪、褫奪公權者和被禁治產者都一律取消資格，由原「國代」候補人遞補，這樣又補上 230 人，總算有了 1624 名代表，但實際能出席者僅 1580 人左右，勉強超過「國民大會組織法」規定的「總統」當選最低票數即 1523 人。

1953 年 12 月，國民黨修改《國民大會組織法》，把「非有代表過半數之出席，不得開議」，改為「非有 1/3 以上人數之出席，不得開議」。1954 年 2 月，「一屆二次國大」召開。在這次「國大」上，為了避免造成蔣介石一人「不競而選」的局面，由民社黨提名「總統府資政」徐傅霖「伴選」，以後又有無黨派人士莫德惠參選。由於出席這次會議的代表一共才 1578 名，其中包括國社黨的代表若干名，屬國民黨籍的「國代」也不是清一色的擁蔣派，所以蔣介石和他提名的「副總統」候選人陳誠，在第一輪投票中都未通過半數。一時間，形勢非常緊張，大有假戲真做的味道，經過幕後交易，蔣介石總算在第二輪投票中當選。

1960 年，「國大代表」因自然「老化」而減員 95 人，通過「1523」這一關已無可能，如「國大」提出修改「憲法」或「臨時條款」，則與法定多數相距更遠。國民黨調動各方謀士，討論這個「法定多數」的難題。有的主張維持原狀，有的主張以能出席者為準，有的主張以第一屆大會實際選出者為準，意見分歧，莫衷一是。1960 年 2 月 12 日，「大法官會議」作出「釋字第八十五號憲法解釋案」，宣布「憲法所稱國民代表大會總額在當前情形應以依法選出，而能應召集會之國大代表人數為計算標準」，〔註8〕這就一勞永逸地解決了「法定多數」問題。依照同樣法理，「立法院」和「監察院」的總額也以「能應召集會者」為準。這樣，制定各類法案所要求的「1／2 以上」、「2／3 以上」、「3／4 以上」的票數限制均獲「解決圓滿」，國民黨所推出的「總統」候選人，也自然能在首輪投票即高票當選。

通過這樣解決第一屆「中央民意代表」的任期問題和「法定多數」問題，

會黨史委員會 1984 年版，第 478 頁。

〔註 8〕陶百川編：《最新六法全書》，臺北：三民書局股份有限公司 1985 年版，第 52 頁。

使這批人的生命成了國民黨「法統」的載體，只要他們活著「法統」也就存在。因此，這批人成為臺灣當局的「國寶」。

到 1990 年，臺灣的「國民大會」、「立法院」、「監察院」，仍是 1948 年選出的「第一屆」。如此長壽的「民意機構」在世界上是獨一無二的；這是臺灣當局在「憲政」上創造的第一個世界紀錄。1957 年 5 月 3 日，「大法官會議」作出「第七十六號憲法解釋案」，確認「國民大會」、「立法院」、「監察院」合起來相當於西方國家的「國會」。〔註9〕這樣，在臺灣這塊面積僅 3 萬多平方公里，當時人口約 1000 萬的海島上，擁有了世界上最龐大的「國會」，合計總人數超過 2200 人，這是臺灣當局在「憲政」上創造的第二個世界紀錄。

這個最長壽、最龐大的「國會」，同時也是世界上最不合法的「國會」。因為任何選舉都有時效性，按照「主權在民」的原則，議員手中的權力，實際是選民在某段時間內出於對他的信任而委託他代行的權力，議員的任期一到，就要還權於民，讓民眾重新選擇，包括繼續選擇這個議員。但無論如何，絕無一次信任就終生信任的道理。更何況選民的結構也在發生變化。當初的投票者，幾年後可能已經死亡；當初沒有選舉權者，而今可能已有了選舉權。因此，定期改選，是任何選舉的通例，也是民主制度最起碼的程序。1948 年選出的第一屆「國民大會」、「立法院」和「監察院」，臺灣省均按當時的人口比例選出了代表，但這些代表在這三個機構中都居於極少數，對通過和否決提案完全沒有左右能力，而且他們在到任後也失去代表性。因此，臺灣的所謂「國會」，既不能代表大陸民意，也不能代表臺灣民意。由這種「國會」所選出的「總統」，所通過的法律，當然也都是不合法的。在「國會」內部，也有一些國民黨內的開明派，以及一些民、青兩黨的代表或無黨籍代表，為阻止某些踐踏民權的法案通過，或為行使「憲法」賦予「民意代表」的權力而與當局發生衝突。他們主觀上可能確實是想維護「憲政」，但其自身就是沒有民意基礎的「終身制」代表，其發言資格就是通過不民主的途徑取得的，自然也就難以向當局抗爭到底，不管衝突多麼尖銳，最後總是以他們的低頭和妥協而告終。

由此可見，臺灣的所謂「中央民意機構」即「國會」，根本未經民選，是不合法的。那些終身制的「中央民意代表」，不過是國民黨馴服而長命的投票

〔註 9〕陶百川編：《最新六法全書》，臺北：三民書局股份有限公司 1985 年版，第 51 頁。

機器。幾十年來，國民黨當局想通過什麼法案，就可以通過什麼法案。但在另一方面，這個「國會」畢竟享有偽憲法所賦予的職權。如「立法院」擁有對「法案」的批准權，對「政府」預算的審議權，以及對「行政院長」的質詢權。「監察院」則擁有對各級官吏的監察權。這就使「立委」和「監委」也能象徵性地對黨政當局進行一些制衡。隨著臺灣經濟的發展、教育的普及和人民參政意識的提高，「國會」的制衡作用日益突顯，原來被視為「清談館」的「國會」，日益成為政客們縱橫捭闔的競技場。

二、終身「總統」

　　1950 年 3 月 1 日，蔣介石不顧「憲法」規定，擅自在臺重登大寶。蔣雖復「總統」職，但未從根本上解決「法統」問題。因為按照《中華民國憲法》第 47 條規定，「總統任期為 6 年，連選得連任一次」；〔註10〕第 29 條規定，「國民大會於每屆總統任滿前 90 日集會」。〔註11〕蔣介石 1948 年出任首屆「總統」，1954 年是改選之年。按照時間推算，第二屆「國民大會」應於 1954 年 3 月 29 日召開，選出第二屆「總統」。然而國民黨政權的「政令」只能及於臺、澎、金、馬東南一隅，又如何選舉第二屆「國大代表」呢？若僅從臺島選出第二屆「代表」，又怎麼能代表整個「中華民國」呢？蔣介石又怎能再當「中華民國」的「總統」？蔣為這些問題絞盡腦汁，他想起了《動員戡亂時期臨時條款》，條款第 1 條規定：「總統在動員戡亂時期，為避免國家或人民遭遇緊急危難，或應付財政經濟上重大變故，得經行政院會議之決議，為緊急處分，不受憲法第 39 條或第 43 條所規定程序之限制」。根據「緊急處分權」和「行政院」建議，蔣介石於 1953 年 9 月 27 日，批准第一屆「國大代表」繼續行使職權至次屆「國民大會」依「法」召集開會之日止。既然蔣介石「反攻大陸」無望，第二屆「國民大會」何日召開就成了未知數。如此一來，跟隨蔣介石到臺的「國大代表」、「立法委員」、「監察委員」，從 6 年一任或 3 年一任改為終身制，開所謂「中央民意代表」延長任期前所未有的先例。臺灣人對蔣介石這一措施非常不滿，譏諷這些代表為「萬年國代」（這些代表直到上世紀 90 年代初才退出臺灣政治舞臺）。蔣介石這樣做的目的，就是要「終身代表」選舉「終身總統」。

〔註10〕林紀東：《中華民國憲法釋論》，臺北：大中國圖書公司 1980 年版，第 451 頁。
〔註11〕林紀東：《中華民國憲法釋論》，臺北：大中國圖書公司 1980 年版，第 449 頁。

對於蔣介石的違「憲」行為，遠在大洋彼岸的李宗仁於 1954 年 1 月 3 日致蔣介石函稱：

「邇者總統六年任期屆滿，正為吾儕向國民還政謝罪之時，豈意私心戀棧，竟欲召集第一屆『國大』代表，違法選舉第二屆正、副總統，輿論譁然，國際側目。弟不忍『憲法』如此毀滅、『國運』如此告終，特本風雨同舟之義，懇切為兄剖陳。中外人士對此問題均有詳盡研究，以此種選舉違法亂紀，認為絕不可行。」〔註 12〕李宗仁還在信裏特別強調 3 點：「一、依照憲法規定，每屆國民大會代表任期六年，行使他們選舉正副總統的權力一次。條文俱在，粲然可徵。二、《動員戡亂時期臨時條款》只能為緊急時期的緊急處分，不能引用來延長國民大會代表的任期。三、立法院立法委員任期三年，本屆立委應於民國四十年任滿，其本身已失去法律根據，因此他們根本沒有權力通過所謂《第一屆國民大會代表出缺遞補條例》和把國大開會法定人數從過半數修改為三分之一。」〔註 13〕這等於從根本上否定了蔣介石召開「國大」的合法性。

於「法」於情，李宗仁說的在理，但蔣介石置李宗仁警告於不顧，仍決定於 1954 年 2 月 19 日舉行一屆二次「國民大會」，將當年在南京上演的鬧劇搬到臺北重演。然而麻煩又來了，「國代」任期資格雖然解決了，但代表不到「法定」人數又令蔣介石大傷腦筋。有人出主意，請大法官們修改「選舉法」，蔣認為此計可行，遂於 1953 年 10 月、12 月分別公布了《國民大會代表遞補補充條例》和《第一屆國民大會職業團體及婦女團體代表缺額補充辦法》。據此臺灣當局還發表公告，要求原「國大代表」及代表候補人自 1953 年 10 月 10 日至 12 月底向「內政部」親行報到，逾期不報而行蹤不明在 3 年以上者，依「法」取消「國大代表」及「代表候補人」資格。經此措施，3045 名「國大代表」已有 1643 人報到，超過「法定」出席會議的半數。然而這 1643 名代表中不都居住在臺灣，很難保證都能出席「國大」並投蔣介石的票。在蔣介石操縱下，終身「立法委員」們修改了《國民大會組織法》將第 8 條中的「開議人數須半數」改為「三分之一」。這樣一改，保證了蔣介石連任的萬無一失。

〔註 12〕陳誠：《陳誠回憶錄──建設臺灣》，北京：東方出版社 2011 年版，第 266 頁。

〔註 13〕程思遠：《李宗仁先生晚年》，北京：文史資料出版社 1980 年版，第 158 頁。

在蔣介石緊鑼密鼓的準備之後，一屆二次「國民大會」終於 1954 年 2 月 19 日上午 10 時在臺北中山堂舉行。會議由剛從美國返臺的胡適任臨時主席。胡適在開會詞中引經據典，說明此次會議的「合法性」。其後請蔣介石致詞，蔣在致詞中講了 10 個問題，最後宣稱：

「中正受國民付託之重，兢兢業業，惟恐其不勝負荷，而最近 4 年來，大陸各省的失陷，億萬同胞的奴辱，我個人更不願辭卸其應負的責任。今日中正唯一可以自慰而與代表諸君共勉的，就是自由中國的境地，從暗淡裏重見光明。反共抗俄的前途，在險惡中顯示了轉機……反攻光復的機運已經在握，而代表諸君，正在這全世界人類視線所集的臺灣舉行第二次會議，不僅為國際社會觀瞻所繫，亦且為全國同胞希望所託，深信必能同心一德，專心致志，恪遵憲法，行使職權，為國家法統作綱維，為民主法治示風範」〔註14〕

蔣介石致詞後，大會對各項事務進行議決。這次大會的中心內容有兩項：一是罷免李宗仁，以報當年被逼下野的「一箭之仇」；二是選舉蔣介石當「總統」。

蔣介石啟動其連任「總統」計劃，並肆意修改「憲法」後，李宗仁痛加批評，這進一步激怒了蔣介石，必欲除之而後快。因此，在他宣布「國大」召集令的當天，「立法院」便將彈劾李宗仁案轉交「國大」秘書處處理。「國大」秘書長洪蘭友接案後即連續致函在美國的李宗仁，促其返臺「答辯」。李宗仁認為「國大」對他的「彈劾」是蔣介石「毀法弄權」的結果，是非法的，遂於 2 月 5 日致函蔣介石指出：「按照憲法第九十條，全體監察人員的人數，確定為二百二十三人。又按憲法第一百條，對『總統』、『副總統』之彈劾案，須得全體監察委員過半數之決議，向國民大會提出之。過半數則為一百一十三人。前年一月十一日監察院出席委員只為九十三人，湊足法定人數尚少二十人。吾兄竟嗾使違法集會，對仁提出彈劾，所持理由，為若干委員未曾選出，若干委員未曾報到，若干出缺，若干附匪，擅將全體委員減為一百六十人。憲法明文規定之人數，可以任意減少、毀法弄權，莫此為甚。」〔註15〕他還認為，召他返回臺灣「是個圈套」，假若他返回，「可能對我發生什麼事故」，拒絕回臺。臺灣隨即向李宗仁發出最後通牒，由「國民大會」主席團再次致電

〔註14〕秦孝儀主編：《先總統蔣公思想言論總集》卷 26，臺北：中國國民黨中央委員會黨史委員會 1984 年版，第 27 頁。
〔註15〕程思遠：《李宗仁先生晚年》，北京：文史資料出版社 1980 年版，第 159 頁。

李宗仁，限其於 3 月 8 日 12 時以前返臺答辯。但李依舊置若罔聞，並向新聞界宣布，他對吳國楨提出的批評蔣介石不民主、搞特務統治等方面的意見，「深為同情」。

蔣介石十分清楚，李宗仁是不可能回臺答辯的，在完成了「仁至義盡」的表演後，決定對其缺席「審判」。3 月 2 日，在李宗仁的老搭檔、桂系首腦白崇禧率領下，廣西籍「國大代表」聯合提案請求罷免李宗仁，他們絕大多數曾是李宗仁競選第一屆「副總統」時最堅定的支持者。3 月 10 日，大會以多數票通過了罷免李宗仁「副總統」案，〔註 16〕並宣布對李宗仁所觸犯「刑法部分」，責令「最高法院」立案調查，提起公訴。蔣介石與李宗仁的恩怨至此算是告一段落。

當罷免李宗仁鬧劇演完後，會議對《動員戡亂時期臨時條款》問題發生了激烈的爭議。根據 1948 年行憲國大通過《臨時條款》中第 4 條規定：「總統」應最遲在 1950 年 12 月 25 日以前召集「國大」臨時會議，決定《臨時條款》應否延長或廢止。然而，蔣介石一沒有如期舉行會議，二不想廢除《臨時條款》，因這一條款的存在為蔣介石實行獨裁統治大開方便之門。與會者對《臨時條款》存廢頗有爭議，大會執行主席王雲五見此狀，遂宣稱對此案的處理不外「廢止」、「修改加強」、「延長」三種方法，〔註 17〕但這三種方法都不可能。原因是根據有關條文規定，須經代表人數三分之二通過方可，但這次會議全部出席者不及代表總數的三分之二，無法對其進行變更。最後，大會通過了由莫德惠等 87 人的臨時動議：《臨時條款》在未經正式廢止前「繼續有效」。〔註 18〕

接下來，大會的焦點是正副「總統」的選舉。對於正副「總統」候選人，在大會召開之前，國民黨中央委員會於 2 月 15 日召開會議，已決定蔣介石與陳誠為正、副「總統」候選人。蔣介石為了學西方政黨提名方式，還令政治「花瓶」國社黨提名正副「總統」候選人。國社黨明知提也沒用，但又不敢得罪蔣介石，遂推出老同盟會會員、前司法部長、現「總統府資政」徐傅霖為「總統」候選人，前「司法院」副院長、現「總統府資政」、民社黨中央監察

〔註 16〕 秦孝儀：《中華民國政治發展史》第 4 冊，臺北：近代中國出版社 1985 年版，第 1706 頁。

〔註 17〕 秦孝儀：《中華民國政治發展史》第 4 冊，臺北：近代中國出版社 1985 年版，第 1709 頁。

〔註 18〕 《國民大會實錄》第二編，國民大會秘書處編印 1961 年版，第 205 頁。

委員石志泉為「副總統」候選人。後來又有無黨派人士莫德惠參加「總統」競選，王雲五參加「副總統」競選，但時隔不久，二人又聲明放棄競選。

3月17日，「國民大會」公布了本屆「總統」候選人名單為：蔣介石、莫德惠、徐傅霖。〔註19〕兩天後，又公布了本屆「副總統」候選人名單為：陳誠、王雲五、石志泉。〔註20〕

3月20日，「國大」舉行「總統」選舉。投票結果，蔣介石得1387票，徐傅霖得172票，二人均未得全體代表總額過半數票。依修正的「總統」「副總統」「選舉罷免法」第4條規定：應重行投票。3月22日舉行第二次投票，其結果是意料中事，蔣介石以1507票當選為「總統」，〔註21〕仍有69人反對蔣當選。隨後進行的「副總統」選舉也在經過兩次投票後，陳誠以1417票當選，民社黨的石志泉得109票。〔註22〕5月20日，蔣介石、陳誠宣誓就任正、副「總統」職。

第二屆「中華民國總統」的選舉以蔣介石的蟬聯和蔣陳搭配而告結束。這也標誌著自國民黨退臺後，蔣介石通過大規模的整改建立起的個人獨裁統治已漸趨穩固。然而蔣介石也不敢貿然揭去「民主」的外衣，因此打著「憲政」的幌子，以「局勢非常」為藉口，隨意修改「憲法」條文，延長「國代」任期，這也為此後再行修改開了方便之門。這些終身「國代」們成為蔣介石當終身「總統」的投票機器和最堅強的基石，從而建立起了他「民主」的獨裁統治，直至去世。

1960年，蔣介石個人的政治生涯又走到了十字路口：蔣介石與國民黨退到臺灣後，仍堅持大陸時期的《中華民國憲法》，強調其統治臺灣與「反攻大陸」有合法的「法統」。「憲法」中明確規定，「總統」任期為6年，得連選連任一次，故「總統」最多只能當12年。蔣介石1948年出任總統，1954年連任，到1960年任期屆滿。是順勢依「法」退下來，還是戀棧高位違「法」繼續幹下去？蔣介石面臨抉擇，臺灣的有關法律制度也面臨挑戰，需重新調適整合。

〔註19〕秦孝儀：《中華民國政治發展史》第4冊，臺北：近代中國出版社1985年版，第1711頁。

〔註20〕秦孝儀：《中華民國政治發展史》第4冊，臺北：近代中國出版社1985年版，第1712頁。

〔註21〕《國民大會實錄》第二編，國民大會秘書處編印1961年版，第215～219頁。

〔註22〕《國民大會實錄》第二編，國民大會秘書處編印1961年版，第219～222頁。

　　蔣介石是不肯輕易退位的，他在臺灣統治多年，造成了一統天下的局面，國民黨內沒有可撼動其地位的人。為使蔣能再任「總統」，國民黨當局早已開始製造輿論，早在 1958 年即有各種「敦請」蔣連任的消息登在報紙上，隨著「總統」改選日近，這方面的消息便「鋪天蓋地」佔據著報紙的主要版面。到 1958 年 12 月，臺灣省議會「籲請蔣介石第三次出選總統」，「國民大會年會」也「一致贊成蔣介石再度連任」。〔註 23〕這些信息已明白無誤地顯示出蔣介石是極想連任「總統」的，對相關的法律障礙並不在意。反正國民黨有「因人設法」的傳統，當「法律」不合「人意」時，法律只好屈從蔣介石的「人意」。

　　然而，臺島內外還是有一股很強的反對蔣介石「違法連任總統」的聲音。常對當局政策持歧見的《自由中國》半月刊在 1959 年上半年就登出《欣幸中的疑慮》和《蔣總統不會做錯了決定吧》、《不要再玩政治霸術——告國民黨當局》等文章，明確表示「反對蔣介石三任總統」。〔註 24〕一批滯留在香港的有影響的政治人物也不齒蔣介石的作為，就在「國民大會」召開的前一日，左舜生（青年黨主席）、李璜（青年黨副主席）、張君勱（民社黨主席）和張發奎（前國民黨高級將領）等 73 位「國大代表」聯名在香港《聯合評論》上發表題為《我們對毀憲策動者的警告》的宣言，宣稱在臺灣國際地位未穩之際，「我們發現國民黨當權派不作努力救亡之舉，反而非法進行毀憲連任的活動，面對著這個嚴重的危機，我們不得不對毀憲者提出沉痛的警告。……我們認為，如果國民黨當權派竟然如此行動，無異是自己喪失了中華民國法統下的合法地位」，把蔣介石謀求「連位」視為「毀憲」行為，並聲明絕不出席「國民大會」。〔註 25〕左舜生、張君勱等是臺灣僅有的兩個裝潢政治門面「友黨」的領袖，國民黨聞訊曾專程派中常委胡健中赴香港做疏導和解釋工作，胡健中力邀左舜生等回臺參加會議，至少也希望他們「能在國大揭幕前夕及會議進行期間暫緩發表過於激烈之言論」。〔註 26〕但並未奏效，左舜生等還私下稱，要在香港建立反對臺灣的政治組織——「海外中華」。

〔註 23〕薛化元：《臺灣歷史年表》（1945～1965），國家政策研究資料中心 1990 年版，第 324 頁。

〔註 24〕茅家琦主編：《臺灣三十年（1949～1979）》，鄭州：河南人民出版社 1988 年版，第 101 頁。

〔註 25〕本報訊：《左舜生等發表「宣言」的經過》，《聯合報》，1960 年 2 月 20 日，第 2 版。

〔註 26〕杜駒：《即將集會的國民大會》，《聯合報》，1960 年 1 月 11 日，第 2 版。

　　然而，蔣介石一意孤行，這些反對聲音與國民黨的強大宣傳攻勢相比顯得太微弱了，並且被徹底壓倒。

　　既然與「憲法」規定相矛盾，蔣介石要「連任總統」就有兩個難以避開的問題：一是選舉「總統」的「國民大會」代表總額的計算方法問題；二是如何「修改」有關法律，使其明顯的違法行為「合法化」。國民黨雖早已設計好了「變通辦法」，以使蔣介石能如願以償，但在具體推行過程中，仍頗多曲折。

　　依國民黨的「憲法」，「國民大會」是「代表全國人民行使政權的最高權力機關」，主要職權是選舉或罷免「總統」、「副總統」，修改「憲法」等，「國民大會」代表六年改選一次。第一屆「國民大會」第一次會議是 1948 年 3 月在南京召開的。1954 年，本該「國大代表」改選，但蔣介石藉口大陸人民「無法自由選舉」，為維護「法統」，批准「行政院」的建議，由「第一屆國大代表」繼續行使職權，而下令召開「國大」。〔註27〕即令從國民黨所堅持的「法統」看，這次會議也很難說是「合法」的，因為：（1）「行政院」如何有權決定「國大」的任期？顯然屬於越俎代庖。（2）「行政院」所依據的「憲法」條款，是斷章取義，省略了根本的前提條件，「憲法」第 28 條是這樣規定的：「國民大會每六年改選一次。每屆國民大會代表之任期，至次屆國民大會開會之日為止。」〔註28〕儘管理由很勉強，第一屆「國民大會」第二次會議還是於 1954 年 2 月在臺北召開。

　　1954 年的「總統選舉」給了國民黨一個教訓，只要其還堅持「法統」不變，維持「憲法」與「國民大會」的地位，隨著日月流逝，不久即會出現活著在臺灣的全部「國民大會」代表也到不了法定總額半數（1523 人），從而無法選出「總統」的窘境。造成窘境的癥結在「法統」，而國民黨不肯在「憲法」上動手術，又要保證蔣介石能順利當選，便出一計，由「行政院」函請「司法院大法官會議」對「國民大會總額」一詞作出新解釋。

　　1960 年 2 月 12 日「大法官會議」幾經討論，終於依據國民黨的需要，作出如下極具彈性的解釋：「憲法所稱國民代表大會總額，在當前情形，應以依法選出而能應召集會之國民大會代表人數為計算標準。」〔註29〕臺灣「內政

〔註27〕本報訊：《戡亂時期臨時條款國大通過續適用》，《聯合報》，1954 年 3 月 12 日，第 1 版。

〔註28〕林紀東：《中華民國憲法釋論》，臺北：大中國圖書公司 1980 年版，第 449 頁。

〔註29〕本報訊：《國民大會代表總額以能應召人數為準》，《聯合報》，1960 年 2 月 13 日，第 1 版。

部」同時公布，依此項解釋，「國大代表」總數為 1576 人，以此總額的半數（788 人）當選「總統」，對蔣來說易如反掌。對「大法官會議」關於代表總額的解釋，《聯合報》的評論或許可以代表當時一些臺灣人的看法：「大法官的這項解釋，雖然『政治』性強過『法律』性，但在維持法統上，卻非常必需，而且替國民大會奠定了一個堅強的基礎。在以後的歲月中，政府不必為國代出缺遞補的問題而耗費口舌。換句話說：在下次 6 年以後召集四次國民大會時，代表們較現在的人數再少若干名，也不發生總額問題。」〔註30〕與通過「大法官會議」較順利地解決「國大代表」總額計算問題相比，關於如何保證蔣介石第三次任「總統」的「法律依據」則很費周折。

按照已經滅亡的《中華民國憲法》規定：「總統、副總統之任期為 6 年，連選得連任一次」。如果再度連任，即屬「違憲」行為。蔣既要當「總統「，又要避開「違憲」的嫌疑，怎麼辦呢？有人就提出通過修改「憲法」有關規定來為蔣連任掃清法律障礙。此路若能行得通，不失為一條正大光明的捷徑。不料，最堅決反對的竟是蔣本人。1959 年 12 月 23 日，蔣在參加「光復設計委員會」第六次全會時發言，系統地闡述了反對「修憲」的理由：〔註31〕

> 我還要在此重申我去年在貴會所說的我不贊同修改憲法的主
> 張，關係於我們反攻復國的大計，更為重要。因為當前革命形勢的
> 擴展，使我個人認為是我們政府，民意代表和全國軍民同胞，都要
> 全心全力──集中一切意志，一切力量，以及一切時間，用於反攻
> 大陸，消滅奸匪，拯救大陸同胞的基本任務的行動，實莫過於光復
> 大陸；我們光復大陸的武器，亦莫過於尊重憲法。當然憲法之應否
> 修改，乃為國民大會全體代表的職權，非中正個人所能干預，但中
> 正此一願望懇切地盼能為大家諒解和採納。

蔣介石在談到「修憲」弊端時稱，「此時而言修憲，立意固極高遠，然而大敵當前，見仁見智，徒起紛議，分心分力，轉增時艱」。〔註32〕「憲法」既然不能動，又要保證蔣連任，蔣介石的心腹便想起了《動員戡亂時期臨時條款》（下稱「臨時條款」）。在蔣介石的操縱下，3 月 11 日第一屆「國民大會」

〔註30〕於衡：《展望國大第三次會議》，《聯合報》，1960 年 2 月 15 日，第 2 版。
〔註31〕本報訊：《蔣「總統」重申不贊成修憲主張》，《聯合報》，1959 年 12 月 24 日，第 1 版。
〔註32〕本報訊：《蔣「總統」重申不贊成修憲主張》，《聯合報》，1959 年 12 月 24 日，第 1 版。

第三次會議通過了修訂的《動員戡亂時期臨時條款》提案，全文如下：〔註33〕

　　茲依照憲法第一百七十四條第一款程序，制定動員戡亂時期臨時條款如下：

　　總統在動員戡亂時期，為避免國家或人民遭遇緊急危難或應付財政經濟上重大變故，得經行政院會議上決議，為緊急處分，不受憲法第三十九條或第四十三條規定程序之限制。（原條文）

　　前項緊急處分，立法院得依憲法第五十七條第二款規定之程序變更或廢止之。（原條文）

　　動員戡亂時期總統副總統得連選連任，不受憲法第四十七條連任一次之限制。（新增）

　　國民大會創制、復決兩權之行使，於國民大會第三次會議閉會後，設置機構，研擬辦法，連同有關修改憲法各案由總統召集國民大會臨時會討論之。（新增）

　　國民大會臨時會由第三任總統於任內適當時期召集之。（修正）

　　動員戡亂時期之終止，由總統宣告之。（修正）

　　臨時條款之修訂或廢止，由國民大會決定之。（新增）

由「臨時條款」新增的兩條主要內容來看，蔣介石已像「洪憲」復辟前的袁世凱，從憲政「總統」過渡「終身總統」。

3月12日，國民黨中央臨時全體會議推舉總裁蔣介石、副總裁陳誠分別為「中華民國第三任總統、副總統」候選人。3月21日，「國民大會」正式投票選舉「總統」。有1509人參加投票，結果，蔣介石以1481票贊成當選。次日，陳誠以1381票當選為「副總統」。〔註34〕至此，選舉「總統」的鬧劇落下帷幕。

1966年2月19日至3月5日，臺灣又開場上演每6年一次的陳舊不堪的老戲：召開「國民大會」選舉「總統」。這次會議中心議題有兩個：一是如何增訂《臨時條款》，賦予蔣介石更大的權力；二是「副總統」一職在陳誠去世後由誰來繼任。「國民大會」按蔣介石的旨意，對《動員戡亂時期臨時條款》

〔註33〕林紀東：《中華民國憲法釋論》，臺北：大中國圖書公司1980年版，第471～472頁。

〔註34〕《國民大會實錄》第三編，國民大會秘書處編印1961年版，第305～311頁。

進行了修改，增加內容中最重要的有兩條：一是「動員戡亂時期，本憲政體制授權總統設置動員戡亂機構，決定動員戡亂有關大政方針，並處理戰地政務」。二是「總統為適應動員戡亂需要，得調整中央政府之行政機構及人事機構，並對於依選舉產生之中央公職人員，因人口增加或因政出缺，而能增選或補選之自由地區及光復地區，均得訂頒辦法實施之」。〔註35〕憑藉這兩條，有關臺灣島內的任何大政方針不僅必須由蔣介石最後拍板，而且他還可以任意變動政府機構。再加上從 1949 年即開始執行的「戒嚴法」，整個臺灣島完全置於蔣介石的控制之下。

在本次「國大」前，「副總統」的人選格外引人注目，因為只要蔣介石出馬，「總統」非他莫屬，無人能爭，關鍵是「副總統」人選。按說在蔣介石絕對權威之下，「副總統」根本無實權，陳誠當時有所作為，是因為他還身兼「行政院長」一職。陳誠逝世後，「副總統」的人選自然應是元老級的張群、孫科、何應欽等人。然而，隨著蔣介石年事漸高，「副總統」一職可能成為日後接班的關鍵，他在選擇時頗費思量。

蔣介石心裏非常清楚，他是以 80 歲的高齡出任第四屆「總統」的，依目前狀況，身體還行，可不怕一萬，就怕萬一，倘若一旦「崩逝」，「副總統」將自然升為「總統」。由於時機不成熟，蔣經國暫不適合當「副總統」，因此，這個職務必須由一個既沒有個人野心，又不存在個人派系和班底，甘心充當屏風和花瓶，甘心為蔣經國保駕護航的人物來擔任。國民黨內，嚴家淦比較符合蔣介石的標準。他的性格特徵使蔣介石對他很放心也是重要原因，這就是，「一沒有權力欲，沒有領袖欲，不必擔心他會僭越濫權，威脅到領導者的權威的地位；二是他不刻意突出自己，個性圓融通達，不過分堅持己見，是個能執兩用中，善於截長補短，折衷的政治人物」。〔註36〕因此，1966 年 3 月 10 日，蔣介石在九屆三中全會上，提議嚴家淦為「副總統」候選人。3 月 21 日，「國大代表」進行「總統」選舉。投票結果，蔣介石獲 1405 票當選「總統」，嚴家淦則得票 782 張，僅以 74 票的多數當選。〔註37〕

由於蔣介石長期握權不放，已形成了只要他活一天，這「總統」的職位

〔註35〕林紀東：《中華民國憲法釋論》，臺北：大中國圖書公司 1980 年版，第 471 頁。
〔註36〕楊皓：《透視蔣經國的幕後清客》，臺北：群倫出版社 1986 年版，第 19 頁。
〔註37〕秦孝儀：《中華民國政治發展史》第 4 冊，臺北：近代中國出版社 1985 年版，第 1727～1728 頁。

非他莫屬。1972 年 3 月 6 日，國民黨召開十屆三中全會，決定該黨的「總統」、「副總統」候選人。結果，蔣介石當選「總統」候選人，他對嚴家淦 6 年來的表現非常滿意，仍選擇嚴家淦為自己的搭檔。國民黨的兩個小「友黨」青年黨與民社黨日漸凋零，黨務已難以為繼，根本無法推出自己的候選人。蔣介石、嚴家淦參加的是無對手的選舉，結果在 3 月 21 日和 22 日的「國民大會」選舉中，蔣介石在所有 1316 票中獲得 1308 票，嚴家淦獲 1095 票當選「副總統」，得票率較上次增長不少。〔註 38〕

總之，《動員戡亂時期臨時條款》將「總統」實權化，由虛位首轉變為實位首，「總統」的權力大大擴增。主要表現在：其一，「總統」、「副總統」可連選連任，不受「憲法」第 47 條「總統、副總統任期為 6 年，連選得連任一次」的限制。其二，解除了「總統」緊急命令權的種種限制。其三，「總統」得設置動員戡亂機構，決定動員戡亂的有關大政方針，並處理戰地政務。蔣介石藉此規定，設立「國家安全會議」和「國家安全局」，建立「國安體制」，將黨、政、軍、特大權攬於「總統」一人之手。其四，1966 年，「臨時條款」又授予「總統」「為適應動員戰亂需要，得調整中央政府的政府機構、人事機構及其組織」的職權。其五，「總統」得頒定「中央民意代表」的增補辦法。

三、「行政院」等中央政權機構的封閉性

國民黨政權敗退臺灣後，仍按「中華民國憲法（」以下簡稱「憲法」）將政府分為七大部分，即「總統」、「行政院」、「立法院」、「監察院」、「考試院」、「司法院」和「國民大會」。然而，蔣介石為了加強自己的獨裁權力，不斷地修改「臨時條款」為「總統」擴權，使「總統」的權力急劇膨脹，而「行政院」、「立法院」等機構的權力嚴重萎縮。所謂的「憲政」早已流失和變形，最終演變成以終身獨裁「總統」為中心而以「國大」、「立法院」、「行政院」、「監察院」、「考試院」為輔的畸形「法統體制」。

「國民大會」和「總統」在前文已有所闡述，不再贅述。現就權力峰層的「行政院」、「立法院」、「司法院」、「考試院」、和「監察院」等首腦，逐一進行闡述。

伴隨著「總統」逐步地實權化，「行政院」逐步地變為「總統」的附庸機構。在「臨時條款」的相關規定和實際運作上，可以發現整個「行政院」在政

〔註 38〕《國民大會實錄》第六編，國民大會秘書處編印 1972 年版，第 355～360 頁。

府體制上從屬於「總統」，而「總統」又是執政黨的黨魁，因此，「行政院」院長只是「總統」的幕僚長，而不是「最高行政首長」。與此同時，「憲法」第 55 條規定：「行政院長由總統提名，經立法院同意任命。」「憲法」第 56 條規定：「行政院副院長、各部會首長及不管部會之政務委員，由行政院長提請總統任命之。」〔註39〕由此可見，整個行政權力掌握在「總統」的手中，「總統」才是「最高行政首長」。「行政院」各部門首長基本上是由蔣介石欽命。現將歷屆「行政院」各部門領導班子列表如下：

表 3-1　陳誠「行政院」〔註40〕（I）：1950 年 3 月至 1954 年 6 月

姓名	職　務	出生年份	教育背景	省籍背景
陳誠	「院長」	1898	保定軍官學校	浙江
張厲生	「副院長」	1901	法國巴黎大學	河北
余井塘	「內政部長」	1896	美國愛荷華大學經濟碩士	江蘇
黃季陸	「內政部長」	1899	美國俄亥俄州立大學碩士	四川
葉公超	「外交部長」	1904	英國劍橋大學碩士	廣東
郭寄嶠	「國防部長」	1902	保定軍官學校	安徽
嚴家淦	「財政部長」	1905	上海聖約翰大學	江蘇
程天放	「教育部長」	1899	加拿大多倫多大學博士	江西
林彬	「法務部長」	1892	北京大學法律系	浙江
鄭道儒	「經濟部長」	1897	美國奧柏林大學工程學士	天津
張茲闓	「經濟部長」	1900	美國紐約大學碩士	廣東
賀衷寒	「交通部長」	1900	黃埔軍校第一期畢業 莫斯科陸軍大學	湖南
余井塘（兼）	「蒙藏委員會委員長」	1896	美國愛荷華大學經濟碩士	江蘇
田炯錦	「蒙藏委員會委員長」	1899	美國伊利諾伊大學博士	甘肅
葉公超（兼）	「僑務委員會委員長」	1904	英國劍橋大學碩士	廣東
吳國禎	「政務委員」	1903	美國普林斯頓大學博士	湖北
王師曾	「政務委員」	1903	大學（高考）	四川

〔註39〕陳誠：《陳誠回憶錄——建設臺灣》，北京：東方出版社 2011 年版，第 301 頁。
〔註40〕陳誠：《陳誠回憶錄——建設臺灣》，北京：東方出版社 2011 年版，第 346 頁。

田炯錦	「政務委員」	1899	美國伊利諾伊大學博士	甘肅
蔡培火	「政務委員」	1889	日本東京高等師範學校	臺灣
黃季陸	「政務委員」	1899	美國俄亥俄州立大學碩士	四川
董文琦	「政務委員」	1902	日本名古屋高等工業大學	吉林
蔣勻田	「政務委員」	1903	北京政治大學	安徽
黃少谷	「政務委員」	1901	北京師範大學 倫敦大學政經學院	湖南
余井塘	「政務委員」	1896	美國愛荷華大學經濟碩士	江蘇

表3-2　俞鴻鈞「行政院」：1954年6月至1958年7月

姓名	職　務	出生年份	教育背景	省籍背景
俞鴻鈞	「院長」	1898	上海聖約翰大學	廣東
黃少谷	「副院長」	1901	北京師範大學 倫敦大學政經學院	湖南
王德溥	「內政部長」	1897	高考	遼寧
葉公超	「外交部長」	1904	英國劍橋大學碩士	廣東
俞大維	「國防部長」	1897	美國哈佛大學博士	浙江
徐柏園	「財政部長」	1902	美國芝加哥大學	浙江
張其昀	「教育部長」	1901	南京高等師範學校	浙江
谷鳳翔	「法務部長」	1907	北平朝陽大學	河北
尹仲容	「經濟部長」	1903	上海交通大學電機系	湖南
江杓	「經濟部長」	1900	德國柏林高工畢業	上海
袁守謙	「交通部長」	1904	黃埔軍校第一期	湖南
劉廉克	「蒙藏委員會委員長」	1901	「國民大學」	遼寧
鄭彥棻	「僑務委員會委員長」	1902	法國巴黎大學統計師	廣東
余井塘	「政務委員」	1896	美國愛荷華大學經濟碩士	江蘇
田炯錦	「政務委員」	1899	美國伊利諾伊大學博士	甘肅
蔡培火	「政務委員」	1889	日本東京高等師範學校	臺灣
黃季陸	「政務委員」	1899	美國俄亥俄州立大學碩士	四川
孟昭瓚	「政務委員」	1904	英國倫敦大學	河南
嚴家淦	「政務委員」	1905	上海聖約翰大學	江蘇

表 3-3　陳誠「行政院」（II）：1958 年 7 月至 1963 年 12 月

姓名	職　務	出生年份	教育背景	省籍背景
陳誠	「院長」	1898	保定軍官學校	浙江
王雲五	「副院長」	1888	苦學自修	廣東
田炯錦	「內政部長」	1899	美國伊利諾伊大學博士	甘肅
連震東	「內政部長」	1904	日本應慶大學	臺灣
黃少谷	「外交部長」	1901	北京師範大學 英國倫敦大學政經學院	湖南
沈昌煥	「外交部長」	1913	美國密歇根大學碩士	江蘇
俞大維	「國防部長」	1897	美國哈佛大學博士	浙江
嚴家淦	「財政部長」	1905	上海聖約翰大學	江蘇
梅貽琦	「教育部長」	1889	美國伍斯特工科大學	天津
黃季陸	「教育部長」	1899	美國俄亥俄州立大學碩士	四川
鄭彥棻	「法務部長」	1902	法國巴黎大學統計師	廣東
楊繼曾	「經濟部長」	1899	德國柏林工科大學	安徽
沈怡	「交通部長」	1901	德國蘭斯頓大學博士	浙江
李永新	「蒙藏委員會委員長」	1901	西北陸軍幹部學校	蒙古
田炯錦	「蒙藏委員會委員長」	1899	美國伊利諾伊大學博士	甘肅
陳清文	「僑務委員會委員長」	1892	英國劍橋大學碩士	福建
周書楷	「僑務委員會委員長」	1913	英國倫敦大學碩士	湖北
余井塘	「政務委員」	1896	美國愛荷華大學經濟碩士	江蘇
王世杰	「政務委員」	1891	法國巴黎大學博士	湖北
蔡培火	「政務委員」	1889	日本東京高等師範學校	臺灣
薛岳	「政務委員」	1896	保定軍官學校	廣東
蔣經國	「政務委員」	1910	莫斯科孫逸仙大學	浙江

表 3-4　嚴家淦「行政院」：1963 年 12 月至 1972 年 5 月

姓名	職　務	出生年份	教育背景	省籍背景
嚴家淦	「院長」	1905	上海聖約翰大學	江蘇
余井塘	「副院長」	1896	美國愛荷華大學經濟碩士	江蘇
黃少谷	「副院長」	1901	北京師範大學 英國倫敦大學政經學院	湖南
蔣經國	「副院長」	1910	莫斯科孫逸仙大學	浙江
徐慶鐘	「內政部長」	1907	臺北帝國大學農學博士	臺灣

林金生	「內政部長」	1916	日本東京大學法學部畢業	臺灣
魏道明	「外交部長」	1899	法國巴黎大學法學博士	江西
周書楷	「外交部長」	1913	英國倫敦大學碩士	湖北
蔣經國	「國防部長」	1910	莫斯科孫逸仙大學	浙江
黃傑	「國防部長」	1902	黃埔軍校第一期畢業	湖南
陳大慶	「國防部長」	1904	黃埔軍校第一期畢業	江西
陳慶瑜	「財政部長」	1899	東南大學經濟系	江蘇
俞國華	「財政部長」	1914	美國哈佛大學經濟學碩士	浙江
閻振興	「教育部長」	1912	美國愛荷華大學工學博士	河南
鍾皎光	「教育部長」	1907	美國麻省理工學院碩士、博士	廣東
羅雲平	「教育部長」	1915	德漢諾威高等工科大學工程博士	遼寧
查良鑒	「法務部長」	1904	美國密歇根大學博士	浙江
王任遠	「法務部長」	1909	日本明治大學政治學碩士	河北
李國鼎	「經濟部長」	1910	英國劍橋大學物理學碩士	江蘇
陶聲洋	「經濟部長」	1919	德國柏林工業大學	江西
孫運璿	「交通部長」	1913	哈爾濱工業大學電機工程	山東
張繼正	「交通部長」	1919	美國康奈爾大學工程博士	四川
郭寄嶠	「蒙藏委員會委員長」	1902	保定軍官學校	安徽
高信	「僑務委員會委員長」	1904	德國佛來堡大學	廣東
蔡培火	「政務委員」	1889	日本東京高等師範學校	臺灣
蔣經國	「政務委員」	1910	莫斯科孫逸仙大學	浙江
葉公超	「政務委員」	1904	英國劍橋大學碩士	廣東
陳雪屏	「政務委員」	1901	美國哥倫比亞大學	江蘇
田炯錦	「政務委員」	1899	美國伊利諾伊大學博士	甘肅
賀衷寒	「政務委員」	1900	黃埔軍校第一期畢業 莫斯科陸軍大學	湖南
董文琦	「政務委員」	1902	日本名古屋高等工業大學	吉林
俞大維	「政務委員」	1897	美國哈佛大學博士	浙江
徐柏園	「政務委員」	1902	美國芝加哥大學研究	浙江
俞國華	「政務委員」	1914	美國哈佛大學經濟學碩士	浙江
連震東	「政務委員」	1904	日本應慶大學	臺灣

資料來源：張山克編：《臺灣大事記》，北京：華文出版社1988年版，第846～851頁。

由上表可知，歷屆「行政院」精英中，與最高領袖有直接關係的比例超過半數，占 52.6%。直接關係中比例最高的是直接部屬或師生關係，占全部「閣員」的 28.4%；其次為官邸秘書出身的「閣員」，比例為 16.8%。陳誠第一次「組閣」期間，與蔣介石有直接部屬關係的有 10 位，占 45%；俞鴻鈞「內閣」中與蔣介石有直接部屬關係者則有 13 位，占 65%；陳誠第二次「組閣」期間，與蔣介石有直接部屬關係的有 21 位，占全體「閣員」的 81%。

在最高行政當局的「行政院」內，「閣員」中的「政務委員」人選的挑選範圍也不大，主要是余井塘、黃季陸、黃少谷、蔡培火、田炯錦、葉公超等人。「部長」們也是這樣，不少是輪流坐莊，或者乾脆一人連任幾屆。「內閣」成員絕大多數都是蔣介石、蔣經國的親信，大都在南京政府時期就已擔任過要職，他們的主要任務是不折不扣地執行蔣介石的旨意，維持國民黨專制統治的穩定。因此，除了主管財經的部門有所建樹外，其他「閣員」無政績可言。尤其是「行政院長」人選，蔣介石信任的只有陳誠、俞鴻鈞、嚴家淦三人，只要他們三人還在，則不會讓其他人出任。

在權力峰層的「立法院」、「監察院」、「司法院」、「考試院」等「四院」首腦中，任過此職的除因死亡去職的外，任職人員的圈子極小，也是由少數幾個人包攬。現將歷屆「立法院」、「監察院」、「司法院」、「考試院」正、副院長名單分列如下：

表 3-5　「立法院」歷任院長與副院長（1949～1972 年）〔註41〕

姓名	職務	出生年份	教育背景	省籍	任職時間
劉健群	院長	1902	貴州省立法政專門學校	貴州	1949.10～1951.10
黃國書	副院長院長	1907	暨南大學 日本陸軍士官學校 德國炮兵學校、法國戰術學院	臺灣	副院長：1949.10～1951.10 　　　　1952.3～1961.2 院長：1951.10～1952.3 　　　1961.3～1972.3
張道藩	院長	1897	倫敦大學	貴州	1952.3～1961.2
倪文亞	副院長	1906	美國哥倫比亞大學碩士	浙江	1961.3～1972.3

〔註41〕秦孝儀：《中華民國政治發展史》第 4 冊，臺北：近代中國出版社 1985 年版，第 1862 頁。

表 3-6　「司法院」歷任院長與副院長（1949～1972 年）〔註 42〕

姓名	職務	出生年份	教育背景	省籍	任職時間
王寵惠	院長	1872	耶魯大學法學博士	廣東	1948.7～1958.3
謝冠生	院長	1897	法國巴黎大學法學博士	浙江	副院長：1950.5～1958.3 院長：1958.3～1971.12
田炯錦	院長	1899	北京大學 美國伊利諾伊大學博士	甘肅	1971.12～1977.3
石志泉	副院長	1887	日本東京帝國大學	湖北	1948.7～1950.5
傅秉常	副院長	1896	香港大學	廣東	1958.3～1965.7
謝瀛洲	副院長	1894	巴黎大學法學博士	廣東	1965.7～1972.4

表 3-7　「考試院」歷任院長與副院長（1949～1972 年）〔註 43〕

姓名	職務	出生年份	教育背景	省籍	任職時間
鈕永健	院長	1870	湖北武備學堂	江蘇	1949.11～1952.4
賈景德	院長	1880	進士	山西	1952.4～1954.8
莫德惠	院長	1883	北洋高等巡警學堂	吉林	1954.8～1966.6
孫科	院長	1891	哥倫比亞大學碩士	廣東	1966.6～1973.10
羅家倫	副院長	1897	北京大學	浙江	1952.4～1954.8
王雲五	副院長	1888	守真書館、同文館	廣東	1954.8～1958.9
程天放	副院長	1899	加拿大多倫多大學博士	江西	1958.9～1967.1
楊亮功	副院長	1897	美國紐約大學哲學博士	安徽	1967.11～1973.10

〔註 42〕秦孝儀：《中華民國政治發展史》第 4 冊，臺北：近代中國出版社 1985 年版，第 1863 頁。

〔註 43〕秦孝儀：《中華民國政治發展史》第 4 冊，臺北：近代中國出版社 1985 年版，第 1865 頁。

表 3-8 「監察院」歷任院長與副院長（1949～1972 年）〔註44〕

姓名	職務	出生年份	教育背景	省籍背景	任職時間
于右任	院長	1879	晚清舉人	陝西	1948.6～1964.11
李嗣璁	副院長 院長	1898	北京大學	河北	副院長：1958.4～1965.7 院長：1964.11～1972.5
劉哲	副院長	1880	北京大學	吉林	1948.7～1954.1
梁上棟	副院長	1887	山西大學堂 伯明翰大學	山西	1954.8～1957.7
張維翰	副院長	1886	雲南法政學堂	雲南	1965.10～1973.3

　　由上面的名單不難看出，「立法院」、「監察院」、「司法院」、「考試院」正、副院長的組成人員也是老面孔且變化不大，基本上是從祖國大陸逃臺的官員，絕大部分都是蔣介石重用的親信，他們只是蔣介石獨裁的工具，只是蔣家王朝的看門人。

　　總之，國民黨「中央政府」的政治精英大多來自特定的封閉階層，成員結構單一，基本上是外省籍，往往由蔣介石通過政治任命的方式產生。他們基本上是蔣的最熱心的追隨者和崇拜者。他們的存在，有利於國民黨政權去臺初期專制統治的重建和國民黨統治的強化，有利於蔣介石專制獨裁和國民黨一黨獨大。

第二節　黨外禁止組黨──扼殺「中國民主黨」

一、以雷震為首的「自由分子」試圖建立反對黨

　　國民黨退據臺灣以後，一黨專制統治進一步加強，民主派人士被排斥在權力中心之外，這就激起了以雷震為首的「自由分子」和一些臺籍地方人士的強烈不滿。20 世紀 50 年代後期，這兩股勢力結合在一起，形成了一股在野反對派政治力量。他們一方面以《自由中國》半月刊為輿論喉舌，抨擊國民黨專制獨裁，鼓吹西方政治，要求實行「兩黨政治」，另一方面以地方選舉為媒介，試圖建立反對黨，對國民黨政府實行監督和制衡。

〔註44〕秦孝儀：《中華民國政治發展史》第 4 冊，臺北：近代中國出版社 1985 年版，第 1866 頁。

　　以雷震為首的「自由分子」除了在言論上對臺灣當局「說三道四」外，還試圖建立反對黨對「政府」實施牽制。1957 年 4 月 1 日，《自由中國》發表名為《反對黨！反對黨！反對黨！》的社論，大聲呼籲自由民主人士起來組黨。〔註45〕正在這時，臺灣地方勢力的代表人物吳三連、郭國基、楊金虎、石錫勳等召開會議，討論國民黨在選舉中舞弊的問題。為了對付國民黨在這方面的「安全措施」，吳三連等人準備建立一個常設機構，以協調黨外候選人的選舉事宜，聯合起來與國民黨對抗。這一設想立即得到雷震、李萬居、夏濤聲、朱文伯等人的支持。大家商議的結果，決定將這個常設機構取名為「中國地方自治研究會」，以表明它並不是政黨。但實際上，這是以這個機構的成立為組建新黨投石問路，並不排除將此機構進一步發展為政黨的可能。7 月初，「中國地方自治研究會」按臺灣當局的有關規定，向「臺北市政府」提交登記申請書。臺灣當局鑒於這個機構實際是新黨的雛形，迅即令「臺北市政府」以「無權辦理全國性團體」的理由駁回。8 月初，該研究會又向「臺灣省社會處」申請。12 月，當局又以不符合 1942 年頒布的《非常時期人民團體組織法》為由駁回。〔註46〕《自由中國》、《公論報》、《民主潮》和香港的《祖國週刊》、《聯合評議》、《自由人》等刊物，聞訊紛紛發表評論，引偽憲法中關於「公民有結社自由」的規定，向國民黨據理力爭，但國民黨根本不屑一顧。既然國民黨連結社都不批准，自然更不能開放黨禁，「自由分子」們被迫將組黨一事暫時擱置。

　　第一次組黨企圖破滅，但「自由分子」並不氣餒。1958 年 2 月，《自由中國》發表名為《反對黨問題》的社論，呼籲知識分子起來組黨以完成「他們對國家所擔負的責任」。社論並指出：那種認為在「戡亂時期」應暫時忍受國民黨一黨專政的想法「是完全錯了」，需要成立反對黨來監督執政黨並使它實行必要的改革。這個反對黨「應該是一個忠誠的反對黨，它必須支持執政黨的反共政策，而以推翻大陸上的極權統治為一項不可動搖的目的。」〔註47〕

　　5 月 27 日，《自由中國》召開集會，胡適發表題為《從爭取言論自由談到反對黨》的演講，主要講了三點：（1）過去曾希望國民黨能像土耳其的國民

〔註45〕朱伴耘：《反對黨！反對黨！反對黨！》，《自由中國》第 16 卷第 7 期，1957年 4 月 1 日，第 8 頁。

〔註46〕朱文伯：《理論與事實——漫談人權保障問題》，《自由中國》第 19 卷第 11 期，1958 年 12 月 1 日，第 18 頁。

〔註47〕社論：《反對黨問題》，《自由中國》第 18 卷第 4 期，1958 年 2 月 16 日，第4 頁。

黨那樣分成兩黨，以奠定民主政治的基礎。但是直至今日，他的這個希望未見實現。「俟河之清，人生幾何」。因為不能長期等待，就不得不考慮其他途徑，（2）現在許多人對「反對黨」的概念甚為反感，總把「反對黨」與顛覆、搗亂等同起來，建議以後不用「反對黨」而改用「在野黨」一詞。（3）「現在可否讓教育界、青年知識分子出來組織一個不希望取得政權的在野黨」，「一般手無寸鐵的書生或書呆子出來組黨，大家總相信不會有什麼危險，政府也不必害怕」。〔註48〕

胡適講這番話時，正值「行政院」以「密件」形式向「立法院」提出《出版法修正草案》，謀求進一步加強對新聞報刊的政治控制。此事在島內引起軒然大波，遭到各種輿論的齊聲批評。但在「行政院」壓力下，「立法院」內持反對意見的 CC 派「開明立委」還是向當局讓步，致使《出版法修正草案》通過。胡適深切體會到：依靠黨內的「開明人士」無法達到政治改良的效果，必須由黨外人士組織在野黨對「政府」實行監督。因此，在《出版法修正草案》通過當天，《自由中國》又發表了名為《積極展開新黨運動》的社論，認為在《出版法修正草案》的論爭中，明顯暴露國民黨內部的矛盾。「嚮往民主自由的知識分子，在今天已深深感到無法在國民黨以內施展其抱負。我們相信觀念之轉變應能帶來在野黨運動之轉機」。社論提出，組建新黨有兩種方法：一種是由國民黨內分化出一個新黨，如此則全部責任都加在國民黨內的自由民主分子身上，而黨外人士則無法發揮作用；另一種是由國民黨外的知識分子起而組黨，這將把國民黨內的開明派排除在外。既然兩種方案都有缺陷，故應當成立一個「各方面保持共同理想的知識分子的聯合組織，使大家都能為這一理想之實現而奮鬥」。換言之，不僅是要求黨外反對派成立政黨，而且要挖國民黨的牆角，把國民黨內的「自由分子」也拉出來。社論最後說：「自從胡先生歷次建議成立新黨，本刊一再竭力鼓吹以來，無可諱言的，我們所贏得的內心共鳴與口頭贊同，多予公開的回應……但我們亦發現動機已不缺乏，各方條件趨於成熟，現在需要的只是決心。本刊願在此再度向海內外保持民主自由思想的知識分子，大聲呼籲，並且相信只要為大家所信賴的人物願擔起領導的責任，新黨運動就可積極的展開。」〔註49〕

〔註48〕胡適：《從爭取言論自由談到反對黨》，《自由中國》第 18 卷第 11 期，1958 年 6 月 1 日，第 9～10 頁。

〔註49〕社論：《積極展開新黨運動》，《自由中國》第 18 卷第 12 期，1958 年 6 月 16

　　然而，事情並非像《自由中國》所宣傳的那樣簡單。香港的「自由分子」杜蘅知分析說，要組織反對黨，將首先面臨四大難題：（1）國民黨的打擊。（2）事實上在臺灣沒有多少「自由」知識分子。90％的知識分子是國民黨員，需遵守黨紀。剩下10％的知識分子，大多是政府雇員，吃的、穿的、住的，全靠當局配給，誰敢冒砸飯碗的危險。（3）組織政黨需有擅長組織工作的專家，僅憑單純的知識分子組黨，勢必被特務滲透，到時他們施展分化離間的本領，準把新黨搞散。（4）組黨要有經費，今日的知識分子99％都是窮光蛋，到何處去籌措這一筆巨大費用？〔註50〕

　　此外，組建新黨還需要有一位「大家所信賴的人物願擔起領導的責任」，但事實上卻沒有這樣的人物。在這段時間裏，雷震常常偕夏濤聲去看望胡適，勸他做新黨領袖，而自己願意擔任秘書長，負實際責任。胡適說他「今日擔任『中央研究院院長』，這是一個學術機關，同時又出來搞政治，實不相宜」。

　　他又極力勸說雷、夏出來組織，而自己願在一旁贊助。最後胡適表示可做新黨的普通黨員，在召開成立大會和黨員大會時，一定出席講演捧場。雷、夏說：「恐怕黨未組成，而人已坐牢了。」胡適蠻有信心地說：「國民黨已把大陸丟掉了。今日總該有點進步吧。」雷、夏齊聲答覆說：「今日地盤小了，可能握得更緊吧。」〔註51〕

　　為了給雷震打氣，胡適破戒陪雷震和夏濤聲喝酒，以「預祝新黨之成功」。席間，雷、夏愁眉不展，胡適受到「感染」，情緒亦隨之低落，連聲哀歎「秀才造反，三年不成」。雷、夏見胡適遲遲不肯出頭，也就沒敢啟動組黨的各項工作，轉而投入到與國民黨的「修憲」、「護憲」之爭中去，只有《自由中國》依然在組黨問題上喊得很凶。

　　1959年1月，《自由中國》發表名為《取消一黨專政》的社論，指出：蔣介石承諾「非憑藉武力」是「一大進步、一大轉機」，「到現在，我們在政策上所當採取的重大轉變的原則，理該是由軍事第一到政治第一」。社論痛罵國民黨「由限制出入境到非法逮捕、拘禁、審問、處罰，而侵犯了人身自由；由管制新聞到不准批評政府的反共報刊入口，以至禁止軍中閱讀依法登記的出版

日，第10頁。
〔註50〕杜蘅知：《知識分子與反對黨》，香港《自由人》半週刊，1958年6月18日。
〔註51〕雷震：《雷震回憶錄》，香港：七十年代出版社1976年版，第238頁。

物，終至於制定了出版法，而侵犯了言論、出版自由，由管制人民集會到不核准『中國地方自治研究會』的登記，而侵犯了人民的集會、結社自由。結果是，人民不成其為主人。政府在剝奪了人民主人地位的同時，又積極地建立龐大的政工制度，以便國民黨透過政工幹部之手，在全國海、陸、空各部隊中積極活動，從事黨化軍隊的工作，把國家的軍隊變為一黨的軍隊，期使國民黨的統治地位，穩如鐵打的江山。這種做法，非但迫使民社、青年兩黨，只有永遠處於所謂『友好』的地位，作為政治上的點綴品，且使得號稱主人的中華民國人民，也只有永遠忍受國民黨的統治，而無法享有憲法所明確保障的神聖權利。政府仍恐這種黨有的基礎，終將由於全國人民的覺醒，而發生動搖。便又進一步推行黨化教育，乃至所謂『革命教育』，向下一代灌輸黨的教條，使中華民國國民，從兒童時期開始，便被慢慢塑造成為國民黨的黨員。政府又恐這種黨化教育未必能全部收效，又進一步假借推行學校軍訓的名義，專門成立一個『青年反共救國團』，來篡奪學校原有的訓導工作，以求徹底控制高中以上的學校活動，企圖使得全國的青年學生都成為國民黨的政治資本」。關於民意機構問題，社論指出：「依法早該改選的『中央民意代表』，無限期的延長任期，而使人民的政治權力，更受到客觀環境的限制。」「『國防會議』、『青年救國團』，以及『臺灣警備總司令部』之類的機構，可以不經立法手續而設置。免試升學的措施，可以在立法院反對下依舊推行。……監察院的調查權，也受到黨的壓制，而無法行使。司法的審判權也受到黨的干涉，而不能獨立。……於是各級民意機構根本無法反映民意，更不能對人民負責。」關於地方自治，社論指出：「（國民黨）在競選期間，便非法利用軍、公、教人員的力量來助選。在投票期間，又非法利用其指派的監察人員力量，使『監察』變成了『監視』，『秘密投票』變成了『公開操縱』，『自由選舉』變成了『干涉選舉』，甚至乾脆採取所謂『安全措施』而大量冒領選票，以至在開票期間，更非法利用這類人員增多非國民黨候選人的廢票。到最後，總是國民黨籍候選人穩操勝券。即令非國民黨籍的落選人員，對這類非法的競選行為訴之於法，但國民黨還可以透過行政干涉司法的途徑，盡力保障國民黨勝利的成果。縱然非國民黨籍人員，也僥倖有一二人當選，但仍無法擺脫國民黨縣市黨部及外圍組織的牽制和干擾，在事實上無法行使職權。」最後，社論要求國民黨「破除『萬世一黨』的一黨專政觀念，……以昨死今生的精神，改向民主憲改的大道邁進，進而在政治上建立一個全新的好基礎。以求一步步

達到『民有、民治、民享之民主共和國』目標」。〔註52〕

　　繼這篇社論之後,「自由分子」又趁 1960 年 2 月美國派調查團到臺灣瞭解「經援」情況之機,搜集了一批對國民黨不利的材料,由胡適面交調查團團長德萊柏。這份材料向美國建議六點:(1)請美國扶助成立反對黨,通過自由選舉方式,逼國民黨下臺。(2)請美國敦促臺灣當局裁軍。(3)臺灣完全是警察統治,在軍隊、在學校、在各級機關,均有特務監視。自 1958 年 8 月起,被拘囚之民主人士 1400 餘人,均以「共諜嫌疑」為詞,構成「莫須有」之冤獄。其中秘密處死者已有 400 人。請開中美聯合法庭提審以昭雪無辜。(4)如獨裁政府不接受美國勸告,應斷絕美援。今後美援應設一個由民主人士管理之機構負責分配,以免盡飽獨裁者私囊。(5)應勸蔣介石明確宣告不謀求連任下屆總統。(6)應說服臺灣當局恢復孫立人、白崇禧等 73 人之自由,准許他們離臺考察。〔註53〕

　　1960 年 2 月 17 日,國民黨中央常委通過《修正動員戡亂時期臨時條款以鞏固國家領導中心案》。3 月 11 日,「國民大會」通過莫德惠等 966 名「國大代表」提出的「修憲案」。3 月 21 日,蔣介石當選第三屆「總統」。至此,「自由分子」的「護憲」努力歸於失敗。他們認識到向國民黨要求「憲政」,無異於與虎謀皮,僅在報刊和「省議會」發發牢騷,根本解決不了什麼問題,唯一可行的辦法就是立即建黨進行制衡。

　　美國對臺灣「自由分子」組建中國民主黨持樂觀其成的態度。美駐臺「大使」莊萊德和「大使館參贊」奧斯本稱:「中國(臺灣)可以步上民主國家,可以不使美國再受到扶持國民黨一黨獨裁的諷刺。」〔註54〕有了美國人的支持,「自由分子」信心大增,加快了組黨步伐。《自由中國》連續發表了七篇名為《論反對黨》的社論,宣揚「民主政治是今天的普遍要求,但沒有健全的政黨政治就不會有健全的民主,沒有強大的反對黨也不會有健全的政黨政治」。〔註55〕

　　在輿論準備的同時,組織籌劃也在進行。國民黨的兩個「友黨」──青年黨與民社黨也不甘心只當受氣的小夥計,要突破束縛求發展。1960 年 5 月 18

〔註52〕社論:《取消一黨專政》,《自由中國》第 20 卷第 2 期,1959 年 1 月 16 日,第 3～5 頁。
〔註53〕香港《晶報》,1959 年 2 月 14 日。
〔註54〕雷震:《雷震回憶錄》,香港:七十年代出版社 1976 年版,第 331 頁。
〔註55〕社論:《反對黨問題》,《自由中國》第 18 卷第 4 期,1958 年 2 月 16 日,第 3 頁。

日，代表臺灣地方勢力的吳三連、李萬居、高玉樹等，代表《自由中國》主要成員的雷震、傅正等，代表民、青兩黨的夏濤聲、朱文伯等，合計共 72 人，在民社黨中央總部集會。會議原定議題是討論國民黨在第四屆地方選舉中的舞弊行為。討論近一個小時後，有人便不耐煩起來，認為討論如何改善選舉純屬徒勞無功，目前的關鍵問題是盡速組織反對黨，大家不如先討論這個問題。於是，會議的基本議題改為組黨問題。一種意見主張解散民、青兩黨，另組建強有力的新黨，另一種意見主張兩黨合作納入新人，重組新黨。經過激烈討論，與會者一致同意：不管國民黨是否同意，我們也要組黨。會議決定先成立一個「地方選舉改進座談會」，在各地設立分會，由主席團推出約 30 人擔任地方選舉改進工作，並與民、青兩黨協商組建新黨。〔註 56〕雷震曾計劃請胡適做黨魁，自己作秘書長負責具體工作。胡適對美國式的「兩黨制」尤為崇拜，甚至當面向蔣介石建議，如果不能出現有力的反對黨，可以把國民黨一分為二，互相監督，互相競爭。這等於是挖蔣介石的命根子，蔣搪塞說，如果由胡適為首組織反對黨，他絕不反對。胡適表現出了書生的天真，信以為真，為新黨的誕生搖旗吶喊。然而，他對充任黨魁一事竭力推辭，只願做黨員。1960 年 6 月間，雷震等人宣布成立「地方選舉改進座談會」，由青年黨、民社黨、無黨派及臺灣實力派人物參加，表面上是檢討選舉的弊端，實則為新黨雛形。6 月 15日，「地方選舉座談會」宣布「立即籌組一個新的政黨」，〔註 57〕「黨名暫擬定為中國民主黨」〔註 58〕，由李萬居、高玉樹和雷震為新黨——中國民主黨發言人，新黨計劃設七人主席團，成員除三位發言人外，還有夏濤聲（青年黨領袖之一）、楊毓滋（民社黨秘書長）、齊世英、郭雨新。新黨以李萬居為主席，雷震任秘書長，負責日常工作，定於 9 月底成立。《自由中國》還專發社論《大江東流擋不住》，表達組黨的信念：

　　　　這幾個月來，臺灣熱忱於自由民主憲政救國的人士，積極籌組

　　一個新黨，希望拿這個新黨作實現這一抱負的機構。這些人士，不

　　避溽暑，不辭跋涉，不避艱險，在重重威脅和阻撓之下，努力促致

〔註 56〕鄭牧心：《臺灣議會政治四十年》，臺北：自立晚報出版社 1987 年版，第 182頁。

〔註 57〕《選舉改進座談會的聲明》，《自由中國》22 卷第 12 期，1960 年 6 月 16 日，第 18 頁。

〔註 58〕傅正主編：《雷震全集》第 40 冊，桂冠圖書股份有限公司 1989 年版，第 332頁。

這一新黨之誕生。

　　我們確信，只有真正實行民主政治，才能結束這一禍亂相尋的
局面，而導致國家社會人民於長治久安之途。新的在野黨之組織，
不過是企求這一目標之實現而已。

　　大江總是向東奔流，我們深信，凡屬大多數人合理的共同願望
遲早總有實現的一天，自由、民主、人權保障這些要求，決不是霸
佔國家權力的少數私人所能永久阻過的！〔註59〕

　　新黨的領導成員，包括了除國民黨之外臺灣兩個最大的政治利益群體：
國民黨反對派（包括民、青兩黨及黨外人士）、臺灣籍實力人物，他們有相當
的社會基礎。國民黨面對著這樣一個在孕育中即將出世的新黨十分恐懼。蔣
介石素來堅持「黨外無黨」的「一黨專政」理論，接受大陸失敗的教訓，他對
追隨其來臺的兩個「友黨」──青年黨和民社黨也大施手腕，使其內部分裂，
實際陷於癱瘓。對臺灣籍人士，也處處限制他們從政的範圍。如今面對一個
反對黨平地而起，這對國民黨當局的一黨專制來說無疑是一個前所未有的挑
戰，因此國民黨當局調動了各方面的力量力圖阻止和破壞「中國民主黨」的
成立，不惜將之扼殺在搖籃中。

二、國民黨不擇手段阻止「中國民主黨」的成立

　　在「中國民主黨」的籌組過程中，國民黨當局的破壞行徑可以說是如影
時隨。1960年7月，國民黨當局通過其機關報《中央日報》公開表示：「現在
又有所謂『地方選舉改進座談會』其名而組黨其實的運動在進行中。我們並
不重視，亦決不予以承認……倘如今日再有『救國會』和『民主同盟』一類的
組織，甘心為共匪充外圍，做尾巴，從事顛覆國家的陰謀活動，我們決計沒
有予以承認，與其交往之可能。今日所謂『反對黨』組黨運動，其真正企圖為
何，真實目的何在，都未可知，我們自亦沒有予以承認而與其交往之可能」
〔註60〕，把籌組反對黨的行為與「共匪同路人」相提並論，以此來威脅恐嚇
新黨人士。國民黨當局的破壞手法還有：國民黨及其控制的報紙不斷地以頭
條新聞的地位報導說「中共正透過其統戰組織向正在組織中的新黨滲透」；每
次「地方選舉改進座談會」開會時，總是受到警備司令部的干擾；向吳三連

〔註59〕《大江東流擋不住》，《自由中國》第23卷第5期，1960年9月1日。
〔註60〕社論：《政黨的承認問題》，《中央日報》1960年7月29日，第2版。

的事業集團施加壓力，使作為新黨發起人之一的吳三連不得不暫時離臺六個月；對李萬居主辦的《公論報》，使用行政手段限制銷售，待其瀕臨破產之際，又唆使國民黨「臺北市議長」張祥傳乘機打入，控制了該報多份股權；對高玉樹，更是使出「纏訟」絕招，指使人控告其犯有瀆職罪和竊盜罪；在《自由中國》雜誌社斜對面的大安區民眾服務社（國民黨區黨部）內，指派特務數十人成立項目小組，每日跟蹤監視新黨籌備工作的中心人物雷震，其他負責籌備工作的人士，也有大批特務跟蹤，甚至散佈「住宅四周，如臨大敵」；利用駐港特務人員偽造函件，寄發新黨的主要籌備人，企圖構陷成罪等等。對於國民黨當局的干擾，雷震、李萬居、高玉樹以新黨發言人的身份，於 9 月 1 日發表《選舉改進座談會緊急聲明》進行譴責，並明確表示：「對於新黨的政綱、政策、黨名及黨章等都已有了初步的定案，預定在九月底以前即可宣告成立，我們斷定這不是任何干擾所能阻止的」〔註 61〕。

國民黨當局在一系列的干擾和破壞手段沒有達到阻止新黨成立的目的後，眼看一個反對黨即將誕生，不得不撕破臉皮，逮捕籌組反對黨核心成員——雷震。9 月 4 日，臺灣「警備總司令部」迅速行動，拘捕了雷震及《自由中國》的 3 個工作人員，並搜走了包括新黨「所有即將完成的綱領政策及宣言的底稿」。〔註 62〕「警備總司令部」宣布，雷震等的罪名「涉嫌叛亂」，將由軍事法庭審判。當天，國民黨宣傳機關還公布了《自由中國》「涉嫌違法言論摘要」，為《自由中國》定下六條罪名：「（1）倡導反攻無望，（2）主張美國干涉我國內政，（3）煽動軍隊憤恨政府，（4）為『共匪』做統戰宣傳，（5）挑撥本省人與大陸來臺同胞間的感情，（6）鼓勵人民反抗政府流血革命。」〔註 63〕

雷震本人是臺島內外令人矚目的自由象徵，被捕又發生在新黨誕生的前夕，立即引起輿論的關注。雷震的親屬故友四處鳴冤叫屈。遠在美國的胡適立即表示，雷震被捕是極不尋常的，「完全出於意料之外」，希望當局能以普通法庭而非軍事法庭審判。他還給陳誠打電報，希望慎重處理雷案。胡適表示：「《自由中國》半月刊為中國人民享有言論自由之象徵，雷之被捕，將使

〔註 61〕《選舉改進座談會緊急聲明》，《自由中國》23 卷第 5 期，1960 年 9 月 1 日，
　　　　第 18 頁。

〔註 62〕本報訊：《「自由中國」雜誌發行人雷震涉嫌叛亂被捕》，《聯合報》，1960 年 9
　　　　月 5 日，第 1 版。

〔註 63〕本報訊：《「自由中國」半月刊涉嫌違法言論摘要》，《聯合報》，1960 年 9 月
　　　　5 日，第 2 版。

此例證被毀。」〔註64〕民社黨主席張君勱連續兩次自美國致電蔣介石，明確反對逮捕雷震，並要求蔣辭職，「將其責任交副總統陳誠」。〔註65〕美國上下對蔣介石也是一片譴責聲，要求美國政府進行干涉。如斯卡拉皮諾在《紐約時報》上著文質問美國政府：「我們的大量經濟及技術援助維持著這一政府（指臺灣當局）當權時，我們必須繼續裝作我們不能有所作為嗎？」他要求制定新的對臺政策，「其中包括一項原則：所有臺灣公民必須有意見決定他們的未來及參加政府工作；否則……歷史將再度指謫我們庇護一個衰微的獨裁政體」。〔註66〕

　　面對內外指責，蔣介石終於說話了。9月14日，他接見美國記者時談到雷震事件。任何有政治常識的人都看得出，逮捕雷震與「組織新黨」有關，但蔣介石卻矢口否認。他說「這件事與雷震籌組反對黨的事無關」，雷震等被捕是因為《自由中國》登的文章「對『共匪』是有利的」，「已有匪諜在該刊的幕後活動」，與雷震同時被逮捕的《自由中國》工作人員劉子英是「匪諜」，雷震知道而「仍予隱匿」。蔣介石還近似當面撒謊地吹噓「任何人可以自由地在臺灣從事政治活動」。針對國際上的譴責，蔣介石說，他已知道美國及其他國家引起了反應，但「每個國家都有它自己的實際情況，而且雷震的逮捕是根據中華民國的法律而辦理的」。他相信，將來「他們是會瞭解的」，〔註67〕實際上是要以「內政」來堵住別國干涉此事的藉口。

　　10月3日，臺灣「警備總司令部」高等軍事法庭僅用一天的時間就匆匆審完了「雷震案」。8日，公布審判結果：雷震因「明知為匪諜而不告密檢舉」、「連續以文字為有利於叛徒之宣傳」等罪名而被判處有期徒刑10年。〔註68〕這裡，對逮捕審判雷震的直接原因——「組織新黨」完全不提，使案件成了單純的「法律事件」，這是蔣介石的「高明」之處。11月，胡適自美國返臺拜見蔣介石。蔣介石有意冷落他，沒有循例約見，後來才在不談「雷案」的約定下與他見面。見面時也不是往常兩人親密無間式的自由漫談，而是由工作人員陪坐，完全是官場形式，「表示兩人有距離了」。到談話臨結束時，胡適與蔣介石有下列對話：

〔註64〕本報訊：《陳兼「院長」電覆胡適》，《聯合報》，1960年9月24日，第2版。

〔註65〕雷震：《雷震回憶錄》，香港：七十年代出版社1976年版，第51頁。

〔註66〕雷震：《雷震回憶錄》，香港：七十年代出版社1976年版，第37頁。

〔註67〕中央社訊：《逮捕雷震一切均係依法辦理》，《中央日報》，1960年9月15日，第1版。

〔註68〕本報訊：《警總軍事審判庭宣判雷震判處徒刑十年》，《聯合報》，1960年10月9日，第1版。

胡適：我本來對岳軍（「總統府秘書長」張群——引者注）先生
說過，我見總統，不談雷案。但現在談到國際形勢，我不能不指出這
三個月來政府在這件事上的措施實在在國外發生了很不好的反響。

蔣介石：我對雷震能十分容忍。如果他的背後沒有匪諜，我決
不會辦他。我們的政府是一個反共救國的政府，雷震背後有匪諜，
政府不能不辦他。我也曉得這個案子會在國外發生不利的反響，但
一個國家有他的自由，有他的主權，我們不能不照法律辦。〔註69〕

胡適當然不相信這樣的指控，乾脆挑明了自己的看法，說：「總統和國民
黨的其他領袖能不能把十年前對我的那份雅量分一點來對待今日要組織一個
新黨的人。」〔註70〕胡適又對軍事法庭的草率審判表示了不滿，蔣介石突然
問胡適說：「去年××回來，我對他談起，『胡先生同我向來是感情很好的。
但是這一兩年來，胡先生好像只相信雷儆寰（雷震字儆寰），不相信我們政府。』
××對你說過沒有？」此問一發，胡適立即誠惶誠恐地說：「這話太重了，我
當不起。」〔註71〕忙用很長時間解釋自己對蔣介石的「忠誠」。胡適原想借自
己與蔣介石的個人關係為雷震求情，結果碰了一鼻子灰。〔註72〕11月23日，
胡適聽到「國防部」駁回了雷震的上訴，維持原判的消息，黯然地說：「太失
望，太失望。」〔註73〕

「監察院」在多方壓力下，也曾成立「雷案調查小組」，但蔣介石親自下
命令，不准該小組成員和雷震談話，其調查自然成了過場，結果便也可想而
知。雷震案引起國際注目，「大赦國際」也曾要求蔣介石為雷震減刑，蔣介石
根本不予理睬。

國民黨當局在重點打擊雷震和《自由中國》半月刊的同時，對參加組黨
運動的臺灣本土民主人士也展開了打擊的行動，使得組黨人士陷入了舉步維
艱的境地。早在《自由中國》事件發生之前，著名的臺灣本土民主人士——
「中國民主黨」發起人之一的吳三連就在國民黨當局的壓力下被迫退出了組
黨的活動，使「中國民主黨」失去了一個主要的經濟來源；雷震被捕後新黨

〔註69〕《胡適日記全編·第8冊》，合肥：安徽教育出版社2001年版，第723～724
頁。
〔註70〕《胡適日記全編·第8冊》，合肥：安徽教育出版社2001年版，第726頁。
〔註71〕《胡適日記全編·第8冊》，安徽教育出版社2001年版，第724頁。
〔註72〕雷震：《雷震回憶錄》，香港：七十年代出版社1976年版，第160～162頁。
〔註73〕《胡適日記全編·第8冊》，安徽教育出版社2001年版，第735頁。

籌組工作的重心落到李萬居、高玉樹身上，「李萬居首先因為大興公司土地糾紛案被法院方面傳去問話，……另一位新黨負責人高玉樹，則因在三年前臺北市長任內的一些問題，而收到了法院的幾張傳票。……再有一位對新黨頗為熱心，發言亦甚激烈的臺北縣選出的省議員李秋遠，一方面有選舉官司尚未結案；另一方面，又於最近奉召入伍服兵役六個月，……素有大炮之稱的高雄市選出的省議員李源棧，已於雷案發生後正式退出新黨的籌組工作」〔註74〕。面對「雷震被囚，胡適低頭」的形勢，新黨的籌備委員各找退路。高玉樹在連續接到三次傳票之後，害怕重蹈雷震的覆轍，表示願意脫離政治一個時期，到外國考察。國民黨考慮到此人對臺灣民眾有一定影響，順勢「高抬貴手」，讓這個「不安定因素」離開臺灣。高玉樹走後，李萬居孤掌難鳴。國民黨當局在後續的鎮壓行動中，主要就是通過掠奪《公論報》來打擊李萬居和「中國民主黨」的下一步組黨行動。10月14日，「臺北市新聞處」認定《公論報》發表《捫心看雷案》一文有「誹謗當局詞句」，再次對《公論報》提出警告。與此同時，張祥傳向法院起訴，以其擁有《公論報》多數股份為由，要求全面接管該報。「臺北地方法院」判處李萬居敗訴，李不服判決，提出上訴。從此，他便捲入財產官司之中，加上疾病纏身，再無心力從事組黨活動。這樣，本已孕育成熟的「中國民主黨」，終於在快足月的最後一刻流產了。

總之，國民黨採取了一系列無賴手段，使「中國民主黨」死於胎中，沉重打擊了政治反對派，一度春意萌發的反對黨頃刻間煙消雲散，國民黨「一黨專政」的局面得以較長時間的穩固。

第三節　臺灣地方自治

一、國民黨在臺灣施行地方自治的原因

（一）實現孫中山「地方自治」的遺教

在中國，孫中山是倡導地方自治的主要思想先驅。早在投身民主革命之初，他就篤信「人群自治為政治之極則」。〔註75〕同盟會成立時，他正式將地

〔註74〕傅正主編：《雷震全集》第3冊，桂冠圖書股份有限公司1989年版，第168～169頁。

〔註75〕孫中山：《與宮崎寅藏、平山周的談話》，《孫中山全集》第1卷，北京：中華書局1981年版，第172頁。

方自治列為重要革命方略，規定：在「約法之治」期間，「軍政府以地方自治權歸之其地之人民，地方議會議員及地方官皆由人民選舉」〔註76〕隨著民主革命實踐的發展，其地方自治思想逐漸形成比較完整的理論形態。孫中山的地方自治思想主要體現在《地方自治實行法》和《國民政府建國大綱》中。

西方政治發展的經驗對孫中山的地方自治思想有著深刻影響。他認為，美國政治進步的原因在於地方自治發達，「其未獨立以前，十三州各自為政，而地方自治已極發達；故其立國之後，政治蒸蒸日上，以其政治之基礎，全恃地方自治之發達也」〔註77〕。他堅信日本「非強於其堅甲利兵，乃強於其地方組織之健全」〔註78〕，因而他讓李宗黃赴日考察時留意地方制度。傳統中國鄉村社會的治理模式對其自治思想形成亦有所啟發。「試觀僻地荒村……彼等皆自治之民也。敬尊長所以判曲直，置鄉兵所以禦盜賊，其他一切共同利害，皆人民自議之而自理之，是非現今所謂共和之民者耶？」因此他相信，「我們中國人不是不能自治的，也不是沒有自治的」〔註79〕。民主革命的實踐使他最終覺悟到「建設民國，不是完全從上面可以做得到的：以後建設民國，還是要從下面做起來」〔註80〕。而地方自治就是「從下面做起」進而「奠定民國萬年有道之基」的制度化管道。

孫中山地方自治思想的精髓是民治。他認為真正的民治，就是「讓人民在本地方自治」〔註81〕，而不是什麼地方的紳治、黨治、官治。他特別闡明民治與官治的根本區別，「官治之者，政治之權，付之官僚，於人民無與，官僚而賢且能，人民一時亦受其賜，然人亡政息，曾不旋踵；官僚而愚且不肖，則人民躬被其禍，而莫能自拔，前者為嬰兒之仰乳，後者則為魚肉之於刀俎而已。民治則不然，政治主權在於人民，或直接以行使之，或間接以行使之，其在間接行使之時，為人民之代表者，或受人民之委任者，只盡其能，不竊其權，予奪之自由，乃在人民，是以人民為主體，人民為自治者，此其所以與官治截然不同也」〔註82〕。

〔註76〕孫中山：《中國同盟會革命方略》，《孫中山全集》第 1 卷，北京：中華書局1981 年版，第 297～298 頁。
〔註77〕《孫中山全集》第 6 卷，北京：中華書局 1985 年版，第 208 頁。
〔註78〕《孫中山全集》第 4 卷，北京：中華書局 1985 年版，第 491 頁。
〔註79〕《孫中山文集》上冊，北京：團結出版社 1997 年，第 173 頁。
〔註80〕《孫中山文集》下冊，北京：團結出版社 1997 年，第 888 頁.
〔註81〕《孫中山文集》下冊，北京：團結出版社 1997 年，第 887 頁。
〔註82〕陳旭麓：《孫中山集外集》，上海人民出版社 1992 年，第 34 頁。

為了倡導民治，實行民權，孫中山還提出權能區分的理論原則，將國家政治權力分為政權和治權，政權即「權」的一面，治權即「能」的一面。政權包括選舉權、罷免權、創制權、復決權，「要把這個大權完全交到人民的手內，要人民有充分的政權可以直接去管理國事。這個政權，便是民權」。治權就是司法權、立法權、行政權、考試權、監察權。「要把這個大權完全交到政府的機關之內，要政府有很大的力量治理全國事務。這個治權，便是政府權」。〔註83〕權能區分的意義在於，權屬於人民，能屬於政府，使人民有其權，政府有其能，其目的是造成全權的人民來管理政府，造成萬能的政府為人民謀福利。為了達到這一目的，就應以地方自治為憑藉。地方自治的基本精神，即在於貫徹主權在民的思想。只有政權掌握在人民手中，才能實現真正的民主政治，才能建設真正的民主國家。孫中山說：「要人民能夠直接管理政府，便要人民能夠實行這四個民權，人民能夠實行四個民權，才叫做全民政治。」「用人民的四個政權來管理政府的五個治權，那才算是一個完全的民權政治機關。有了這樣的政治機關，人民和政府的力量才可以彼此平衡。」這就是地方自治權能劃分的道理。〔註84〕

孫中山主張以縣為地方自治的基本單位。他認為，縣自治更容易為民眾接受和實施，因為「國人對於本縣，在歷史習慣上，有親昵之感覺」。〔註85〕因此他主張「先以縣為自治之單位，於一縣之內，努力於除舊布新，以深植人民權力之基本，然後擴而充之，以及於省。如是則所謂自治，始為真正之人民自治，異於偽託自治之名，以行其割據之實者。而地方自治已成，則國家組織始臻完密，人民亦可本其地方上之政治訓練以與聞國政矣」。〔註86〕他明確承諾，「在兵事完結之後，把全國一千六百多縣都劃分開，將地方上的事情，讓本地方人民自己去治，政府毫不干涉」。〔註87〕分縣實行自治是民權主義的實現途徑和制度保障。「無分縣自治，則人民無所憑藉，所謂全民政治，必無由實現。無全民政治，則雖有五權分立、國民大會，亦終無由舉主權在民之實也。以是之故，吾夙定革命方略，以為建設之事，當始於一縣，縣與縣聯，以成一國，如此，則建設之基礎，在於人民，非官僚所得而竊，非軍閥所

〔註83〕《孫中山全集》第9卷，北京：中華書局1986年版，第347頁。
〔註84〕《孫中山全集》第9卷，北京：中華書局1986年版，第352頁。
〔註85〕《孫中山全集》第3卷，北京：中華書局1984年版，第323頁。
〔註86〕《孫中山全集》第11卷，北京：中華書局1986年版，第103頁。
〔註87〕《孫中山文集》下冊，北京：團結出版社1997年，第887頁。

得而奪」〔註88〕。縣自治「為民治之根本」。故要想實現民治，「宜大減其好高騖遠之熱度，而萃全力於縣自治」。〔註89〕把地方自治的重心放置在縣，便於訓練國民行使直接民權，有利於鞏固民國的社會政治基礎。

孫中山對省自治的規劃體現在《建國大綱》中，即，「凡一省全數之縣，皆達完全自治者，則為憲政開始時期，國民代表會得選舉省長為省自治之監督，至於省內國家行政，則省長受中央之指揮」。省立於中央與縣之間，以收聯絡之效：省長受中央指揮，辦理省內的國家行政事務〔註90〕。

孫中山具體規劃實施地方自治的步驟。在訓政時期，政府派曾經訓練考試合格人員，到各縣協助人民籌備自治，主要從事調查人口、測量土地、辦理警衛、修築道路以及訓練人民使用四權。當人民能夠「完畢其國民之義務，誓行革命之主義」的時候，「得選舉縣官以執行一縣之政事，得選舉議員以議立一縣之法律」，完全自治之縣即告成功〔註91〕。以後，國民可以選舉、罷免官員；可以創制、復決法律。只有人民切實掌握四權，才稱得上是當之無愧的主人翁。

孫中山重視地方自治團體的民生建設。《地方自治實行法》規定，地方自治團體既是政治組織又是經濟組織，「其志向當以實行民權、民生兩主義為目的」，根據規劃，自治開始時，首先次第進行清戶口、立機關、定地價、修道路、墾荒地和設學校等六項要務，俟有成效之後，逐漸推廣至農業、工業、交易、銀行以及保險等領域的合作事項，使地方自治建築在堅實的社會經濟基礎之上，使人民的政治解放同經濟解放密切結合起來。

關於中央與地方的縱向權力配置，孫中山充分考慮到現代民族國家政治發展的趨勢，超越了中央集權與地方分權孰優孰劣、非此即彼的簡單思維，創造性地提出均權主義思想。他認為，「中央有中央當然之權，軍政、外交、交通、幣制、關稅是也；地方有地方當然之權，自治範圍內是也」。彼此不能相互取代，「故有國家政治、地方政治，實無所謂分權集權也」。〔註92〕均權主義的權力配置原則，就是根據事務的性質，確定權力的歸屬，宜統則統、宜分則分。《建國大綱》規定，「中央與省之權限，採均權制度。凡事務有全國

〔註88〕陳旭麓：《孫中山集外集》，上海人民出版社1992年，第35～36頁。
〔註89〕陳旭麓：《孫中山集外集》，上海人民出版社1992年，第37～38頁。
〔註90〕《孫中山選集》，北京：人民出版社1981年，第603頁。
〔註91〕《孫中山選集》，北京：人民出版社1981年，第602頁。
〔註92〕《孫中山全集》第1卷，北京：中華書局1981年版，第482頁。

一致之性質者，劃歸中央：有因地制宜之性質者，劃歸地方：不偏於中央集權或地方分權」〔註93〕。通俗的講，凡地方能做的事，中央就不要做：超越地方能力所及的事，交給中央去做。

　　孫中山的上述地方自治思想是「總理遺教」的重要內容，國民黨既然以總理遺教的繼承者自居，那麼出於政治合法性的考慮，實施地方自治其實是無法規避的政治問題。

（二）省籍矛盾，使得臺灣民眾要求地方自治

　　臺灣光復後，國民黨對臺灣人民實行軍事獨裁統治，行政長官公署集全省行政、司法、立法、軍事大權於一身，類似於日本統治時期的臺灣總督府。日本人撤出臺灣後，臺灣民眾認為應該有更多自治與參政的機會，然而，行政長官公署以臺灣人缺乏行政能力為由，把他們（許多人受過良好教育）排斥在中高級職務以外。臺灣的各級政府官員大都從大陸調來，重要職位幾乎由外省人所包攬，具體情況如下表〔註94〕

表 3-9　1946 年底臺灣省現任公務人員籍貫與官職比較

項別	總　計		特　任		特任待遇		簡　任		簡任待遇		薦　任	
	人數	%	人數	%	人數	%	人數	%	人數	%	人數	%
總計	54618	100	1	100	2	100	214	100	228	100	1704	100
本省人	39711	72.71	—	—	—	—	12	6.61	24	10.53	319	18.72
外省人	13973	25.58	1	100	2	100	202	94.39	204	89.47	1385	81.28
外國人	934	1.71	—	—	—	—	—	—	—	—	—	—

項別	薦任待遇		聘　任		委　任		委任待遇		雇　用		徵　用	
	人數	%	人數	%	人數	%	人數	%	人數	%	人數	%
總計	1438	100	12130	100	13947	100	7468	100	12891	100	929	100
本省人	437	33.87	10109	83.34	9079	66.10	6926	79.35	12095	93.83	—	—
外省人	951	66.13	2021	16.66	4868	34.90	1542	20.65	796	6.17	—	—
外國人	—	—	—	—	—	—	—	—	—	—	929	100

〔註93〕《孫中山文集》上冊，北京：團結出版社1997年，第403頁。
〔註94〕中國第二歷史檔案館：《臺灣「二‧二八」事件檔案史料》（下），檔案出版社1991年版，第139頁。

　　由表 3-9 可知，在特任及特任待遇級官員中，臺籍人士沒有一個名額；簡任及簡任待遇級官員中，臺籍人士所佔極少；即便是薦任及薦任待遇級官員中，臺籍人士也只占很小比例。臺籍公職人員的絕大部分都是委任和雇用級的低級職員。張琴 1947 年 3 月 25 日所著《臺灣真相》云：「在各機關中，不獨首長皆為國內同胞（絕少機關是臺灣人），且秘書、科長、股長一律皆為國內同胞。臺灣人民自然不免有嫉妒的心理。」不但如此，「最為臺灣同胞所憎恨的是在同一機關中擔任同級工作，待遇相差過巨。例如郵電局，國內同胞在原薪外每月有六千元臺幣的津貼，臺灣同胞則一文津貼沒有……因而臺灣同胞極仇視這些國內同胞」。〔註 95〕

　　光復初期，在臺的國民黨籍大陸人幾乎壟斷了一切中高級公職，並對臺灣人實行歧視政策，加上不少官員在臺倒行逆施、貪污腐化，遂導致了「二·二八」事件。在「二·二八」事件中，臺灣地方民眾及其代表——各群眾團體藉此事件，在「向臺灣省行政長官公署提出三十二項之條件」中要求：制定省自治法為本省政治最高規範；縣市長於本年 6 月以前實施民選，縣市參議會同時改選；省各處長人選應經省參議會（改選後之省參議會）之同意；省各處長 2/3 以上須由在本省居住 10 年以上者擔任之；警務處長及各縣市警察局長應由本省人擔任；法制委員須半數以上由本省人充任；一切公營事業之主管人由本省人擔任。〔註 96〕臺灣省「政治建設協會」等團體還派代表去南京向國民黨中央政權請願，要求廢除行政長官制度、設立行省、反對專制統治。這充分反映了廣大臺灣民眾追求「臺人治臺，高度自治」的強烈願望。然而，在「二·二八」事件中，國民黨對臺灣人民進行血腥鎮壓，激起了臺灣人民對國民黨的強烈仇恨心理，國民黨及其「政權「被視為外來統治者而不被臺灣人認同。

　　「二·二八」事件平定後，國民黨對於臺灣地方精英的政治參與的層級與管道趨向放寬，1947 年 3 月 17 日，白崇禧赴臺處理善後事宜，承諾「在政治制度上，決將現在臺灣行政長官公署改組為臺灣省政府，各縣市長可以定期民選，各級政府人員以先選用臺省賢能為原則。在人事上不分畛域，一律

〔註 95〕中國第二歷史檔案館：《臺灣「二·二八」事件檔案史料》（下），檔案出版社 1991 年版，第 139～140 頁。

〔註 96〕中國第二歷史檔案館：《臺灣「二·二八」事件檔案史料》（下），檔案出版社 1991 年版，第 191～193 頁。

平等待遇。」〔註97〕這是政策調整的重要宣示。4月22日，蔣介石主持行政院第784次例會，決議撤銷臺灣省行政長官公署，依照「省政府組織法」改制，任命魏道明為臺灣省政府主席，臺籍人士丘念臺為民政廳長，林獻堂、杜聰明、劉兼善、南志信、游彌堅、陳啟清為省府委員。臺籍人士在省政府權力核心占1／4，下屬各機關亦儘量起用臺籍人士。但是除了行政長官公署改制為省政府外，縣、市長民選的承諾並沒有即刻兌現，以省籍區分為特徵的臺灣民眾與國民黨政權的矛盾只是處於暫時潛伏狀態，沒有根本消除。國民黨敗退臺灣後，只有妥善回應二‧二八事件中臺灣民眾的主要訴求，即實行地方自治，才能最大程度地消除歷史積怨，進行有效的社會動員。

國民黨政府退臺初期，內外交困，處境艱難。對於退臺避難的國民黨政權來說，省籍矛盾是無法迴避，並且亟需妥善處理的重大問題。據統計，1945～1952年，大陸人來臺約120萬，1952年臺灣總人口約為813萬，〔註98〕大陸人占當時臺灣總人口的六分之一左右。臺灣中央級的黨、政、軍主要職位長期被外省人佔據而形成政治權力壟斷，造成省籍間關係緊張。對此，陳誠說道：「（臺灣）地方對中央，每多疑懼，人民視政府，無非剝削。自『二二八』事變迄今，此種隔閡始終未除。」〔註99〕外省籍人身處於充滿對立乃至仇視的社會環境之中，數量上的劣勢也會產生心理上的壓力。國民黨為保住這最後的根據地，就必須獲得臺灣民眾的支持，改變因「二二八」事件所導致的雙方之間的尖銳對立關係，也就得適應其要求，實施延宕已久的「地方自治」，有限度地開放政治。地方自治既可以緩解國民黨政府與臺灣地方民眾的矛盾（即所謂省籍矛盾），確立國民黨在臺灣的政治統治的正當性與合法性，籠絡臺灣政治精英，實現臺灣地方民眾對國民黨的政治認同。

（三）島外的壓力也起了重要作用

從1949年初到1950年6月朝鮮戰爭爆發前，美國的政策方向是逐步從中國內戰撤身。從1949年2月24日美國國務卿艾奇遜提出「等待塵埃落定」之說，到8月5日美國國務院正式發布《美國與中國的關係》白皮書，再到1950年1月5日美國總統杜魯門正式發表放棄臺灣與國民黨政府的宣言，都

〔註97〕中國第二歷史檔案館：《臺灣「二‧二八」事件檔案史料》（下），檔案出版社1991年，第676頁。
〔註98〕國史館藏，《臺灣人口研究》，《臺灣省政府檔》，檔號037／139。
〔註99〕陳誠：《陳誠回憶錄──建設臺灣》，東方出版社2011年版，第6頁。

表明美國當時決定對臺灣採取「袖手旁觀政策」，任其自生自滅。這對相當依賴美援支持且正處於風雨飄搖之中的國民黨政權而言，其所帶來的危機，與同一時期日益加劇的大陸強大軍事壓力相比毫不遜色。雖然朝鮮戰爭的爆發暫時解除了國民黨政權潰亡的危機，但對於在臺的國民黨而言，軍事上遠為強大的大陸解放軍所形成的巨大壓力是長期存在的。這種壓力既源於雙方實力上的差距，也是心理上的。20 世紀 70 年代末，中共在「和平統一」構想提出之前，一直堅持「解放臺灣」的方針，儘管在 1955 年之前主張「武力解放」，其後提出的是「和平解放」。「解放」的壓力對國民黨的影響可以從兩方面來看。一方面，國民黨在 20 世紀 50～60 年代一直維持著一支以人口比例來說，在世界上堪稱最龐大的軍隊（約 60 萬人），防務支出在 1951～1965 年度都占 GNP 的 9～11%，占「中央政府」總支出的 85%。〔註 100〕同時以「戒嚴法」在島內實行緊密控制，防止政治動亂發生。但是國民黨在大陸敗亡的教訓說明，僅靠武力是不足以維繫統治的，因此另一方面，國民黨領導階層感到不作一番根本改革，就不會獲得島內人民對它的支持，不僅難以實施「反攻大陸」的夢想，連生存下去也很難。如同美國學者高立夫所說的：「蔣介石及其主要幕僚顯然已覺悟到，他們對大陸的淪陷負有重責，而他們未來唯一生路繫於『他們在統治方法上作一激烈的變革』，臺灣乃是他們最後的希望。」〔註 101〕

　　在敗退臺灣之初，國民黨就開始著手進行若干政治和社會經濟的改革，特別是土改和地方自治，目的之一就是樹立臺灣「自由中國」的新形象，以改變被美國人拋棄的慘況，重新獲得亟需的援助。據原國民黨中常委蕭錚回憶，蔣介石 1949 年 12 月 15 日在臺北陽明山約集全體中常委談話，「認為麥克阿瑟對臺態度甚好，美援有恢復可能，目前惟先需自己有適當做法，故提出以吳國楨為臺灣省主席（陳誠為東南行政長官），並多選臺灣人士為省府委員，籌備臺灣地方自治。」〔註 102〕朝鮮戰爭爆發後臺灣的戰略地位提升，並由此獲得美國的軍事保護和經濟援助，但是國民黨還必須以一些實際行動，來改變它在大陸統治時期留給美國人的腐敗獨裁、抗拒改革的印象。因此，

〔註 100〕何保山：《臺灣的經濟發展》，上海譯文出版社 1981 年版，第 121 頁。

〔註 101〕高立夫著，艾思明譯：《海島中國》，臺北：洞察出版社 1987 年版，第 44 頁。

〔註 102〕蕭錚：《土地改革五十年——蕭錚回憶錄》，臺北：中國地政研究所 1980 年版，第 336 頁。

對於國民黨來說，美援的重新到來既是助力，也帶來了壓力。如果不樹立比較「開明」的形象，國民黨仍然可能再次失去美國人的支持，至少它是有此擔心的。

（四）國民黨借實施地方自治以收攬民心，建「三民主義模範省」

1949 年國民黨退臺後，蔣介石反覆申述要將大陸時期的地方自治制度移植到臺灣，以便在臺灣確立國民黨政權的合法性和社會基礎，使臺灣成為實現「反共復國」的基地。1949 年 1 月，蔣介石意識到國民黨在大陸的敗局已定，開始著手經營臺灣作為最後棲身之所和反共基地。1 月 11 日，蔣介石致電陳誠，指示他「（1）多方引用臺籍學識較優、資望素浮之人士，參加政府；（2）特別培植臺灣有為之青年與組訓；（3）收攬人心，安定地方；（4）處事穩重，對下和藹，切不可躁急，亦不可操切，毋求遠功速效，亦不必多訂計劃，總以腳踏實地，實心實力地做事，而不多發議論；（5）每日特別注重各種制度之建立，注意治事方法與檢點用人標準，不可專憑熱情與個人主觀；（6）勤求己過，用人自輔，此為補救吾人過去躁急驕矜，以致今日失敗之大過。」〔註103〕這則具有反省意味的電文，核心思想是收攬民心，鞏固臺灣基地。

1949 年 1 月，陳誠宣布在臺灣開始推行土地改革以及籌備實施地方自治，其根本動機如陳所言：「今天我們要消滅共匪，一方面自應加強軍事作戰，但在另一方面必須展開政治競賽，……本席接主省政以後，即提出『人民至上、民生第一』這兩句話，以為施政的總目標，要在臺灣真正實行三民主義的理想，本年增加糧食生產，實行三七五減租，並發展各種經濟建設，即為『民生第一』的實行。今天成立地方自治研究會，即為實行地方自治，以求達到『人民至上』的目的。今後我們如能在政治經濟上勝過共匪，就可立於不敗之地了。」〔註104〕土地改革與地方自治是配合國民黨改造運動，企圖在臺灣重建政權的兩大策略：即通過土地改革瓦解本土地主士紳階級，經由地方自治收攬潛在地方勢力，二者相互為用，以擴大國民黨政權的經濟與社會基礎。

〔註103〕蔣介石：《電示臺灣省政府陳誠主席治臺方針》，秦孝儀主編：《先總統蔣公思想言論總集》卷 37，臺北：中國國民黨中央委員會黨史委員會 1984 年版，第 382 頁。

〔註104〕阮毅成：《地方自治與新縣制》，臺北：聯經出版事業公司 1978 年版，第 248～249 頁。

國民黨在大陸的慘敗對蔣介石產生極大的震撼，是促使其調整治臺方針的最大原因。廣州解放前夕，蔣介石在臺南召開非正式會議，檢討大陸失敗的教訓，與會者除蔣氏父子外，還有吳國禎、王世杰、黃少谷、張其昀、沈昌煥。吳國禎直言不諱地指出，「他（蔣）太多地依靠軍事力量來鎮壓共產黨，而軍方又腐敗，他沒有在爭取民眾支持方面，給予足夠的注意，以致政府對公眾的情緒感覺遲鈍」。〔註105〕蔣介石深有所悟，「現在我們臺灣本省的黨員，應該以大陸的失敗為前車之鑒，積極地來推行地方自治，鞏固三民主義的基礎。」〔註106〕1950 年 3 月 1 日，蔣介石在臺北「復職」視事，發誓要「掃除中共，光復大陸」，重建「三民主義之民有、民治、民享國家」，提出所謂四大施政綱領：「在軍事上鞏固臺灣基地，進而光復大陸；在國際上先求自力更生，再聯合民主國家共同反共；再經濟坐提倡節約，獎勵生產，推行民生主義；在政治上保障民權，厲行法治。」〔註107〕3 月 8 日，陳誠發表出任「行政院長」的書面談話：「今後一切措施，當格遵國父遺教，以臺灣為三民主義實驗區，遵照『總統』訓示，鞏固臺灣及其他反共基地，以確保全體民眾生命財產之安全，並積極做反攻大陸之準備。同時根據民眾需要，貫徹『人民至上、民生第一』之主張，並依據憲法規定，實行民主政治，團結一切反共力量，以消滅共黨，抵抗對我侵略之蘇俄。」〔註108〕3 月 28 日，陳誠內閣公布施政方針，制定了軍事、財政、外交、內政、經濟、教育、交通、僑務、司法和臺灣等 10 個方面的政策，「對臺灣方面，逐步實現地方自治，動員人力物力，培養並加強自衛力量」。〔註109〕

1950 年 10 月 24 日，蔣介石在國民黨臺灣省改造委員會全體委員宣誓就職會上發表講話，論及了「地方自治」問題。蔣介石說：「現在大陸已經淪入共匪的鐵幕，我們整個中華民國的生命，就寄託在臺灣一省」，又說：「政府正在臺灣推行地方自治，辦理縣市議員及縣市長的選舉。這件工作，遠較三

〔註105〕吳國禎口述，（美）裴斐、韋慕庭訪問整理，吳修垣譯：《從上海市長到「臺灣省主席」——吳國禎口述回憶（1946～1953）》，上海：上海人民出版社 1999 年版，第 86 頁。

〔註106〕秦孝儀主編：《先總統蔣公思想言論總集》卷 24，臺北：中國國民黨中央委員會黨史委員會 1984 年版，第 231 頁。

〔註107〕秦孝儀：《中華民國政治發展史》第 4 冊，臺北：近代中國出版社 1985 年版，第 1613 頁。

〔註108〕陳誠：《陳誠回憶錄——建設臺灣》，北京：東方出版社 2011 年版，第 346 頁。

〔註109〕本報訊：《新閣施政方針》，《中央日報》，1950 年 3 月 28 日，第 1 版。

七五減租運動來得複雜。如何努力完成，政府固應負責，臺灣省改造委員會更應該盡力協助，積極領導。」「關於選舉，我們過去在大陸上辦理不得法，所以結果遭致失敗。……現在我們在臺灣辦理選舉推行自治，在這唯一的民族復興基地，當然不容許我們再失敗了。這次如何來實現黨的政策，樹立黨的威信，使選舉如期結束，圓滿成功，這是你們各位改造委員無可旁貸的責任。」最後蔣介石表示要「把臺灣建設成一個三民主義的模範省」。〔註110〕

1951 年 9 月 21 日，蔣介石親自主持了臺灣省各縣市議員研究會的開學典禮並發表了講話，蔣介石在一開頭就點明這個研究會是「共同來研究臺灣省地方自治問題」。在這個講話中，蔣介石講了四個方面的內容：一是「革命主要目的，一貫的是要恢復臺灣，使臺灣同胞獲得自由、平等的權利和幸福」。二是「臺灣光復六年以來，政府在政治、教育、經濟各方面之設施，已有績效；猶望本省同胞共同努力，再求進步」。三是「各縣市議員同志要能至公至正，必信必忠，領導群眾，發生示範作用，才能鞏固民主基礎，壯大復興力量」。四是「務望大家特別認清革命反共的目的，擔負黨員的責任，發揮民主精神，恢復革命鬥志」。〔註111〕

二、縣市地方自治的籌辦

1949 年 3 月 1 日，臺灣省行政會議召開。陳誠在致詞中承諾：「政治方面，首先推行地方自治：政治革命的最高目的是實行民權主義，我國自從國父孫中山先生締造中華民國，1949 年以來，政府孜孜以求的，即是如何還政於民，由人民自己管理地方政事。現在憲政已經開始實施，本省自應切切實實地準備起來，希望做到縣市長的民選。」〔註112〕行政會議決議：以推進地方自治作為臺灣省年度施政方針，第一，將公布省縣自治通則及各項選舉法規；第二，嚴格規定縣市長及鄉鎮長候選人資格，公民直接投票選舉；第三，提前實施縣市自治，選舉縣市長，成立縣市議會；第四，成立臺灣省地方自治研究會，研究各項自治規章等提案。〔註113〕

〔註110〕秦孝儀主編：《先總統蔣公思想言論總集》卷23，臺北：中國國民黨中央委員會黨史委員會1984年版，第433～436頁。

〔註111〕秦孝儀主編：《先總統蔣公思想言論總集》卷24，臺北：中國國民黨中央委員會黨史委員會1984年版，第229頁。

〔註112〕陳誠：《陳誠回憶錄——建設臺灣》，北京：東方出版社2011年版，第19頁。

〔註113〕林東昌等編纂；劉寧顏總纂：《重修臺灣省通志 卷7 政治志 議會篇》，

　　1949 年 7 月 20 日，陳誠專門召集會議，組建「臺灣省地方自治研究會」。確定研究會的任務是：「搜集有關地方自治材料」，「調查有關地方自治實際問題」，「研討有關地方自治規章辦法」。會議還確定了八項實施「地方自治」的具體步驟：（1）調整行政區域，（2）整理自治財政，（3）充實自治教育。（4）釐定自治法規；（5）訓練自治人才；（6）改選各級民意機構；（7）選舉縣市長；（8）選舉省長。

　　1949 年 8 月 15 日，臺灣省政府聘請對地方自治富有研究及深刻瞭解地方實際情況的省參議員和專家學者，成立以張厲生為主任委員，由 29 名成員組成的「臺灣省地方自治研究會」。〔註 114〕當局標榜「提前」實施地方自治，以期符合行憲後「還政於民」的政策。「臺灣省地方自治研究會」第一次會議決定，依照「中華民國憲法」，草擬有關「地方自治」的法規草案。研究會於同年 12 月底以前，先後舉行 10 次會議，擬定《臺灣省調整行政區域草案》、《臺灣省各縣市實施地方自治綱要草案》、《臺灣省縣市議員選舉罷免規程草案》、《臺灣省縣市長選舉罷免規程草案》等 4 項草案。〔註 115〕其中，《臺灣省縣市實施地方自治綱要草案》規定了「總則」、「居民及公民」、「自治事項」、「自治組織」、「自治財政」和「附則」等 38 條，是臺灣實行「地方自治」的基本法規。此後，又陸續擬定了《臺灣省各縣市議會議員選舉罷免規程》、《臺灣省各縣市議會組織規程》、《臺灣省各縣市縣市長選舉罷免規程》等 17 項法規。這些法規復經「臺灣省政府」研究修正和「臺灣省參議會」通過，並經「行政院」核備，陸續頒行，從而完成了實施「地方自治」的法規準備。〔註 116〕

　　其中，《臺灣省各縣市實施地方自治綱要草案》被視為「關係本省縣市地方自治最為深切，其制定精神為上無悖於憲法，下求適應時地之需要，以為辦理縣市地方自治之基本法規」〔註 117〕。《綱要》經省府委員會多次討論修

　　　　　　南投：臺灣省文獻委員會 1992 年版，第 4 頁。
〔註 114〕林東昌等編纂；劉寧顏總纂：《重修臺灣省通志　卷 7　政治志　選舉罷免篇》，臺灣省文獻委員會 1992 年版，第 9 頁。
〔註 115〕林東昌等編纂；劉寧顏總纂：《重修臺灣省通志　卷 7　政治志　選舉罷免篇》，臺灣省文獻委員會 1992 年版，第 10 頁。
〔註 116〕林東昌等編纂；劉寧顏總纂：《重修臺灣省通志　卷 7　政治志　選舉罷免篇》，臺灣省文獻委員會 1992 年版，第 37～38 頁
〔註 117〕林東昌等編纂；劉寧顏總纂：《重修臺灣省通志　卷 7　政治志　選舉罷免篇》，臺灣省文獻委員會 1992 年版，第 9 頁。

正，並經省參議會審議，1950 年 3 月 4 日，由省府委員會第 139 次會議通過，經行政院核准，於 4 月 24 日由省政府公布施行。包括總則、居民及公民、自治事項、自治組織、自治財政和附則等 6 個方面的內容。〔註118〕張厲生曾說明草擬《地方自治綱要》是「以為省縣自治通則暨本省自治法未公布前，辦理縣市地方自治之基本法規。凡所訂定，上冊背於憲法及遺教之精神，下求合於本省暨此時之需要。……稱綱要而不稱通則，在避免與省縣自通則相混淆，稱縣市而不稱省縣，以示省自治之尚須有待」。〔註119〕可見此時國民黨當局已確定以行政命令推動地方自治。

三、地方自治制度的主要內容

　　1950 年 4 月 24 日，國民黨「行政院」正式公布了《臺灣省各縣市實施地方自治綱要》，由臺灣省政府開始組織實施「地方自治」。其內容大致分為三項：

　　（一）調整行政區域，健全地方基層組織。臺灣光復初期，仍沿襲日據時代的舊有行政區劃。1945 年 12 月，國民黨臺灣省行政長官公署頒布《臺灣省縣政府及省轄市組織規程》，設立臺北、新竹、臺中、臺南、高雄、臺東、花蓮、澎湖 8 個縣，臺北、基隆、新竹、臺中、彰化、嘉義、臺南、高雄、屏東 9 個省轄市，草山管理局和 2 個縣轄市，66 個省轄市區公所，52 個區署，300 個鄉鎮。和日本佔領時期行政區劃不同的是，僅在區域名稱上予以更正。1950 年 8 月 16 日，國民黨「行政院」通過《臺灣省各縣市行政區域調整方案》。該案依據各縣市的土地面積、人口、戶稅及賦稅、生產額等，重新做了調整，縮小若干縣城，歸併一些省轄市。全省劃分為臺北、基隆、臺中、臺南、高雄 5 個省轄市，及臺北、宜蘭、桃園、新竹、苗栗、臺中、彰化、南投、雲林、嘉義、臺南、高雄、屏東、臺東、花蓮、澎湖 16 個縣（原臺北縣劃分為臺北、宜蘭兩縣；原新竹縣劃分為桃園、新竹、苗栗三縣；原臺中縣劃分為臺中、彰化、南投三縣；原臺南縣劃分為臺南、嘉義、雲林三縣；原高雄縣和屏東市劃分為高雄、屏東兩縣）。〔註120〕「臺灣省」設立 16 個縣、5 個

〔註118〕林東昌等編纂；劉寧顏總纂：《重修臺灣省通志　卷 7　政治志　選舉罷免篇》，臺灣省文獻委員會 1992 年版，第 12～20 頁

〔註119〕謝漢儒：《關鍵年代的歷史見證：臺灣省參議會與我》，臺北：唐山出版社 1998 年版，第 154～155 頁。

〔註120〕陳誠：《陳誠回憶錄——建設臺灣》，東方出版社 2011 年版，第 123 頁。

省轄市、1 個管理局、6 個縣轄市、234 個鄉、78 個鎮、42 個省轄市區.同時，裁撤原有區署，由縣直轄鄉鎮、縣轄市。〔註 121〕

（二）確定自治層級。根據《臺灣省各縣市實施地方自治綱要》的規定，縣市、鄉鎮縣轄市兩級為自治法人，辦理自治事項，同時分別接受上級政府指揮監督，執行委辦事項。從 1950 年到 1994 年「省縣自治法」和「直轄市自治法」實施前，臺灣當局實行縣、鄉兩級自治，而不是依據「憲法」實行省、縣兩級自治。在「省縣自治法」實施前，省主席始終為官派，省政府被譏諷為國民黨的第一派出所；省議員在 1954 年以後實行直接民選，所以省至多是半自治。「臺灣省政府」為縣市自治的監督機關，縣市政府為鄉鎮縣轄市自治的監督機關。國民黨當局極為重視對基層組織的控制。重新區劃後，在鄉以下設村，鎮和縣轄市區以下設里。村、里之內編制為鄰，鄰以下為戶。村、里均設「辦公處」，村、里長受制於鄉、鎮、縣轄市區長，辦理交辦的各項事宜。這樣就建立起以村、里為基礎，縣市為基本單位的，層層節制、龐大細密的權力網絡。藉此，國民黨得以有效地對廣大的臺灣民眾實行統治。

（三）設立自治組織。縣市的自治組織為縣市議會和縣市政府。鄉鎮（縣轄市）的自治組織為鄉鎮（縣轄市）民代表會和鄉鎮公所。縣市議會是縣市自治地方的立法和民意機關。議員由縣市公民直選產生，無給職，議員名額依人口比例確定，任期為 4 年連選得連任。〔註 122〕縣市議會設議長、副議長各 1 人，經由議員以無記名投票互選產生。議會內常設秘書室，置主任秘書 1 人，秘書、書記若干人，可以酌情聘請雇員，會議期間議會內設立程序委員會、紀律委員會、議案審查委員會等工作機構。縣市議會的主要職權是：①議決縣市自治事項。②議決縣市單行規章。③議決縣市預算及審核縣市決算之審核報告。④議決縣市與其他地方自治團體間之公約。⑤議決縣市所屬事業機構組織規程。⑥議決增加縣市民、縣市庫負擔事項。⑦議決縣市財產之經營及處分。⑧議決縣市政府及議員提議事項。⑨接受人民請願案。⑩其他依法律賦予之職權。〔註 123〕縣市政府是縣市自治地方的執行機關，1952 年 1

〔註 121〕林東昌等編纂；劉寧顏總纂：《重修臺灣省通志　卷 7　政治志　選舉罷免篇》，臺灣省文獻委員會 1992 年版，第 8 頁。

〔註 122〕1950 年「自治綱要」規定議員任期為 2 年，1955 年第 3 屆縣市議員任期修定為 3 年，1964 年自第 6 屆縣市議員起改為 4 年，延續至今。

〔註 123〕林東昌等編纂，劉寧顏總纂：《重修臺灣省通志　卷 7　政治志　議會篇》，臺灣省文獻委員會 1992 年版，第 11～12 頁。

月 17 日公布《臺灣省各縣市政府組織通則》，設縣市長 1 人，由縣市公民直選產生，任期 4 年，連選得連任 1 次。〔註124〕縣市政府設主任秘書 1 人，為縣市長的幕僚長，承縣市長之命，襄理縣市政，並綜理縣市政府一切事務。縣政府內設民政、財政、建設、教育和農業 5 局；社會、地政和兵役 3 科；秘書、計劃、人事和主計 4 室。市政府則設民政、財政、建設、教育、工業、社會和國民住宅 7 局；地政、兵役 2 科；室的設置同縣政府。〔註125〕

　　縣市政府實行首長制。縣市長的職權主要是：辦理縣市自治事項；執行上級政府委辦事項；指導監督鄉鎮縣轄市自治事項。〔註126〕縣市政府設縣市務會議，由縣市長召集，會議組成人員包括縣市長、主任秘書、局（科）長、室主任、處長。必要時縣市長可邀請或指定其他有關人員列席或參加縣市務會議。會議由縣市長或主任秘書擔任主席，其議事規則由縣市政府制定。縣市務會議，除工作報告及檢討外，其討論範圍包括：（1）對縣市議會的提案。（2）縣市政府及所屬機構的辦事章則。（3）縣市長交議事項。（4）鄉鎮縣轄市人員工作考核及獎懲。（5）其他有關縣市政的重要事項。〔註127〕

　　鄉鎮縣轄市民代表會由鄉鎮縣轄市選舉人選出代表組成，代表任期 4 年，連選得連任。代表會的職權有：（1）議決鄉鎮縣轄市自治事項。（2）議決鄉鎮縣轄市自治規約。（3）議決鄉鎮縣轄市預算及審議鄉鎮縣轄市決算報告。（4）議決鄉鎮縣轄市與其他地方自治團體間之公約。（5）議決鄉鎮縣轄市所屬事業機構組織規程。（6）議決鄉鎮縣轄市公益捐之徵收。（7）議決鄉鎮縣轄市財產之經營及處分。（8）議決鄉鎮縣轄市公所及鄉鎮縣轄市民代表提議事項.（9）接受人民請願案。（10）其他依法賦予之職權。〔註128〕鄉鎮縣轄市公所，置鄉鎮縣轄市長 1 人，直接民選，任期 4 年，連選得連任 1 次。其主要職權為：（1）綜理鄉鎮縣轄市自治事項。（2）執行上級政府委辦事項。〔註129〕直

〔註124〕1950 年「綱要」規定縣市長任期為 3 年，連選得連任。

〔註125〕本報訊：《行政院昨院會通過：臺省縣市政府組織規程準則》，《中央日報》，1961 年 2 月 10 日，第 1 版。

〔註126〕林東昌等編纂；劉寧顏總纂：《重修臺灣省通志　卷 7　政治志　議會篇》，臺灣省文獻委員會 1992 年版，第 13 頁。

〔註127〕本報訊：《臺省各縣（市）政府組織規程準則》，《中央日報》，1961 年 2 月 11 日，第 3 版。

〔註128〕林東昌等編纂；劉寧顏總纂：《重修臺灣省通志　卷 7　政治志　議會篇》，臺灣省文獻委員會 1992 年版，第 13 頁。

〔註129〕林東昌等編纂；劉寧顏總纂：《重修臺灣省通志　卷 7　政治志　議會篇》，

轄市的區不是自治層級。區設區公所，置區長 1 人，由市政府依法任免。區長之職責，區長受市政府之指揮監督綜理區政及交辦事項。區公所之組織規程由市政府訂定，報請內政部核備。里設里辦公處，置里長 1 人，里長由里之選舉人選舉之，任期 4 年，連選得連任。里長之選舉、罷免，依動員戡亂時期公職人員選舉罷免法之規定。里長之職責，里長受區長之指揮監督，辦理里公務及交辦事項。村（里）是鄉、鎮、縣轄市的內部編組，不是自治組織。村里應召集村里民大會，設置村里辦公處，置村里長 1 人，由村里選舉人選舉之，任期 4 年，可以連選連任。村里長雖是公職，但問津者寥寥。因此《綱要》第 40 條規定，村里長選舉，「經二次受理候選人登記，而無人登記時，得由鄉鎮縣轄市區公所就該村公民遴選，並經該村里民大會通過後聘任之，其任期以本屆任期為限」。村里長的職權是，在鄉鎮縣轄市區長的指導監督下，辦理村里公務及交辦事項。〔註 130〕

四、地方公職人員選舉

臺灣省地方公職人員選舉，在開始實施地方自治之初，係分期實施，將縣市議員分六期辦理，縣市長分八期選舉。計自 1950 年 4 月 24 日公布施行《臺灣省各縣市實施地方自治綱要》，開始實施縣市地方自治，同年 7 月花蓮縣、臺東縣舉辦首次地方自治公職人員選舉，至 1972 年已有 21 年，在這二十多年中，已辦理之各種地方公職人員選舉，計有省議員（含臨時省議會議員）選舉 6 次，縣市議員選舉 7 次，縣市長選舉 6 次，鄉鎮縣轄市長選舉 6 次，鄉鎮縣轄市民代表選舉 7 次（第一屆及第二屆鄉鎮縣轄市民代表選舉係在實施地方自治前辦理，故未列入），村里長選舉 7 次（第一屆及第二屆村里長選舉係在實施地方自治前辦理，未予計列）。這麼多次的選舉，不但提供了民眾政治參與的機會，也奠定了臺灣民主政治的基礎。現就臺灣省地方公職人員選舉所遵守的原則，選舉制度特色以及選舉成果，分別陳述如下：

（一）選舉原則

臺灣省在光復之初，除鄉鎮區民代表及村里長為直接選舉外，其他各種公職人員選舉均為間接選舉。1950 年實施縣市地方自治後，不僅縣市及縣市

臺灣省文獻委員會 1992 年版，第 14 頁。

〔註 130〕林東昌等編纂；劉寧顏總纂：《重修臺灣省通志　卷7　政治志　議會篇》，臺灣省文獻委員會 1992 年版，第 15 頁。

以下各級民意代表及行政機關首長改為由公民直接選舉，即屬於省級之臨時省議會（後改稱為省議會）議員亦自 1954 年起改為直接民選。有關選舉法制，遵照憲法第 129 條：「各種選舉，……以普通、平等、直接及無記名投票之方法行之」的規定制定。而各種公職人員選舉之辦理，本著自由、平等、公正三大原則，〔註 131〕分別陳述如下：

1. 自由原則：選舉為人民自由意志之表示，為防止人民自由意志受到不良影響，臺灣省各級地方選舉採用無記名投票方式。選舉時由投票人領取選票後，在印有候選人姓名的選票上，用選務機關所提供的圓戳，任意圈選一人，投入票箱。如此他人無從得知選舉人所圈選者為誰，因此，威脅利誘選舉的事很難發生，投票人的自由意志因而受到保障。不但如此，為避免投票人圈選時為他人窺視，各投票所的圈票處，一向採取特別設計，譬如用圍屏加以遮擋，圈票處與圈票處保持相當的距離等，使投票人能秘密投票，無須擔心投票內容為他人得知。除了上述各種措施外，政府猶恐不周，因此除刑法外，又制定《臺灣省妨害選舉罷免取締辦法》，任何個人或機關團體以威脅利誘或其他非法方法干涉或影響人民自由投票者，皆在取締之列；候選人如違背規定，雖然當選，亦得判決當選無效。除了法律與法規的規定外，臺灣省同時還有公職人員選舉罷免監察委員會的組織，執行上述法規，使狡黠者無機可趁，以保障自由選舉的原則。

2. 平等原則：臺灣省地方自治各種公職人員的選舉，實行一人一票制，同時每人所投一票的價值都相同。依《臺灣省各縣市實施地方自治綱要》規定：臺灣居民年滿二十歲，在各該行政區域內（縣市或鄉鎮縣轄市等區域內）繼續居住六個月以上或在其本籍，而無下列情事之一者，依法有選舉、罷免、創制、復決之權：①褫奪公權尚未復權者；②受禁治產之宣告尚未撤銷者。由此可知，臺灣省人民選舉權的取得，有國籍、年齡、居住期間、品德與心身健康等限制，而無性別、財產、宗教、種族或教育程度上的特殊限制，可以說地位上完全平等。不但如此，臺灣省對人民選舉權的取得，採用國家責任制，即對選舉人的登記方式，均由選務機關代為登記，不採用個人責任制——由選民申請登記的制度。凡是符合上述資格的人，均可列入選舉人名冊而獲得同等的投票機會。

〔註 131〕林東昌等編纂；劉寧顏總纂：《重修臺灣省通志　卷 7　政治志　選舉罷免篇》，南投：臺灣省文獻委員會 1992 年版，第 119 頁。

　　3. 公正原則：選舉除應遵守自由、平等原則外，辦理選務機關的公正與否，也直接影響選舉的效果，因此，臺灣自實施地方自治選舉以來，在選舉實務、選舉監察等方面，採取下述各種措施以確保選舉的公正性。

　　（1）硬性規定選舉人與候選人的資格：凡具有選舉權與被選舉權者，選務機關非有法定原因不得剝奪其應享的權利，對於未具法定資格者，選務機關亦不得越權賦予。由於選舉法規採取硬性規定，所以主辦選舉機關沒有自由裁量權，更不能因人不問，而有所軒輊，公正原則乃得以保障。

　　（2）嚴禁軍、公、教、警及選務人員助選：依《臺灣省妨害選舉罷免取締辦法》第二十條規定：現役軍人或警察，辦理選舉事務人員及公教人員，除不得擔任候選人助選員外，並不得有任何助選行為。違者，經選舉監督或省選舉罷免監察機關查明屬實後，送各該上級機關從嚴懲處，觸犯刑事者，分別送請司法機關或軍法機關辦理。之所以有如此規定，是為了防止軍公教警及選務人員利用職務上的權力加以干涉或操縱選舉，以維護選舉之公正。

　　（3）競選機會力謀均等：競選活動雖為候選人的個人行為，也為達到當選之重要手段，然候選人的人力、財力若過於懸殊，則有失公平。因此，臺灣省選舉法規對於競選辦事處的設置、助選人員、宣傳工具、競選經費等都有一定限制，同時舉辦公費競選宣傳，給予每一候選人以相同的待遇，使候選人的競選機會均等。

　　（4）取締非法競選活動：何種競選活動或行為為非法，《臺灣省妨害選舉罷免取締辦法》一律予以列舉，不論何人，只要違反，即予取締。候選人如係現任行政主管人員，違反規定時，更可先行停職，其涉及刑事者，並送請法院辦理，決不因其身份特殊而享有特權。

　　（5）選舉監察人員由地方公正人士擔任：依《臺灣省縣市公職人員選舉罷免監察委員會組織規程》規定：臺灣省縣市公職人員選舉罷免監察委員會委員「由省政府就有關機關團體代表及地方公正人士分別聘任」（第三條），縣市監察小組委員由省監委會「就有關機關團體及地方公正人士聘任」（第六條），各投票所、開票所監察員則由候選人平均推薦。由於選舉監察人員是由地方公正人士或各黨政機關團體代表擔任，因此，其職權的行使能保證公正不倚。而各投票所、開票所監察員則由候選人平均推薦，更使選務人員無偏袒之機會，選舉公正自然得以保障。

（二）地方選舉概況

　　根據地方自治綱要，縣市長、縣市議員、鄉鎮長、鄉鎮市民代表、村里長均由選民直接投票普選產生。第一屆縣市長、縣市議員和鄉鎮長選舉都在1950年辦理。鄉鎮市民代表和村里長的選舉則在1946年2月即已開始，到1950年已經進行了兩屆。以上第一屆各級行政首長和民意代表的任期為二年或三年，嗣後都陸續改為現在的四年，可連選連任一次。

　　除了縣市級以下地方公職在1950年開放直選之外，省議員也在稍晚開放民選。臺灣光復後，1946年成立臺灣省參議會。地方自治實施後，於1951年底成立第一屆臨時省議會，議員係由縣市議員間接選舉產生。1954年第二屆開始改由選民直接選舉產生。直至1959年取消「臨時」二字，將第三屆臨時省議會改為第一屆省議會。議員任期四年，可連選連任。至於臺灣省長和改制後的臺北、高雄兩市市長，則一直維持「行政院」派任，直至1994年。

　　在國民黨的全力動員、組織和控制之下，各縣市的選舉順利完成。投票是分期舉行的，以便及時總結經驗教訓。1950年7月，第一期自花蓮縣開始，試點成功，又擴大到第二期屏東縣、高雄縣、高雄市、臺南縣、臺南市、臺中市、彰化縣、嘉義縣等8個縣市。至1951年1月28日雲林等縣市選舉完畢，臺灣省第一屆縣市議員選舉宣告結束，共選出縣市議員814人，組成各縣市議會。繼議員選舉開始之後，各縣市長的選舉也分兩期展開，第一期包括基隆市、臺中市、臺南市和澎湖四個縣市，於8月12日開始，隨後，其他各縣市長選舉也陸續舉辦。至7月29日，全省21個縣市長均民選產生，全省平均投票率為70%，有的地方高達90%以上。〔註132〕與此同時，各基層的鄉長、區長、鎮長、村長、里長等也由民眾選舉產生。選舉的結果自然是國民黨佔據了各級議會及行政職位的絕大多數。

　　在縣市議會組成之後，臺灣當局又開始推動省議會的選舉工作。1951年9月11日，蔣介石批准了《臺灣省臨時議會組織規程》和《臺灣省臨時議會議員選舉罷免辦法》，並指示「行政院」：「從速準備選舉，早日成立省臨時議會。」10月21日，蔣介石又電示「行政院長」陳誠，要求總結縣市議員選舉的經驗教訓：「亟應針對以前各次選舉經過事實，縝密檢討，妥擬辦法，嚴格執行，務使競選人員群循正常途徑，不致有浪費行賄，或其他舞弊情事……

〔註132〕本報訊：《地方自治完成》，《聯合報》，1955年10月25日，第8版。

並派公正人士，分赴各地監督執行，不得稍有疏縱。」〔註 133〕根據這一要求，「行政院」派張道藩等人分赴各地監選。11 月 18 日，臺灣省臨時議員 55 人全部選舉產生，12 月 12 日，臺灣省臨時議會正式成立。至此，臺灣省「地方自治」實施遂告完成。

現將第一屆當選的縣市議員、縣市長、省議員情況陳述如下：第一屆當選縣、市議員共計 814 人：以性別分，男性 744 人，女性 70 人；以籍貫分，本省籍 790 人，外省籍 24 人；以學歷分，大學教育 209 人，中等教育 340 人，小學教育 168 人，其他教育 97 人；以職業分，農民 217 人，礦工 8 人，工人 40 人，交通運輸者 15 人，商人 174 人，自由職業者 106 人，公務員 129 人，其他 107 人，無業者 18 人。〔註 134〕

第一屆當選的縣市長共 21 人，全為男性，平均年齡為 48.68 歲，以籍貫分，本省籍 18 人，外省籍 3 人；教育程度：大學教育 15 人，中等教育 3 人，小學教育 1 人，其他教育 2 人；以職業分：農民 2 人，商人 1 人，自由職業者 4 人，公務員 14 人；以黨派分：國民黨籍 18 人，無黨派人士 3 人。〔註 135〕

第一屆當選省議員共計 55 人：以性別分，男性 50 人，女性 5 人；以籍貫分，本省籍 53 人，外省籍 2 人；以學歷分，大學教育 30 人，中等教育 19 人，小學教育 6 人；以職業分，商人 27 人，農民 7 人，醫生 7 人，工人 3 人，其餘政、學、新聞各界僅各占 1～2 人。〔註 136〕

從第一屆當選的縣市議員、縣市長、省議員情況來看，我們可知：第一，當選的臺灣籍人占 90% 以上；第二，當選的人大部分都受過中等以上的教育；第三，當選人的職業分布很廣，他們分別來自公、工、商、醫、農等。

縣市議員最初每屆任期 2 年，自第三屆（1954）起改為 3 年，自第六屆（1964）起改為 4 年。縣、市長最初每屆任期 3 年，自第四屆（1960）起改為 4 年。第一屆以後，歷屆縣、市長、「省議員」以及各縣、市議員，臺灣籍人均占 90% 以上，有時甚至達到 95% 以上，並且每次選舉，民眾都熱烈參與，臺灣地方自治在一定程度上得到了實現。這一點，我們可以從「歷屆臺灣省各種公職人員選舉概況表」看出：

〔註 133〕中央社：《「總統」指示行政院：臺省議員選舉嚴禁違法競選》，《中央日報》，
　　　　　1951 年 10 月 21 日，第 1 版。
〔註 134〕陳誠：《陳誠回憶錄——建設臺灣》，北京：東方出版社 2011 年版，第 124 頁。
〔註 135〕陳誠：《陳誠回憶錄——建設臺灣》，北京：東方出版社 2011 年版，第 124 頁。
〔註 136〕陳誠：《陳誠回憶錄——建設臺灣》，北京：東方出版社 2011 年版，第 126 頁。

表 3-10　當選省議員概況表〔註138〕

屆　別	選民數（千人）	候選人數			投票數（千人）	當選人數			投票率（%）
		計	男	女		計	男	女	
臨時省議會									
第一屆	—	140	128	12	—	55	50	5	99.49
第二屆	3904	110	92	18	2905	57	51	6	74.41
省議會									
第一屆	4268	118	96	22	3337	66	57	9	78.20
第二屆	4740	126	108	18	3438	73	63	10	72.52
第三屆	5236	137	123	14	3626	74	64	10	69.26
第四屆	5266	129	110	19	3991	71	60	11	74.28
第五屆	6510	121	100	21	4578	73	61	12	70.33
第六屆	7713	125	102	23	6201	77	64	13	80.40
第七屆	8146	199	165	34	5860	77	67	10	71.94

說明：①第一屆臨時省議員係由各縣市議員間接選舉。②第一屆省議員係於 1959 年第三屆臨時省議員改稱。

表 3-11　當選縣市長概況表〔註139〕

屆　別	選民數（千人）	候選人數			投票數（千人）	當選人數			投票率（%）
		計	男	女		計	男	女	
第一屆	3453	90	90	—	第一次 2617	21	21	—	75.77
					第二次 1652				82.40
第二屆	3908	38	38	—	2925	21	21	—	74.85
第三屆	4268	40	40	—	3337	21	21	—	78.20
第四屆	4740	35	35	—	3436	21	21	—	72.96
第五屆	5387	47	45	2	3719	21	21	—	69.05
第六屆	5266	43	41	2	3910	20	20	—	74.26
第七屆	6507	39	38	1	4575	20	20	—	70.31
第八屆	7713	36	36	—	6200	20	20	—	80.39
第九屆	8146	56	54	2	5860	19	19	—	71.94

說明：第一屆至第五屆包括臺北市，第一屆至第八屆包括高雄市在內。

〔註138〕劉寧顏總纂，吳堯峰、丁明鍾等編纂：《重修臺灣省通志　卷7　政治志　行政篇》，臺灣省文獻委員會 1996 年版，第 34 頁。

〔註139〕劉寧顏總纂，吳堯峰、丁明鍾等編纂：《重修臺灣省通志　卷7　政治志　行政篇》，臺灣省文獻委員會 1996 年版，第 37 頁。

表3-12　當選縣市議員概況表 〔註140〕

屆　別	選民數（千人）	候選人數			投票數（千人）	當選人數			投票率（%）
		計	男	女		計	男	女	
第一屆	3430	1827	1711	116	2769	814	745	69	80.73
第二屆	3715	1844	1620	224	2961	860	786	74	79.72
第三屆	3997	1579	1437	142	3153	928	834	94	78.88
第四屆	4340	1621	1453	168	3399	1025	924	101	78.31
第五屆	4859	1629	1467	162	3588	929	834	95	73.83
第六屆	5336	1563	1333	230	4096	907	784	123	76.76
第七屆	5215	1262	1054	208	4069	847	724	123	78.02
第八屆	6545	1480	1274	206	4797	850	731	119	73.30
第九屆	7679	1271	1081	190	6179	857	736	121	80.47
第十屆	8168	1683	1457	226	6157	799	684	115	75.38

說明：第一屆至第六屆包括臺北市，第一屆至第九屆包括高雄市在內。

表3-13　當選鄉鎮縣轄市區長概況表 〔註141〕

屆　別	選民數（千人）	候選人數	投票數（千人）	當選人數	投票率（%）
第一屆	第一次 3473	1077	2345	360	67.52
	第二次 1661		1032	360	62.13
第二屆	3744	804	2313	360	61.77
第三屆	3983	573	2329	319	58.48
第四屆	3554	563	2259	319	63.57
第五屆	4115	580	3192	313	77.58
第六屆	4370	525	3464	313	79.28
第七屆	5410	488	3996	313	73.88
第八屆	6307	439	5073	313	80.44
第九屆	7220	754	5493	312	76.08

　　1959年10月，地方自治法規修改，區長由民選改為政府委派，故自第四屆起，省轄市之區長不再民選。

〔註140〕劉寧顏總纂，吳堯峰、丁明鍾等編纂：《重修臺灣省通志　卷7　政治志　行政篇》，臺灣省文獻委員會1996年版，第35頁。

〔註141〕劉寧顏總纂，吳堯峰、丁明鍾等編纂：《重修臺灣省通志　卷7　政治志　行政篇》，臺灣省文獻委員會1996年版，第38頁。

表 3-14　當選鄉鎮縣轄市民代表概況表〔註 142〕

屆　別	選民數（千人）	候選人數			投票數（千人）	當選人數			投票率（%）
		計	男	女		計	男	女	
第一屆	……	……	……	……	……	7767	……	……	……
第二屆	……	……	……	……	……	8113	……	……	……
第三屆	2818	18519	18394	125	1854	9778	9752	26	65.79
第四屆	2998	9754	9726	28	1709	5695	5684	11	57.01
第五屆	3213	9907	……	……	2013	6397	5847	550	62.65
第六屆	3463	10617	……	……	2239	6834	6206	628	64.67
第七屆	3829	8833	7765	1068	2772	5260	4600	660	72.40
第八屆	4117	8510	7845	665	3086	4776	4391	385	74.96
第九屆	4403	7769	7033	736	3201	4709	4212	497	72.71
第十屆	5557	5575	5056	519	3245	3757	3379	378	58.40
第十一屆	6378	6460	5585	875	4433	3793	3305	488	69.53
第十二屆	6925	6718	5840	878	4830	3700	3210	490	69.75

說明：①……表示數字不明。②第一屆、第二屆選舉候選人登記制度，由公民就村里已認定或檢嚴合格或已申請臨時檢驗合格公職候選人中選舉。③第三屆起省轄市不再選舉區民代表。

表 3-15　當選村里長概況表〔註 143〕

屆　別	選民數（千人）	候選人數	投票數（千人）	當選人數	投票率（%）
第一屆	2393			6304	
第二屆	2801			6289	
第三屆	……	……	……	6464	……
第四屆	3697	10743	1912	6517	51.72
第五屆	3629	8635	2080	6571	57.33
第六屆	……	8907	2355	6608	58.18
第七屆	4870	10395	3031	6548	62.24
第八屆	4495	9763	2340	5743	52.06
第九屆	4373	8954	2347	5105	53.69
第十屆	6406	9899	3560	6482	55.58
第十一屆	7525	11416	4982	6427	66.24
第十二屆	8020	12414	5357	6212	66.80

說明：①……表示數字不明。從 1950 年 8 月到 1972 年 6 月，總共選出六屆縣市長。

〔註 142〕劉寧顏總纂，吳堯峰、丁明鍾等編纂：《重修臺灣省通志　卷 7　政治志　行政篇》，臺灣省文獻委員會 1996 年版，第 36 頁。

〔註 143〕劉寧顏總纂，吳堯峰、丁明鍾等編纂：《重修臺灣省通志　卷 7　政治志　行政篇》，臺灣省文獻委員會 1996 年版，第 39 頁。

表 3-16　第一屆縣市長當選人簡歷表〔註 144〕

縣市別	姓名	性別	年齡	籍貫	黨籍	職業	學　歷	經　歷
臺北縣	梅達夫	男	52	貴州	國民黨	公	陸軍大學將軍科	參謀長
宜蘭縣	盧纘祥	男	49	宜蘭縣	國民黨	商	國校	專員、縣長 鎮長
桃園縣	徐崇德	男	41	桃園縣	國民黨	自	日本京都立命館大學	參議會議長 記者公會理事長
新竹縣	朱盛淇	男	47	新竹縣	國民黨	自	日本大學	義民中學校長
苗栗縣	賴順生	男	44	苗栗縣	國民黨	公	東京帝大	中學校長 教授
臺中縣	林鶴年	男	38	臺中縣	國民黨	公	東京音樂大學	教授
彰化縣	陳錫卿	男	45	南投縣	國民黨	公	臺北帝大	彰化縣長
南投縣	李國楨	男	41	南投縣	國民黨	公	日本早稻田大學	民政局長
雲林縣	吳景徽	男	48	雲林縣	國民黨	公	京都大學	鎮長
嘉義縣	林金生	男	36	嘉義縣	國民黨	公	日本東京帝大	區長、科長
臺南縣	高文瑞	男	58	臺南縣	國民黨	公	臺北師範	中學校長 指導員
高雄縣	洪榮華	男	49	高雄縣	國民黨	公	東京帝大	技師
屏東縣	張山鍾	男	65	屏東縣	國民黨	自	臺灣總督府醫學校	市參議員
臺東縣	陳振宗	男	60	臺東縣	國民黨	農	臺北國語學校	國大代表
臺東縣	吳金玉	男	56	臺東縣	國民黨	公	公學校	稽徵處長 縣參議會議長
花蓮縣	楊仲鯨	男	54	高雄縣	無黨派	公	美國加魯禮路大學肄業	民政廳視察
澎湖縣	李玉林	男	48	北平	國民黨	公	中國大學	團長、縣長 警察局長
臺北市	吳三連	男	55	臺南縣	無黨派	公	東京高科大學	省府委員 市長
基隆市	謝貫一	男	49	湖南	國民黨	公	美國密西根大學	教授、縣長 行政督察專員
臺中市	楊基先	男	49	臺中市	無黨派	自	日本大學	律師
臺南市	葉廷珪	男	47	臺南市	國民黨	農	日本明治大學	社長、經理 理事長
高雄市	謝掙強	男	40	澎湖縣	國民黨	公	中央訓練團結業	國大代表 市長

說明：臺東縣縣長陳振宗在任期內病逝，後補選吳金玉為縣長。

〔註 144〕林東昌等編纂；劉寧顏總纂：《重修臺灣省通志　卷 7　政治志　選舉罷免篇》，臺灣省文獻委員會 1992 年版，第 360～361 頁。

表 3-17　第二屆縣市長當選人簡歷表〔註 145〕

縣市別	姓名	性別	年齡	籍貫	黨籍	職業	學　歷	經　歷
臺北縣	戴德發	男	43	臺北縣	國民黨	自	臺北醫學專門學校	臺北縣議會議長
宜蘭縣	甘阿炎	男	60	宜蘭縣	國民黨	金融	臺北師範學校	縣議會議長校長
桃園縣	徐崇德	男	44	桃園縣	國民黨	公	日本京都立命館大學	縣長
新竹縣	朱盛淇	男	50	新竹縣	國民黨	公	日本大學	縣長、校長
苗栗縣	劉定國	男	42	苗栗縣	國民黨	公	中央軍校	營長、參謀大隊長
臺中縣	陳水潭	男	58	臺中縣	無黨派	自	日本醫學專門學校	省議員
臺中縣	廖五湖	男	不明	臺中縣	國民黨	公	中央大學	商職校長
彰化縣	陳錫卿	男	48	南投縣	國民黨	公	臺北帝大	縣長
南投縣	李國楨	男	44	南投縣	國民黨	公	日本早稻田大學	縣長、民政局長
雲林縣	吳景徽	男	51	雲林縣	國民黨	公	京都大學	鎮長、縣長
嘉義縣	李茂松	男	53	雲林縣	國民黨	公	日本中央大學	縣議員
臺南縣	高文瑞	男	61	臺南縣	國民黨	公	臺北師範	中學校長指導員、縣長
高雄縣	陳新安	男	44	高雄縣	國民黨	自	日本京都帝大	縣議員
屏東縣	林石城	男	42	屏東縣	國民黨	商	日本中央大學	縣議會議長
臺東縣	吳金玉	男	59	臺東縣	國民黨	公	公學校	稽徵處長、縣長縣議會議長
花蓮縣	林茂盛	男	47	花蓮縣	國民黨	自	臺北第二師範	縣議會副議長團長、縣長
澎湖縣	李玉林	男	51	北平	國民黨	公	中國大學	警察局長
臺北市	高玉樹	男	42	臺北市	無黨派	工	早稻田大學	兵工廠技術顧問市長

〔註 145〕林東昌等編纂；劉寧顏總纂：《重修臺灣省通志　卷 7　政治志　選舉罷免篇》，臺灣省文獻委員會 1992 年版，第 368～369 頁。

縣市別	姓名	性別	年齡	籍貫	黨籍	職業	學歷	經歷
基隆市	謝貫一	男	52	湖南	國民黨	公	美國密西根大學	教授、縣長 行政督察專員
臺中市	林金標	男	57	臺中市	國民黨	商	臺北師範學校	縣參議會議長
臺南市	楊請	男	49	臺南市	國民黨	農	臺南師範學校	市議會議長
高雄市	謝掙強	男	43	澎湖縣	國民黨	公	中央訓練團結業	國大代表 市長

說明：臺中縣縣長陳水潭在任期內病逝，後補選廖五湖為縣長。

在當選人方面，第二屆的縣市長有 2 人是外省籍，有 20 人是臺灣省籍，全為男性；除廖五湖年齡不明之外，其他縣市長平均年齡為 49.52 歲，國民黨籍有 20 人，無黨派人士有 2 人，大多具有從政經驗，文化程度較高，均受過中等以上教育，並且 10 人有留學經歷。

表 3-18　第三屆縣市長當選人簡歷表〔註146〕

縣市別	姓名	性別	年齡	籍貫	黨籍	職業	學　歷	經　歷
臺北縣	戴德發	男	46	臺北縣	國民黨	公	臺北醫學專門學校	縣議會議長 縣長
宜蘭縣	甘阿炎	男	63	宜蘭縣	國民黨	公	臺北師範學校	縣議會議長 縣長
桃園縣	張芳燮	男	44	桃園縣	國民黨	自	日本中央大學	科長、省議員
新竹縣	鄒滌之	男	52	新竹縣	國民黨	商	陸軍通訊兵學校	參謀、諮議
苗栗縣	劉定國	男	45	苗栗縣	國民黨	公	中央軍校	營長、縣長 參謀大隊長
臺中縣	林鶴年	男	44	臺中縣	國民黨	商	日本東京音樂大學	教授、縣長
彰化縣	陳錫卿	男	51	南投縣	國民黨	公	臺北帝大	縣長
南投縣	洪樵榕	男	36	南投縣	國民黨	公	日本東京高師	視察、 中學校長
雲林縣	林金生	男	42	嘉義縣	國民黨	公	日本東京帝大	區長、縣長 主任委員
嘉義縣	黃宗焜	男	48	嘉義縣	國民黨	自	日本中央大學	視察、推事 省議員

〔註146〕林東昌等編纂；劉寧顏總纂：《重修臺灣省通志　卷 7　政治志　選舉罷免篇》，臺灣省文獻委員會 1992 年版，第 376～377 頁。

臺南縣	胡龍寶	男	45	臺南縣	國民黨	公	嘉義高農	鄉長、縣議員
高雄縣	陳皆興	男	59	高雄縣	國民黨	商	革命實踐研究院結業	農會理事 縣參議員 省議員
屏東縣	林石城	男	45	屏東縣	國民黨	公	日本中央大學	縣議會議長 縣長
臺東縣	黃拓榮	男	48	臺東縣	國民黨	商	臺灣大學農教班結業	鎮長、 縣議會議長
花蓮縣	胡子萍	男	53	浙江	國民黨	商	中央軍校	交通總局處長
澎湖縣	李玉林	男	54	北平	國民黨	公	中國大學	團長、縣長
臺北市	黃啟瑞	男	48	臺北市	國民黨	公	日本京都帝大	警察局長 局長、
基隆市	謝貫一	男	55	湖南	國民黨	公	美國密西根大學	市議會議長 教授、縣長
臺中市	林金標	男	60	臺中市	國民黨	公	臺北師範學校	行政督察專員 縣參議會議長
臺南市	葉廷珪	男	53	臺南市	無黨派		日本明治大學	市長 社長、經理、
高雄市	陳武璋	男	42	高雄市	國民黨	商	高雄商業學校	市長 市議員、議長

　　在當選人方面，第三屆的縣市長有 3 人是外省籍，有 18 人是臺灣省籍，全為男性；平均年齡為 49.19 歲，國民黨籍有 20 人，無黨派人士有 1 人，大多具有從政經驗，文化程度較高，均受過中等以上教育，並且 9 人有留學經歷。

表 3-19　第四屆縣市長當選人簡歷表 [註147]

縣市別	姓名	性別	年齡	籍貫	黨籍	職業	學　歷	經　歷
臺北縣	謝文程	男	59	臺北縣	國民黨	商	臺北師範學校	鎮長、區長
宜蘭縣	林才添	男	58	宜蘭縣	國民黨	自	革命實踐研究院結業	理事、委員 鎮長、經理
桃園縣	吳鴻麟	男	62	桃園縣	國民黨	自	臺北醫學專門學校	董事長 議長、院長

〔註147〕林東昌等編纂；劉寧顏總纂：《重修臺灣省通志　卷 7　政治志　選舉罷免篇》，臺灣省文獻委員會 1992 年版，第 383～384 頁。

新竹縣	彭瑞鷺	男	49	新竹縣	國民黨	自	東京醫學專門學校	常務理事、委員
苗栗縣	林為恭	男	53	苗栗縣	國民黨	礦	新竹中學	鎮長、議員理事長
臺中縣	何金生	男	49	臺中縣	國民黨	公	早稻田大學	督學、局長主任委員、議員
彰化縣	呂世明	男	59	彰化縣	國民黨	交	早稻田大學	議員、參議國大代表
南投縣	洪樵榕	男	39	南投縣	國民黨	公	日本東京高師	視察、縣長中學校長
雲林縣	林金生	男	45	嘉義縣	國民黨	公	日本東京帝大	區長、縣長主任委員
嘉義縣	黃宗焜	男	51	嘉義縣	國民黨	公	日本中央大學	推事、省議員縣長
臺南縣	胡龍寶	男	45	臺南縣	國民黨	公	嘉義高農	鄉長、縣議員農會理事、縣長
高雄縣	余登發	男	57	高雄縣	無黨派	公	文官考試及格臺北高商本科	鄉長、國大代表
屏東縣	李世昌	男	40	屏東縣	國民黨	工	日本大學	市長、議員經理
臺東縣	黃拓榮	男	51	臺東縣	國民黨	商	臺灣大學農教班結業	鎮長、縣長縣議會議長
花蓮縣	柯丁選	男	41	花蓮縣	國民黨	自	日本九州島帝大	議長、院長董事長
澎湖縣	徐泳黎	男	51	江蘇	國民黨	軍	中央軍校	副司令、副參謀長
臺北市	黃啟瑞	男	51	臺北市	國民黨	公	日本京都帝大	局長、市長市議會議長
基隆市	林番王	男	62	基隆市	無黨派	商	復旦大學	市議員
臺中市	邱欽洲	男	51	臺中市	國民黨	商	臺中一中	市議會副議長主任委員
臺南市	辛文炳	男	48	臺南市	國民黨	交	日本明治大學	市議會議長、校長
高雄市	陳啟川	男	62	高雄市	國民黨	商	日本慶應大學	省政府顧問

在當選人方面，第四屆的縣市長有 1 人是外省籍，有 20 人是臺灣省籍，全為男性；平均年齡為 51.57 歲，國民黨籍有 19 人，無黨派人士有 2 人，大多具有從政經驗，文化程度較高，均受過中等以上教育，並且 11 人有留學經歷。

表 3-20　第五屆縣市長當選人簡歷表〔註 148〕

縣市別	姓名	性別	年齡	籍貫	黨籍	職業	學　歷	經　歷
臺北縣	蘇清波	男	43	臺北縣	國民黨	商	臺灣鐵道教習所	縣議會議長總經理、董事長
宜蘭縣	陳進東	男	56	宜蘭縣	國民黨	醫	日本長崎醫科大學	縣議會議長、董事長
桃園縣	陳長壽	男	59	桃園縣	國民黨	商	日本東京工業大學	臨時省議會議員理事長、總經理
新竹縣	彭瑞鷺	男	53	新竹縣	國民黨	公	東京醫學專門學校	縣長
苗栗縣	林為恭	男	53	苗栗縣	國民黨	公	新竹中學	鎮長、議員理事長、縣長
臺中縣	林鶴年	男	51	臺中縣	國民黨	商	日本東京音樂大學	教授、縣長
彰化縣	呂世明	男	63	彰化縣	國民黨	公	早稻田大學	議員、縣長國大代表
南投縣	楊昭璧	男	57	南投縣	國民黨	醫	臺北醫學專門學校	醫師、省參議縣議會議長
南投縣	林洋港	男	41	南投縣	國民黨	公	臺灣大學	縣黨部主委
雲林縣	廖禎祥	男	36	雲林縣	國民黨	公	臺灣大學	視察、主任科長
嘉義縣	何茂取	男	64	嘉義縣	國民黨	醫	特種考試中醫師考試及格	縣議員、省議員
臺南縣	劉博文	男	41	臺南縣	國民黨	公	日本專修大學	課長、典獄長科長
高雄縣	戴良慶	男	54	高雄縣	國民黨	公	日本明治大學	縣議會議長

〔註 148〕林東昌等編纂；劉寧顏總纂：《重修臺灣省通志　卷 7　政治志　選舉罷免篇》，臺灣省文獻委員會 1992 年版，第 390～391 頁。

屏東縣	張豐緒	男	36	屏東縣	國民黨	公	美國墨西哥大學政治碩士	外交部專員 省議員
臺東縣	黃順興	男	42	彰化縣	無黨派	農	日本熊本高等農校	技士、股長 縣議員
花蓮縣	柯丁選	男	46	花蓮縣	國民黨	公	日本九州島帝大	議長、縣長
澎湖縣	蔣祖武	男	45	湖南	國民黨	軍	陸軍大學	團長、參謀長 處長
臺北市	高玉樹	男	52	臺北市	無黨派	工	早稻田大學	市長
基隆市	林番王	男	66	基隆市	無黨派	公	復旦大學	市議員、市長
基隆市	蘇德良	男	50	基隆市	國民黨	公	基隆高中	區長、議長
臺中市	張啟仲	男	49	臺中市	國民黨	醫	日本醫科大學	市議會議長、
臺南市	葉廷珪	男	60	臺南市	無黨派	公	日本明治大學	市議員、市長
高雄市	陳啟川	男	62	高雄市	國民黨	公	日本慶應大學	省政府顧問 市長

說明：南投縣縣長楊昭璧在任期內病故，後補選林洋港為縣長。

在當選人方面，第五屆的縣市長有 1 人是外省籍，有 22 人是臺灣省籍，全為男性；平均年齡為 51.26 歲，國民黨籍有 19 人，無黨派人士有 4 人，大多具有從政經驗，文化程度較高，均受過中等以上教育，並且 14 人有留學經歷。10 人是來自軍、工、商、醫、農。

表 3-21　第六屆縣市長當選人簡歷表〔註 149〕

縣市別	姓名	性別	年齡	籍貫	黨籍	職業	學　歷	經　歷
臺北縣	蘇清波	男	47	臺北縣	國民黨	公	臺灣鐵道教習所	縣議會議長 縣長
宜蘭縣	陳進東	男	60	宜蘭縣	國民黨	公	日本長崎醫科大學	縣議會議長、 縣長
桃園縣	許新枝	男	41	桃園縣	國民黨	自	中興、東吳大學	縣議員、鎮長 省議員
新竹縣	劉樹勳	男	38	新竹縣	無黨派	律師	高等考試 司法官及格	推事、檢察官 律師
苗栗縣	黃文發	男	62	苗栗縣	國民黨	交	早稻田大學	理事長、 縣議會議長

〔註 149〕林東昌等編纂；劉寧顏總纂：《重修臺灣省通志　卷 7　政治志　選舉罷免篇》，臺灣省文獻委員會 1992 年版，第 397～398 頁。

臺中縣	王子癸	男	54	臺中縣	國民黨	商	臺中一中	農會總幹事 縣議會議長
彰化縣	陳時英	男	41	彰化縣	國民黨	自	臺灣大學	縣議會議長
南投縣	林洋港	男	42	南投縣	國民黨	公	臺灣大學	縣黨部主委 縣長
雲林縣	廖禎祥	男	39	雲林縣	國民黨	公	臺灣大學	視察、科長 縣長
嘉義縣	黃老達	男	60	嘉義縣	國民黨	醫	日本大學	參議員 縣議會議長
臺南縣	劉博文	男	45	臺南縣	國民黨	公	日本專修大學	縣政府教育科長、縣長
高雄縣	林淵源	男	44	高雄縣	國民黨	公	中興大學	校長
屏東縣	張豐緒	男	40	屏東縣	國民黨	公	美國墨西哥大學政治碩士	外交部專員 省議員、縣長
臺東縣	黃鏡峰	男	38	臺東縣	國民黨	自	高考及格	縣政府秘書
花蓮縣	黃福壽	男	50	花蓮縣	國民黨	商	早稻田商業專科學校	縣議會議長
澎湖縣	蔣祖武	男	49	湖南	國民黨	工	陸軍軍官學校	團長、參謀長 處長、縣長
基隆市	蘇德良	男	66	臺北市	國民黨	公	基隆高中	區長、市長
臺中市	林澄秋	男	60	臺中市	無黨派	工	東京農業大學	校長、建設局長
臺南市	林錫山	男	41	臺南市	國民黨	商	成功大學	課長
高雄市	楊金虎	男	70	高雄市	無黨派	醫	日本醫科大學	國大代表

縣、市議員最初每屆任期二年，1954年起第三屆改為三年，1964年第六屆改為四年；縣、市長最初每屆任期三年，1960年起第四屆改為四年。

在當選人方面，第六屆的縣市長有1人是外省籍，有19人是臺灣省籍，全為男性；平均年齡為49.35歲，國民黨籍有17人，無黨派人士有3人，大多具有從政經驗，文化程度較高，均受過中等以上教育，並且8人有留學經歷。有9人是來自公務員系統，11人是來自自由職業、律師、工、商、醫、交。

總之，在歷屆縣、市長中，本省籍人均占90%以上，常常達到95%以上，國民黨籍也佔了絕大多數，平均年齡在50歲左右，年富力強，文化程度較高，均受過中等以上的教育，大多具有從政經驗。

五、制度評析

臺灣的地方自治制度完全是由國民黨主導設計的，其主觀目的是既要擴大民意支持的基礎，以樹立「民主」形象，又要保證有效的控制能力，因此在制度安排中既有民主屬性，又有控制意圖，並且以後者為主。

（一）民主屬性

首先，在臺灣省地方的「開放」體現為權力結構的開放。地方的一切公職，從省議員到縣市議員、鄉鎮民代表，從縣市長到鄉鎮長、村里長，全部開放選舉，且以公民直接選舉方式選出。只要按有關選舉法規具備候選人資格者，無論有無黨籍或屬於何種政黨，都可以自由登記，參與公職競選。侯選人組織的各種競選活動，例如設置競選辦事處和助選員、舉辦政見發表會和演講、做競選廣告和傳單、走訪選區內的選民等等，都是合法的。由於公職人員都有一定的任職期限，因此又形成與開放性相應的流動性。

其次，地方的「開放」還表現在權力的行使上，議會內的提案、辯論、表決、質詢都是公開進行的；行政部門必須接受議會的質詢和選民一定程度的監督。選民對於違法失職的民意代表和行政首長的擁有罷免權。根據自治綱要及相關選舉罷免規程的規定，縣市長任期屆滿 6 個月後，縣市公民 1／5 可以聯署提出罷免案，「呈請省政府交由縣市公民投票罷免之」，罷免案要附帶理由書。省政府接到罷免案後，在 20 日內查明聯署人數，若符合規定，即宣告罷免案成立，交由縣市公民投票。「罷免案由原選舉區過半數公民之投票，投票結果同意罷免票達投票總數之過半數時，罷免案即為通過」，被罷免或罷免案提出時即行辭職的縣市長在 2 年內不得再次參選縣市長。〔註 150〕

第三，選舉具有普遍性，公民參與程度高。凡年滿 20 歲、未被剝奪公民權且在選區內連續居住 6 個月以上的公民，均可以成為選民，選民實行秘密、無記名投票原則。選民的投票率相當高，據統計，第一至第七屆臺灣省議員選舉（1954～1981 年）的平均投票率為 73.84%；第一至第九屆縣市長選舉（1950～1981 年）的平均投票率為 74.58%，同期縣市議員選舉的平均投票率為 77.44%。〔註 151〕

〔註 150〕林東昌等編纂；劉寧顏總纂：《重修臺灣省通志　卷 7　政治志　選舉罷免篇》，臺灣省文獻委員會 1992 年版，第 30～31 頁。

〔註 151〕彭懷恩：《「中華民國」政治體系的分析》，臺北：時報文化出版公司 1983 年版，第 152～154 頁。

（二）控制意圖

國民黨退臺後，臺灣省成為維持其龐大的官僚體系和軍隊的唯一的財力、物力和人力來源，如果在臺灣實施徹底自治，那麼國民黨對臺灣的控制便大大削弱，那時，「中央政權」將被架空，其處境將益加困窘。基於此考慮，國民黨盡力控制「地方自治」的過程與規模。國民黨當局就是力圖通過地方自治的形式，達到有效控制臺灣社會的目的，因此其主導制定的地方自治制度，控制性的意圖至為明顯。

第一、對地方選舉的控制。首先，臺灣的地方公職人員選舉和罷免均受到自上而下的控制。省議員的選舉，由「中央」選舉委員會主管，並指揮、監督省選舉委員會辦理。縣市議員及縣市長選舉，由省選會主管，並指揮、監督縣市選委會辦理。鄉（鎮、市）民代表及鄉（鎮、市）長選舉，由縣選委會辦理。村、里長選舉，由各該市、縣選委會辦理。省（市）選舉委員會，設5至9名委員，由「中央」選委會提請「行政院長」委派，並指定其中1人為主任委員。縣（市）選委會，由省選委會遴報「中選會」委任5至9名委員組成，並指定1人為主任委員。省縣選委會的組織規程，均由「中選會」擬定，報請「行政院」核定。〔註152〕各級選委會的人員構成表面上來自多個團體，實際上以國民黨員為主體。對於投、開票的技術性規定，候選人資格及當選有效性的判定等實權自然操在國民黨手中。

其次，國民黨操縱選舉。它制定的各種法規措施，均對自己的候選人有利，如規定候選人的競選活動限於公辦選舉制度下，只能參加選舉事務所舉辦的在學校、社團或廣播電臺及其他公共場所舉行的「政見會」；而非國民黨候選人的競選機會大受限制。國民黨有時甚至動用非常手段來為國民黨候選人「助選」。根據吳國楨的講述，「他們從國民黨中挑出一個候選人，如果反對派也推出候選人，他們就會琢磨對手有沒有取勝的可能，如果認為沒有，就讓他去，以便裝飾門面。如果意識到某些候選人確有民眾支持，並可能在選舉中取勝，他們就施加壓力，迫使這些人退出競選。」1952年底，在第二屆臺灣各縣市議員選舉前夕，國民黨當局藉口逮捕「流氓」，抓了近千名「著名人物」，旨在「嚇走任何可能的反對派」。〔註153〕《自由中國》更是痛斥國

〔註152〕林東昌等編纂；劉寧顏總纂：《重修臺灣省通志　卷7　政治志　選舉罷免篇》，臺灣省文獻委員會1992年版，第80頁。
〔註153〕〔美〕裴斐、韋慕庭訪問整理，吳修垣譯：《從上海市長到「臺灣省主席」

民黨在選舉中種種惡行：「國民黨卻利用兵役行政機關的權力，把臺中縣縣長候選人王地徵調服役；甚至利用軍民聯歡大會的方式，把臺南市市長候選人葉廷珪的六名助選員扣留，直等到選舉完畢後才放行；諸如此類，已屬駭人聽聞。可是，到了去年年底選舉鄉鎮長時，居然更變本加厲，連一位登記為臺中縣沙鹿鎮鎮長候選人陳守枝，竟被『綁架失蹤』，……參加里長競選的尹毅，……在選舉的三天前，尹毅還被請到五分局去，為表示效忠，除保證不作競選活動外，還寫下了萬一當選得准備下來的一張辭呈。此種透過警察機關，以求威脅和制止自己『同志』的手法，當然也是絕對違法的。」〔註154〕

最後，國民黨當局還嚴格限定公職候選人資格。從 1953 年起，國民黨規定縣、市長候選人須經縣長考試及格或高考及格，或專科以上學校畢業，或經縣、市長資格檢考合格。1967 年，國民黨又規定省議員、「行政院」直轄市議員候選人須具有高中畢業或普考及格的學歷，縣、市議員候選人須具有初中畢業或丁種特考及格的學歷，鄉、鎮、縣轄市民代表候選人須具有「國校」畢業的學歷。這些學歷和行政資歷的積極資格限制，似乎是為了確保地方官吏和議員們的知識水平和議政能力而設立的。但在 20 世紀 50 年代初的臺灣，具備中等以上學歷者，多為日據時期的地主、財閥、世家或大陸逃臺人員。實行學歷限制，使得絕大多數民眾喪失了候選機會，縣市長、省議員、縣市議員等席位事實上成為豪紳大戶的專利。

第二、國民黨加強「地方自治」組織「建設」。在實施地方自治過程中建立起來的縣市政府、鄉鎮市公所、村里辦公處，既是地方自治組織，又是國民黨控制基層的各級政權機關。國民黨當局認為，地方自治人員「素質不夠要求」，「知識與能力兩感不足」，而且地方自治組織的基層骨幹多為在日據時代成長的中年人，「對於總統的訓示、中央的法令，沒有機會接受」，因此「要他們擔負自治基層的工作，自不能屬望過激」。〔註155〕為了提高自治人員的「素質」，使其成為國民黨政權統治臺灣社會的可靠力量，國民黨當局通過短訓班、研討會等形式多次組織自治人員進行行政訓練，特別是注意灌輸國民

————吳國楨口述回憶（1946～1953）》，上海：上海人民出版社 1999 年版，第 225 頁。

〔註154〕社論：《就地方選舉向國民黨再進一言》，《自由中國》1960 年 4 月 1 日，第 22 卷第 7 期，第 6 頁。

〔註155〕阮毅成：《地方自治與新縣制》，臺北：聯經出版事業公司 1978 年，第 297 頁。

黨的法統精神及意識形態。為確保對當選議員控制，在臺灣省各縣市議員選舉完畢後，國民黨於 1951 年 9 月下旬召集各縣市議員舉行為期 6 天的研討會，向其灌輸三民主義的理論，學習蔣介石的有關講話，以使其成為「符合標準」的議員。蔣介石親自主持了開學典禮，並向議員們訓話，以對國民黨員的要求來要求議員們：「大家能夠至公至正，必信必忠，來領導一般黨員和非黨員的群眾，發生示範作用。再說我們如何才能領導群眾呢？這更要大家能在品德上、學問上、能力上求其充實進步，增益其所不能。在生活、工作上能夠刻苦自勵，為民服務，為民除害，必須這樣接近群眾，深入群眾，而後才能領導群眾，實行三民主義。」〔註156〕蔣的訓話冠冕堂皇，要害不外「服從」二字。在國民黨的黨化教育下，作為民意代表的議員們不但不能以民意為己意，不盡心竭力為民請命，反而要俯首聽命於「領袖」。1955 年 10 月 25 日在慶祝臺灣光復 10 週年之際，臺灣省議會議長黃朝琴便率全省 21 個縣市議會議長，向蔣介石呈遞效忠志願書，表示要效忠蔣介石，聽從其指揮。〔註157〕

　　第三、國民黨將「地方自治」的範圍侷限於縣市。臺灣省主席須由「中央政府」任命，省政府委員也須「中央政府」認可，而不是直接民選。省政府主席只對「行政院」負責，而不必對省議會負責。國民黨當局如果覺得控制得不夠得心應手，可以改變自治的某些規則，甚至可以縮小「自治範圍」。自 1959 年起，國民黨當局以「非自治法人」為由，將臺北、高雄、基隆、臺中、臺南等 5 個市的區長以下官吏從民選改為官派。後來新竹和嘉義升格為省轄市，也同樣辦理。1967 年和 1979 年，國民黨又先後把臺北市和高雄市劃為「行政院」直轄市，與省平級，市長由民選改為官派，「地方自治」的範圍更加縮小。

　　臺灣人參政權力受到限制這一事實，一直成為人們攻擊國民黨統治的一個重大問題，如《自由中國》半月刊就指出：「至於縣市的地方自治，一如前任臺北市長高玉樹所說『縣市的地方自治只實行了一半』，這句話對於當前的縣市地方自治是一針見血的名言，名為『地方自治』而實際上是『指導的地方自治』，『控制的地方自治』。這是今天臺灣縣市自治的實態。縣市長對於縣

〔註156〕秦孝儀主編：《先總統蔣公思想言論總集》卷 24，臺北：中國國民黨中央委員會黨史委員會 1984 年版，第 230 頁。
〔註157〕本報訊：《全省二十一縣市議長今向「總統」獻效忠書》，《聯合報》，1955 年 10 月 25 日，第 1 版。

市主要人事，不但沒有絲毫的人事權，……縣市舉辦各項建設，事事必須仰賴省府補助。試問沒有人事權及缺乏財源情形下，叫縣市長努力建設地方為民謀福利，這豈不是緣木求魚！」〔註158〕「在（國民黨）中央各院部會中竟沒有一個臺灣人，這是不是能夠使臺灣人相信我們已經恢復了國家主人翁的地位呢？」「在若干臺灣人的心目中，統治臺灣的是大陸人」。〔註159〕甚至「臺灣省主席」一職，1949 年至 1972 年的 23 年間，也全是由大陸出生的人擔任的（見表 3-22）。

表 3-22　臺灣省歷任省主席（1949～1972 年）〔註160〕

姓名	出生年份	教育背景	任職前職務	省籍	任職時間
陳誠	1898	保定軍官學校第八期	東南軍政長官	浙江	1949.1～1949.12
吳國楨	1903	美國普林斯頓大學博士	上海市市長	湖北	1949.12～1953.4
俞鴻鈞	1898	上海聖約翰大學	中央銀行總裁臺灣銀行董事長	廣東	1953.4～1954.6
嚴家淦	1905	上海聖約翰大學	「財政部長」	江蘇	1954.6～1957.8
周至柔	1897	保定軍官學校第 8 期	國防會議秘書長	浙江	1957.8～1962.11
黃傑	1902	黃埔軍校第一期、陸軍大學、國防大學	臺灣警備總司令	湖南	1962.11～1969.6
陳大慶	1904	黃埔軍校第一期	陸軍總司令	江西	1969.6～1972.5

　　儘管臺灣地方自治存在著一些的弊端，但它仍不失為國民黨敗退臺灣後所實行的最富成效的政治措施之一。它使人民在一定程度上有了自己挑選基層領導人的機會。縣、市長的競選者若想獲勝，就必須提高本人的道德修養，展現本人的工作成績。國民黨地方黨部也面臨確保本黨候選人當選的新問題，日益嚴峻的危機感迫使他們不得不重視選民的願望和利益所在，並在制定政策時儘量予以滿足。這樣，「官」、「民」之間的對立與隔閡，「衙門」為民辦事

〔註158〕秋水：《臺灣人對陳內閣的期望》，《自由中國》第 19 卷第 7 期，1958 年 10月 1 日，第 9 頁。

〔註159〕秋水：《臺灣人對陳內閣的期望》，《自由中國》第 19 卷第 7 期，1958 年 10月 1 日，第 10 頁。

〔註160〕劉寧顏總纂，鄭喜夫編纂：《重修臺灣省通志　卷八　職官志　文職表篇　第一、二冊》，南投：臺灣省文獻委員會 1993 年版，第 487 頁。

的誠意與效率，較之大陸時期的國統區，都有較大程度的改善。實行地方自治，亦使那些不同政見者有了一個直接向人民傾吐的合法的講壇，甚至有可能在競選中獲勝而當選縣市長、縣市議員，乃至省議員或「中央民意代表」。從這個意義上講，地方自治就像給矛盾重重的臺灣社會裝了一個頗有效能的減震器，有利於社會的穩定發展。再有，每隔幾年就舉行一次的各級選舉，使民眾耳濡目染，培養了政治參與感，增強了政治識別力，對於民主觀念的普及、民主力量的形成，乃至政治民主化取向的確立，產生了不可低估的影響。

　　綜上所述，在威權統治的二元政治體制下，臺灣地區「中央」政治精英大多來自特定的封閉階層，成員結構單一，多為外省籍，往往由政黨領袖通過政治任命的方式產生。進入權力核心的「中央」政治精英的錄用主要依靠與權力階層的密切互動（領袖選拔）或依循黨內升遷管道（黨內培養）。然而，地方政治精英參與政治的管道基本上僅侷限於地方層級，主要通過有限度的地方選舉進入地方行政系統或地方民意機構系統。其中，鄉鎮區長、縣市參議會議員和省參議會議員通過間接選舉方式產生，村里長和鄉鎮民代表通過直接選舉方式產生。具體而言，20世紀50～60年代，臺灣地方精英錄用基本上在國民黨當局操控下「平穩」進行，省、縣、區各級建立輔選機構，發揮組織動員功能，積極爭取地方派系人物，確保國民黨候選人勝選。青年黨、民社黨僅象徵性參與，未發揮實質性影響。60年代初期，雖然反對派人士先後以「民主人士聯誼會」和「選舉改進座談會」等形式組織非國民黨籍候選人參選，並且籌備組建新政黨，但最終由於雷震等人被逮捕，《自由中國》被停刊，黨外助選活動歸於沈寂，宣告失敗。

　　總之，臺灣地方政治精英鮮有選拔至「中央」層級，「中央」精英與地方精英之間的流動幾乎處於停滯狀態，直至60年代末這一局面才有所改變。1969年，由於20多年來「國民大會」、「立法院」與「監察院」始終沒有進行改選，「中央民意代表」人數不斷減少。如何錄用地方精英進入「中央」決策中心，維護國民黨威權統治，舒緩國民黨與民間社會緊張對立的狀態成為國民黨當局重點考慮的問題。國民黨當局通過「中央民意代表」增補選舉，開啟了民選精英問鼎「中央」決策的管道，開拓地方政治精英的視野，出現了一批為數不多的本省籍精英開始從縣市長的職位向上晉升的情況，如南投縣長林洋港升任「臺灣省政府主席」、桃園縣長吳伯雄升任「內政部長」、臺南縣長高育仁升任「內政部」常務次長以及屏東縣長張豐緒升任「內政部長」等。

第四章　國民黨中央的結構

　　國民黨在大陸時期，為了維持一黨專制的統治，嚴厲排斥和打擊共產黨以及其他民主黨派。然而，國民黨內部卻是派系林立，矛盾重重。國民黨敗退臺灣後，蔣介石吸取了這一教訓，在臺灣做的第一件大事，便是通過1950～1952年的「黨務改造」重建國民黨。重建後的國民黨終於完成了以蔣介石為中心的新的執政黨體制，其組織之嚴密，權力之集中，控制之廣泛都是大陸時期國民黨所不可比擬的。第一，黨內在絕對排除非蔣派系的基礎上，組成從基層黨小組到區黨部，再到縣黨部、省黨部和中央黨部的權力金字塔結構，金字塔頂尖是蔣介石。第二，決策權高度集中，執行權分工細密。國民黨的最高決策權集中在國民黨中央常務委員會（簡稱中常會），並最後高度集中在黨總裁手中。下面筆者擬就國民黨組織體系做一剖析。

第一節　中央層級的組織架構

一、中央權力結構：決策系統

　　國民黨中央權力決策結構，由「全國代表大會」、中央委員會、中央常務委員會、黨總裁和中央政策會組成。

（一）全國代表大會

　　根據《中國國民黨黨章》規定，國民黨全國代表大會（以下簡稱「全代會」）為最高決策機關，其主要職權大體上可分為三類：第一，選舉權：如選舉總裁；通過總裁提名的副總裁；通過總裁提名的中央評議委員；選舉中央委員會委員；第二，決定權：如修改本黨黨章；決定本黨政綱政策；第三，討

論權：如檢討中央委員會的工作；討論黨務政治問題。〔註1〕

「全代會」每三年舉行一次，後改為每四年舉行一次，由中央委員會召集。然而，當中央委員會遇有不得已情形時，對於全國代表大會之召集，得議決展期；當中央委員會認為必要或有省級黨部半數以上請求時，得召集臨時全國代表大會。〔註2〕但是從退臺後歷屆「全代會」召開的年限看：第七次「全代會」是 1952 年 10 月 10 日，第八次「全代會」是 1957 年 10 月 10 日，第九次是 1963 年 11 月 13 日，第十次是 1969 年 3 月 19 日，第十一次是 1976 年 11 月 12 日，其間多半間隔六年或七年之久。雖然「全代會」是最高決策機關，但是「全代會」每四年才召開一次並且成員眾多，在實際運作上，無法真正發揮決策功能。實際上，在「全代會」閉會期間，由中央委員會代表其行使決策權。

「全代會」在國民黨的決策過程中，雖具有重要地位，但只是形式上，而不是實際上的最高決策權力機關，充其量是「扮演了一個重要溝通者的角色。」〔註3〕理由如下：第一，在全國代表大會開會期間，與會代表被分成若干小組，在極短的時間裏舉行分組討論，就原有中央黨部籌備妥當的各種議案表示意見，由於討論的時間有限，而發言的代表又很積極，因此，全國代表大會僅能稱為一次政治性的集會，其間不能就公共政策問題經由充分討論表示意見，達成影響政策的目的。第二，雖然代表們對重要的決策有最後的決定權，但由於大多數代表對決策的不熟悉，從上而下的建議與推薦乃是構成決策的重要基礎；第三，由於代表來自各個不同的階層，代表著不同階層的利益，代表們的意見與建議，在決策過程中，確實得到決策者充分的尊重與慎重的考慮，因此，代表們的角色是黨員與決策者之間的溝通者，他們履行的功能是利益表達和利益彙集。

（二）中央委員會

「七全大會」根據新通過的黨章，將原中央執行委員會與中央監察委員會合合二為一，成立中央委員會（以下簡稱「中委會」）。

根據黨章規定，「中委會」由「全國代表大會」代表選舉產生，中央委員

〔註1〕李雲漢、林養志：《中國國民黨黨章政綱彙編》，中國國民黨中央委員會黨史會 1994 年版，第 188 頁。

〔註2〕李雲漢、林養志：《中國國民黨黨章政綱彙編》，中國國民黨中央委員會黨史會 1994 年版，第 187 頁。

〔註3〕彭懷恩：《「中華民國」政治體系的分析》，臺北：時報文化出版事業有限公司 1983 年，第 212 頁。

任期 4 年。「中委會」全會每年舉行一次，由中央常務委員會召集，必要時可召集中委會臨時全會。中委會職權是：（1）執行「全國」代表大會的決議，並對外代表本黨；（2）討論及處理黨務與政治事項；（3）組織各級黨部並指揮具體工作的展開；（4）培養並管理黨的幹部；（5）執行黨的紀律；（6）籌集並支配黨務經費。〔註4〕在「全代會」閉會期間，中委會是最高的決策機構，但由於該機構成員眾多且每年僅舉行一次會議，中委會在事實上無法對例行事務進行有效的決策，因此，中委會全體會議閉會期間，由中央常務委員會代表其行使決策權，並對其負責。

由上可知，中委會扮演的角色是全代會與常務委員會之間的橋樑，具有中間過渡的作用。

（三）中央常務委員會（簡稱中常會）

「中委會」全體會議閉會期間，為了執行黨的有關決策，在黨綱第 40 條後段規定，「中央委員會互選常務委員若干人，組織常務委員會，在中央委員會全體會議閉會期間執行職務，對中央委員會負起責任。」〔註5〕由此可知，中常會是國民黨事實上的最高決策機構，是國民黨統治的最核心層。

至於處於權力核心的中常委，理論上講是由中央委員互選產生。然而，在實際運作上，中常委是由黨總裁提出一份名單，再經中央委員全體會議通過，因此，由中央委員互選中常委之規定即流於形式，實質上的決定權掌握在黨總裁手中。中常委任期為一年。國民黨中常會每週召開一次中常會，必要時可以召開臨時中常會。通常情況下，中常會是每週三由黨總裁主持召開，國民黨中央各工作會首長、各重要「部會」首長及省市黨部主委均列席會議，舉凡黨政重大決策，均在此會議中討論決定。因此，中常會可視為國民黨中央的實際負責決策的最重要機構。

雖然中常會是全代會和中委會閉會期間的最高決策機構，但是在中常會實際的決策過程中，由於黨總裁是中常委的主席，所以他對決策擁有最終的決定權。中常會的決策大權完全由黨總裁所掌控。中常委一般都是黨總裁的「禁衛軍」，實權有限，所以中常會常常淪為黨總裁的「一言堂」。

〔註4〕李雲漢、林養志：《中國國民黨黨章政綱彙編》，中國國民黨中央委員會黨史會 1994 年版，第 188 頁。

〔註5〕李雲漢、林養志：《中國國民黨黨章政綱彙編》，中國國民黨中央委員會黨史會 1994 年版，第 189 頁。

（四）總裁

國民黨敗退臺灣後，蔣介石組織國民黨中央改造委員會，對國民黨進行改造。改造委員會代行中執會和中政會的職權，蔣介石任改造委員會的總裁。通過對國民黨的改造，蔣介石將元老和異己分子排除在決策核心之外，此後其獨裁地位無人能夠撼動。1952 年 10 月 10 日，國民黨召開第七次「全國」代表大會，通過《中國國民黨黨章》。黨章規定：總裁由全代會選舉產生，任期一般為 4 年，可連選連任。總裁是黨的最高領袖，綜理全黨黨務，是國民黨「全國」代表大會、中央委員會、中央常務委員會的主席，對黨的決議有最後決定權，國民黨中央的一切機構對總裁負責，全體黨員必須服從總裁的領導。黨章還規定，總裁對全國代表大會之決議有交覆議之權，對於中央委員會之決議有最後決定之權。〔註6〕新黨章強調，「總裁」行使黨章規定的「總理」職權，擁有政策的決定權，從而加強了蔣介石個人的獨裁。1975 年 4 月 5 日，蔣介石去世，總裁制也隨之結束。

1957 年 10 月 13 日，國民黨八大通過了《中國國民黨黨章》修正案，關於組織部分，添加「增設副總裁一人，輔助總裁處理黨務，其人選由總裁提名，經全國代表大會通過之」一條。〔註7〕在國民黨八大上，蔣介石提名陳誠為國民黨副總裁，大會一致通過。1965 年國民黨副總裁陳誠病逝後，蔣介石修改黨章，取消「副總裁制」，以避免不信任的人擔任國民黨副總裁職。

在國民黨的決策上，毫無疑問，總裁是最高和最重要的決策者，其在國民黨決策過程中的重要性可歸納：第一，他是全代會、中委會、中常會的主席。在重要決策上，總裁可以有所指示或建議，這些指示或建議往往是政策制定的主要源泉。第二，總裁是黨對內對外的法定代表，許多有關重大決策的信息，總裁有機會接觸，加上可任命重要黨務職位，自然有相當大的影響力。第三，國民黨總裁掌握了中央委員和中常委的提名權，因此，在任免黨的幹部時，就決定了政策的方向。

（五）中央政策委員會（前身為黨政關係會議）、政治小組和黨部

在中央層級，七全大會後決定中央委員會下設黨政關係會議（1955 年之

〔註 6〕李雲漢、林養志：《中國國民黨黨章政綱彙編》，中國國民黨中央委員會黨史會 1994 年版，第 220～221 頁。

〔註 7〕劉維開編：《中國國民黨職名錄》，臺北：中國國民黨中央黨史會 1994 年版，第 292 頁。

後改為中央政策委員會）。在中央政策委員會組織辦法的前言指出：「本黨為革命民主政黨，對黨政關係之運用，有其特殊的性質與規律，一方面遵循民主憲政之常軌，另一方面尊重黨的最高決策權。在此兩線原則的密切結合與靈活運用，而使其制度化，俾依憲法有參與決策權的同志，得由參加有關黨內決策之機會，凡黨政重大問題，在黨內決定之前，同志得自由討論，但一經決議則必須絕對服從，求全黨部步調一致。否則以違反黨紀論。」〔註8〕中央政策委員會原隸屬於中常會，其主要任務為：(1) 有關政策、法制之研審；(2) 處理中央黨政關係事宜；(3) 政情研究；(4) 各政黨與重要社會人士之聯繫工作。在組織結構中，中央政策委員會包括中央政策委員會會議以及中央政策委員會所屬各種委員會會議。中央政策委員會會議聽取有關下列實行的報告，並協調處理：(1) 涉及國家全盤政策的問題，非中央政策委員會所屬各種委員會會議或其聯繫會議所能解決者；(2) 兩院以上從政同志發生的政策性問題或未解決的重要問題；(3) 經中央政策委員會所屬各種委員會或其聯席會議審議而不能獲致結論的案件。(4) 臨時發生的重大事項或制定報告事項。而在組織結構上，中央政策委員會隸屬中央常委委員會，為黨政關係的最高指導機關，會議由黨總裁主持。〔註9〕

　　中央政策委員會研討、處理各種案件與問題，分設內政、外交、國防、經濟、財政、預算、教育、交通、邊政、僑政、司法、發展等各種委員會，上述各種委員會，由立法部門分別依照需要設置。中央政策委員會所屬會議各種委員會設召集人三至五人，由下列黨員擔任：(1) 參加該委員會的中常委、中委會秘書長、副秘書長、中央政策委員會秘書長、副秘書長或中央有關單位主管（一人）；(2) 行政院有關機關從政主管同志或政務委員同志（一人）；(3) 立法院或監察院有關委員會黨紀召集委員或召集人。

　　中央政策委員會設秘書長一人，承主席之命，中央常務委員會的決議，負責處理業務，設副秘書長一至四人，協助秘書長處理有關事項。另設專任委員一至四人，兼任委員若干人，協助研討有關政策及法制研審事項；以及分設若干室辦事，各室設總幹事負責其事。

〔註8〕《中央政策委員會組織辦法》，見於《中國國民黨黨務法規輯要》上冊，國民黨中委會秘書處編印 1985 年版，第 81～82 頁。

〔註9〕《中央政策委員會組織辦法》，見於《中國國民黨黨務法規輯要》上冊，國民黨中委會秘書處編印 1985 年，第 80 頁。

　　國民黨在中央級的黨政關係組織結構安排上除了中央政策委員會外，還包括：在行政院、司法院、考試院所設立的政治小組；在國民大會、立法院、監察院所設立的黨部。

　　國民黨以組織領導黨員的原則，分別在行政院、司法院、考試院之中建立從政黨員的政治小組，〔註10〕該小組直接隸屬於中央委員會。

　　在中央政府遷臺初期，基於政治現實（「法統」的強調以及政府合法性的需要）需求，對於中央民意代表的支持，特別予以重視，國民黨為了加強團結其所屬黨籍中央民意代表，分別建立國民大會代表黨部、立法委員黨部、監察委員黨部，以貫徹黨的決策。三個國會黨部均以黨員大會為其最高權力機關，閉會期間交由委員會代行職權。委員會由委員互選常務委員若干人，設置常務委員會，以處理日常會務。國民大會代表黨部並按照黨籍國代大會之省籍區分，劃編小組；立、監委黨部，則配合兩院各委員會成立小組。所有上述黨部暨小組負責人，均參加中央政策委員會有關之各項決議，共同商討執行黨的政策。

　　從上述分析可見，在中央層次，政策會受命負責調停立法院、監察院及國民大會間的衝突，它也充任中常會及上述三個中央民意機構的橋樑。而民意機構黨團則要設法貫徹黨中央的命令。黨支部同時也存在於行政院、司法院及考試院內，在這三個中央政府機構中，均各有一政治小組，由位居重要職位的黨員組成。如在行政院內，內閣閣員組成一個政治小組，直接向中常會提出報告。

　　中央政策委員會是黨政關係的樞紐機構，黨政協調是其中心任務。其重要性表現在：(1) 中央行政、司法、考試機關及中央民意機關黨籍同志提出的重要性及政策性措施，除急迫性者得逕報中央常委會核定後，其餘應將其立案要旨連同原案先送各該機關黨部或政治小組研討，並將所獲結論報經中央政策委員會提報中央常務委員會核定後，使得向有關機關提出。(2) 行政院每年度的立法計劃要點，亦是報請中央常務委員會核交中央政策委員會約集立委黨部委員及行政、立法兩院有關全志舉行黨政關係談話會研商，將所獲結論，報請中央常務委員會核備。所以，當中常委批准重大決策後，由國民黨的政策委員會同組織工作會有關黨部或政治小組發動黨的同志負責貫徹執行。正是由於國民

〔註10〕其組成分子為：(1) 行政院以出席及列席院會之從政黨員編組之；(2) 考試院、司法院以及所轄各部司長以上主管及幕僚長之為從政黨員者分別編組（考試委員及大法官除外）。各小組設召集人一人，其人選由主管黨部指定之，負責會議之召集，並充任會議主席。

黨控制立法和行政，所以，國民黨可以透過中央政策委員會來貫徹黨中央意志。

圖4-1　國民黨的決策體系模式

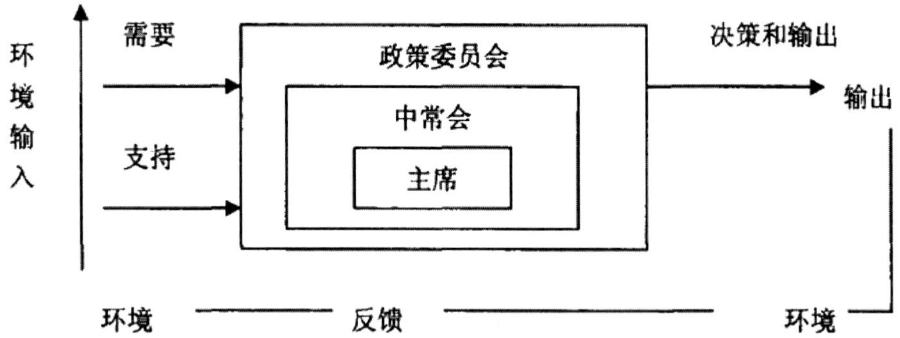

國民黨在中央的黨政關係上，組織結構設計十分周全。從上述制度規定看，國民黨通過中央政策委員會、政治小組、國會黨部三個部門來實現以黨領政。中央政策委員會隸屬於中常會，是政黨決策和協調的中心；政治小組負責各院從政黨員服從國民黨中央決定，而國會黨部則保證所有民意代表服從黨中央決定。

二、中央決策系統實際運作狀態

前面分析了中央決策系統條文規定之程序以及機制，它實際上的運作狀態到底如何，本文試圖對國民黨總裁、第 7～10 屆中全會以及相應產生的中常會進行分析，以求揭示這一問題。

1. 國民黨總裁

國民黨經過改造後，確立蔣介石在黨內絕對地領導地位。蔣介石不僅在名義上是黨的領袖，而且在黨內最具實權，歷次的黨代會從議題到全代會代表、中央委員、中常委的產生等，均由他欽定。對此，吳國楨回憶七屆全會選舉的情況說：「我一進入會場，就看見一份代表名單……大約 200 名代表中，有十分之九是蔣經國的人。既然大陸丟了，那麼怎樣選代表呢？所以他們都是指定的。軍方的代表大都是蔣經國的人」。選舉中央委員，「候選人名單在蔣介石的住所油印，所以必須等油印完成」，才能進行選舉。「委員長提了大約 70 名候選人，我們只要在 70 人中標出 32 人即可」。在選舉中央常委時，「蔣經國的一個人馬上站起來建議，應該將常委會的提名權交給蔣介石。又是一致通過！」於是蔣提名了常委會的 10 名委員，總裁不列名中常委，「但按照國民黨的組織法，總裁甚至有權否決常委會的決議，亦可以反其道而行

之，所以儘管定期開會，我們只不過是橡皮圖章而已」。〔註11〕由此可知，黨權盡歸總裁。

以下再以具體個案分析九全大會中黨總裁的欽定中委和中評委的過程，筆者先摘抄蔣介石日記中相關內容如下：

11月20日　星期三

本日五時起床，審核中央委員候選人名單，上午自七時至十二時，方告一段落，費心極苦。下午自二時半起審核評議委員名單，又重審中央委員名單，至六時方完。〔註12〕

11月21日　星期四

本日上午審批中央委員提名之名單，下午審批評議委員之名單，困難之事未有甚於今日者也。〔註13〕

11月22日　星期五

今日選舉提名工作太苦，自覺未能完備，又加之辭修神態不安，言無倫次，故使余心神最為不樂，此乃大會美中不足之處也。

昨夜選中委，票數至今晨一時後方告結束，余乃起床檢閱被選人員，與預定評議委員之人選，對照結果，頗多出入，幾費六小時之久，修改評議委員名單。初定為一百一十人，不超過中委正式與後補人數之名額，並將海外二十餘名另立海外評議委員之名稱。應主席（周）主張，評議委員不限名額，乃將海外名稱取消，共選為一百四十三名，余將順其意也。至十一時開會選舉，被選與特提中委名單及評議委員人選，同時由大會通過。並提選辭修連任副總裁，亦一致通過。〔註14〕

由上述日記可知：蔣介石在擬定中央委員與評議委員的人選名單上，著力甚多；他所提的中委名單及評議委員人選，中間雖有波折，但最終均獲得通過。這說明蔣介石擁有黨內重要人士的任命權。然而，國民黨副總裁或其他領導人沒有中委和評議委員候選人的提名權，為此，國民黨副總裁陳誠和監察院院長于右任向蔣介石推薦幾名中央委員或評議委員候選人名單，對此，

〔註11〕 吳國楨口述；（美）裴斐（Nathaniel Peffer），韋慕庭（Martin Wilbur）訪問整理、吳修垣譯：《從上海市長到「臺灣省主席」——吳國楨口述回憶（1946～1953）》，上海：上海人民出版社1999年版，第158～160頁。

〔註12〕 《蔣介石日記》（手稿本），1952年11月20日，星期三。

〔註13〕 《蔣介石日記》（手稿本），1952年11月21日，星期四。

〔註14〕 《蔣介石日記》（手稿本），1952年11月22日，星期五。

蔣介石一概不予理會。現將相關史料陳述如下：

唐縱口中有關中委及評委選舉之經過〔註15〕

散會後，唐秘書長約談，謂外間對全會選舉結果，多表不滿，副總裁亦然。當時情況係總裁提名二百二十人，亦即中央委員六十五人及候補委員三十五人合共一百一十人之一倍。我謂通常加倍提名，係只依正額計算，不包括候補在內。唐謂曾將此點向總裁報告，未獲採納。我謂外傳原提名二百三十人，至選票將付印時，總裁臨時勾去十名，如王任遠等即在此十名之內。唐謂並無此事。總裁所提名單係用十行紙書寫，最後數名係其親筆所加，但總數確為二百二十名。總裁於投票上午八時許，將名單面交，並囑先送副總裁閱，乃攜至會場面呈副總裁，副總裁自袋中取出一單，係其擬向總裁推薦者，經核對後，就原單加寫四人，請總裁考慮補提。乃即專送官邸請總裁鑒核，而總裁則兩次專人送信至會場見交，內容均係加提馬祖指揮官張立夫，並將原提名單中劃去一人。惟兩次來信，被劃之人不同，只得以後到之信為準。事務方面人員再之提及如十一時不付印選票，則下午三時不及選舉，而副總裁請加列四人事，總裁尚未核覆，不得已乃以電話向官邸請示，總裁謂仍照原名單，不必更改。是則副總裁所請加列者，未得採擇。選票印成後，總裁索閱樣張，發覺張立夫誤印為張子夫，乃來電話謂某行某人名字印錯，時間已不及再印，亦無法改正，遂於發票時，由大會主席口頭補充報告，說明印錯，請各投票人自行注意。

唐謂總裁對選舉結果至為關懷，下午八時、十時，兩次來電話詢問，答以須午夜十二時許方可分曉，總裁乃先休息，而於午夜二時起床，親閱當選名單。次晨八時見召，並於當選者外，另加中委十六名，及指派之候補中委與中央評議委員，開單見交。在大會前及在會議中，各方推薦及毛遂自薦任中委或評議委員之信件有數十封，其中以於右老為最多。我問是否于右任老親筆？唐謂均只有右老親自簽名，原函並非其自書。因恐總裁無法細閱，遂將此等函件列一簡表呈閱，以備參考。當以總裁指派之中委只能有十四名，現

〔註15〕阮毅成：《中央工作日記》，1963 年 12 月 4 日；見阮大仁：《蔣中正日記揭密：從風雨飄搖到大局初定》，華文出版社 2012 年版，第 277～279 頁。

呈交十六名，超出兩名如何處置請示，總裁謂可將中委候補中委及
中央評議委員名單全部先送請陳副總裁一閱，乃匆匆攜單趕至會
場，面呈副總裁。見其怒容滿面，對選舉結果大為不滿。對呈閱之
名單亦不接不閱，即步出休息室逕自登車而去，並一面謂下午閉幕
式不到，並請總裁勿再提名其連任副總裁云云。我追至車側，陳不
理會，當時情形頗為困窘。因總裁昨夜未曾睡好，故晨間與之商定，
總裁於十一時方行到會，初意在十一時以前時間尚屬從容，一面大
會仍先進行，討論例案，一面由副總裁核閱名單，詳細研究。不料
副總裁一怒而去，名單並未接閱，轉瞬間總裁已到會場休息室，只
得據實報告，謂副總裁因事先退，名單未閱。總裁乃命再仔細核對，
覆命將所提派中委十六人中，移兩名改為中央評議委員，其餘不及
多所更改，即於十一時由總裁主持大會，宣讀名單。事後曾有人問
為何名單不予印發，實係時間上不許可也。

我謂我自入黨以來，數十年從未競選，此次亦然。但同志中即
對選舉結果多不滿意，中央自宜多方設法疏解為是。

由此可知，黨權盡歸蔣總裁。

2. 中央委員會

（1）第七屆中央委員會時期

在經過近兩年的改造運動後，為總結改造工作的經驗，鞏固改造工作的
成果，1952 年 10 月 10～20 日，國民黨「七全大會」在臺北召開，出席代表
169 人，列席代表 259 人。1952 年 10 月 20 日，會議根據蔣介石的提名，選
出由 32 人組成的第七屆中央委員會。

32 名中央委員名單如下：陳誠、蔣經國、吳國楨、谷正綱、倪文亞、黃
少谷、陶希聖、陳雪屏、袁守謙、張道藩、張其昀、周至柔、俞鴻鈞、鄭彥
棻、彭孟緝、郭寄嶠、孫立人、沈昌煥、上官業祐、王叔銘、唐縱、石覺、黃
季陸、黃朝琴、胡璉、楊爾瑛、王星舟、陳逸雲、張子田、蔣賜福、梅友卓、
吳化鵬。

以後，七屆中央委員會每年都要舉行一次全會選舉出中央常務委員。7 屆
1～3 中全會中常委是：陳誠、張道藩、谷正綱、吳國楨、黃少谷、陳雪屏、袁
守謙、陶希聖、倪文亞、蔣經國；7 屆 4 中全會中常委為：陳誠、張道藩、谷正
綱、黃少谷、張其昀、陳雪屏、袁守謙、陶希聖、倪文亞、蔣經國；7 屆 5～6

中全會中常委是：陳誠、俞鴻鈞、張道藩、谷正綱、黃少谷、張其昀、周至柔、陳雪屏、袁守謙、陶希聖、蔣經國；7屆7～8中全會中常委為：陳誠、俞鴻鈞、張道藩、谷正綱、黃少谷、張其昀、周至柔、陳雪屏、陶希聖、蔣經國。〔註16〕

（2）第8～10屆中央委員會時期

由於蔣介石掌握了國民黨中央委員和中常委的提名權，因此，歷次全代會選舉產生的中央委員和中常委基本上都是蔣的親信或親蔣人士。也就是說，國民黨的中央黨務決策權牢牢地掌握在蔣介石以及他的嫡系手中。由於國民黨中央委員會每年都要舉行一次全會選舉出新的中央常務委員，因此，每屆國民黨中常委會經常有所變動。現將國民黨「八大」至「十大」中央委員和中常委名單分列如下：

第八屆中央委員共計50人，他們是：蔣經國、谷正綱、張其昀、陶希聖、俞鴻鈞、袁守謙、彭孟緝、周至柔、黃季陸、黃朝琴、胡健中、張道藩、丘念臺、鄭彥棻、沈昌煥、谷鳳翔、陳誠、周宏濤、鄧傳楷、倪文亞、上官業祐、王叔銘、黃少谷、唐縱、郭澄、胡軌、詹純鑒、陳建中、馬紀壯、張炎元、陳雪屏、季源溥、陳嘉尚、王星舟、梁序昭、郭驥、胡璉、黃鎮球、黃傑、石覺、皮以書、錢劍秋、梅友卓、蔣賜福、葉立庚、劉興誠、蔡功南、清巴圖、吳香蘭、謝東閔、李彌、鄭介民。鄭介民因1959年12月21日病故出缺，由王升遞補。俞鴻鈞因1960年6月1日病故出缺，由謝東閔遞補。

8屆1中全會中常委是：蔣經國、谷正綱、張其昀、陶希聖、俞鴻鈞、黃少谷、袁守謙、周至柔、陳雪屏、馬紀壯、胡健中、張道藩、丘念臺、沈昌煥、谷鳳翔；8屆2中全會中常委為：蔣經國、谷正綱、張其昀、陶希聖、俞鴻鈞、黃少谷、袁守謙、周至柔、張道藩、丘念臺、唐縱、胡健中、黃季陸、黃朝琴、王叔銘；8屆3～4中全會中常委是：蔣經國、谷正綱、張其昀、陶希聖、袁守謙、周至柔、張道藩、胡健中、黃季陸、黃朝琴、丘念臺、王叔銘、沈昌煥、谷鳳翔、彭孟緝；8屆5中全會中常委為：蔣經國、谷正綱、張其昀、陶希聖、袁守謙、周至柔、張道藩、胡健中、黃季陸、黃朝琴、丘念臺、鄭彥棻、沈昌煥、谷鳳翔、彭孟緝。

第九屆中央委員共計74人，他們是：蔣經國、唐縱、谷正綱、張其昀、彭孟緝、黃傑、葉翔之、郭驥、劉安祺、王升、陳大慶、謝然之、倪文亞、陶

希聖、袁守謙、江國棟、張道藩、周至柔、黃少谷、黎玉璽、趙聚鈺、陳建中、鄭彥棻、秦孝儀、徐煥升、薛人仰、沈昌煥、賴名湯、馬紀壯、石覺、曹聖芬、鄧傳楷、周宏濤、謝東閔、郭澄、黃季陸、馬樹禮、高魁元、李煥、詹純鑒、張寶樹、錢劍秋、徐鼎、高信、皮以書、陳雪屏、張慶恩、許素玉、呂錦花、上官業祐、張國疆、楚崧秋、胡璉、連震東、柯叔寶、陳嘉尚、季源溥、谷鳳翔、徐晴嵐、黃朝琴、蔡功南、黃仁俊、嚴家淦、胡健中、陳勉修、閻振興、羅衡、張希文、陳達元、陸寒波、達穆林旺楚克、蕭贊育、杜元載、滕傑。

9屆1中全會中常委是：蔣經國、谷正綱、張其昀、陶希聖、袁守謙、周至柔、張道藩、胡健中、黃朝琴、鄭彥棻、谷鳳翔、彭孟緝、倪文亞、黃傑、謝東閔；9屆2～3中全會中常委為：蔣經國、嚴家淦、谷正綱、張其昀、陶希聖、袁守謙、周至柔、張道藩、黃朝琴、鄭彥棻、彭孟緝、倪文亞、黃傑、謝東閔、黃少谷、唐縱、連震東；9屆4中全會中常委是：蔣經國、嚴家淦、谷正綱、張其昀、陶希聖、袁守謙、周至柔、張道藩、倪文亞、黃少谷、唐縱、連震東、黃傑、胡健中、謝東閔、陳大慶、郭澄、黎玉璽、郭驥；9屆5中全會中常委為：蔣經國、嚴家淦、谷正綱、張其昀、陶希聖、袁守謙、周至柔、張道藩、倪文亞、黃少谷、鄭彥棻、連震東、黃傑、胡健中、謝東閔、陳大慶、郭澄、黎玉璽、郭驥。〔註17〕

第十屆中央委員共計99人，他們是：蔣經國、嚴家淦、谷正綱、張寶樹、張其昀、葉翔之、黃少谷、黃傑、袁守謙、趙聚鈺、周至柔、李煥、鄧傳楷、高魁元、秦孝儀、鄭彥棻、王升、沈之岳、陳建中、查良鑒、倪文亞、黎玉璽、唐縱、陳大慶、謝然之、詹純鑒、郭驥、錢劍秋、謝東閔、沈昌煥、馬紀壯、江國棟、楚崧秋、閻振興、馬樹禮、薛人仰、曹聖芬、郭澄、皮以書、周中峰、賴名湯、潘振球、李國鼎、彭孟緝、徐晴嵐、楊西崑、蔣彥士、周宏濤、羅友倫、周書楷、易勁秋、劉玉章、林挺生、王惕吾、孫運璿、徐鼎、王任遠、沈劍虹、許素玉、俞國華、高信、李治民、余紀忠、胡木蘭、張希文、劉季洪、柯叔寶、胡健中、羅雲平、胡璉、劉廣凱、呂錦花、黎世芬、唐振楚、馮啟聰、葉霞翟、上官業祐、唐君鉑、傅雲、陳裕清、李白虹、陸寒波、瞿韶華、楊寶琳、賴順生、阿不都拉、王民、李鍾桂、羅衡、陶聲洋、谷鳳

〔註17〕劉維開編：《中國國民黨職名錄》，臺北：中國國民黨中央黨史會1994年版，第311～312頁。

翔、梁永章、陳達元、趙自齊、翁鈐、毛松年、徐慶鐘、辜振甫、倪文洞。

10 屆 1～2 中全會中常委是：蔣經國、嚴家淦、谷正綱、張其昀、袁守謙、周至柔、倪文亞、黃少谷、鄭彥棻、黃傑、胡健中、謝東閔、陳大慶、郭澄、郭驥、高魁元、蔣彥士、閻振興、孫運璿、李國鼎、林挺生；10 屆 3 中全會中常委為：蔣經國、嚴家淦、谷正綱、張其昀、袁守謙、周至柔、倪文亞、黃少谷、鄭彥棻、黃傑、徐慶鐘、謝東閔、陳大慶、郭澄、郭驥、賴名湯、蔣彥士、王任遠、孫運璿、李國鼎、林挺生。10 屆 4～5 中全會中常委為：蔣經國、嚴家淦、谷正綱、張其昀、袁守謙、倪文亞、黃傑、黃少谷、謝東閔、鄭彥棻、徐慶鐘、沈昌煥、蔣彥士、李國鼎、高魁元、郭驥、孫運璿、郭澄、賴名湯、王任遠、林挺生。〔註 18〕

3. 中常會

以下通過考察第七屆至第十屆中常會常委，大致可以瞭解這一時期國民黨的最高決策層。

表 4-1　第七屆中常會構成人員

姓名	1～3 中全會	4 中全會	5～6 中全會	7～8 中全會
陳誠	✓	✓	✓	✓
蔣經國	✓	✓	✓	✓
張道藩	✓	✓	✓	✓
谷正綱	✓	✓	✓	✓
黃少谷	✓	✓	✓	✓
陳雪屏	✓	✓	✓	✓
陶希聖	✓	✓	✓	✓
袁守謙	✓	✓	✓	
倪文亞	✓	✓		
吳國楨	✓			
張其昀		✓	✓	✓
俞鴻鈞			✓	✓
周至柔			✓	✓

〔註 18〕劉維開編：《中國國民黨職名錄》，臺北：中國國民黨中央黨史會 1994 年版，第 333～335 頁。

上表顯示第七屆國民黨決策核心層的人事結構。陳誠、蔣經國、張道藩、谷正綱、黃少谷、陳雪屏、陶希聖連任 1～8 中全會的中常委，袁守謙擔任 1～6 中全會的中常委，張其昀是 4～8 中全會的中常委，俞鴻鈞、周至柔是 5～8 中全會的中常委，吳國楨是 1～3 中全會的中常委。從這些委員就任的次數可以得知，這一時期黨務決策的核心人物是陳誠、蔣經國、張道藩、谷正綱、黃少谷、陳雪屏、陶希聖。

表 4-2　第八屆中常會構成人員

姓名	一中全會	二中全會	三中全會	四中全會	五中全會
蔣經國	√	√	√	√	√
谷正綱	√	√	√	√	√
張其昀	√	√	√	√	√
陶希聖	√	√	√	√	√
袁守謙	√	√	√	√	√
周至柔	√	√	√	√	√
張道藩	√	√	√	√	√
胡健中	√	√	√	√	√
丘念臺	√	√	√	√	√
谷鳳翔	√		√	√	√
沈昌煥	√		√	√	√
黃季陸		√	√	√	√
黃朝琴		√	√	√	√
王叔銘		√	√	√	
彭孟緝			√	√	√
俞鴻鈞	√	√			
黃少谷	√	√			
陳雪屏	√				
馬紀壯	√				
唐縱		√			
鄭彥棻					√

上表顯示第八屆國民黨決策核心層的人事結構。蔣經國、張道藩、谷正綱、陶希聖、張其昀、袁守謙、周至柔、胡健中、丘念臺連任 1～5 中全會的

中常委，黃季陸、黃朝琴擔任 2〜5 中全會的中常委，谷鳳翔、沈昌煥均是 1
中和 3〜5 中全會的中常委，王叔銘是 2〜4 中全會的中常委，彭孟緝是 3〜5
中全會的中常委，俞鴻鈞、黃少谷是 1〜2 中全會的中常委，唐縱、鄭彥棻分
別是 1 中和 2 中全會的中常委。從這些委員就任的次數可以得知，這一時期
黨務決策的核心人物是蔣經國、張道藩、谷正綱、陶希聖、張其昀、袁守謙、
周至柔、胡健中、丘念臺。

表4-3 第九屆中常會構成人員

姓名	一中全會	二中全會	三中全會	四中全會	五中全會
蔣經國	√	√	√	√	√
谷正綱	√	√	√	√	√
張其昀	√	√	√	√	√
陶希聖	√	√	√	√	√
倪文亞	√	√	√	√	√
袁守謙	√	√	√	√	√
周至柔	√	√	√	√	√
張道藩	√	√	√	√	√
黃傑	√	√	√	√	√
謝東閔	√	√	√	√	√
嚴家淦		√	√	√	√
黃少谷		√	√	√	√
連震東		√	√	√	√
鄭彥棻	√	√	√		√
黃朝琴	√	√	√		
彭孟緝	√	√	√		
唐縱		√	√	√	
胡健中	√			√	√
陳大慶				√	√
郭澄				√	√
黎玉璽				√	√
郭驥				√	√
谷鳳翔	√				

上表顯示第九屆國民黨決策核心層的人事結構。蔣經國、張道藩、谷正綱、
陶希聖、張其昀、袁守謙、周至柔、倪文亞、黃傑、謝東閔連任 1〜5 中全會的

中常委，嚴家淦、黃少谷、連震東擔任 2～5 中全會的中常委，鄭彥棻是 1～3 中和 5 中全會的中常委，黃朝琴、彭孟緝是 1～3 中全會的中常委，唐縱是 2～4 中全會的中常委，胡健中是 1 中和 4～5 中全會的中常委，陳大慶、郭澄、黎玉璽、郭驥是 4～5 中全會的中常委，谷鳳翔是 1 中全會的中常委。從這些委員就任的次數可以得知，這一時期黨務決策的核心人物是蔣經國、張道藩、谷正綱、陶希聖、張其昀、袁守謙、周至柔、倪文亞、黃傑、謝東閔。

表 4-4　第十屆中常會構成人員

姓名	1～2 中全會	3 中全會	4～5 中全會
蔣經國	√	√	√
嚴家淦	√	√	√
谷正綱	√	√	√
張其昀	√	√	√
袁守謙	√	√	√
倪文亞	√	√	√
黃少谷	√	√	√
鄭彥棻	√	√	√
黃傑	√	√	√
謝東閔	√	√	√
蔣彥士	√	√	√
郭澄	√	√	√
郭驥	√	√	√
孫運璿	√	√	√
李國鼎	√	√	√
林挺生	√	√	√
周至柔	√	√	
陳大慶	√	√	
賴名湯		√	√
王任遠		√	√
徐慶鐘		√	√
高魁元	√		√
閻振興	√		
胡健中	√		
沈昌煥			√

　　上表顯示第十屆國民黨決策核心層的人事結構。蔣經國、嚴家淦、谷正綱、張其昀、袁守謙、倪文亞、黃少谷、鄭彥棻、黃傑、謝東閔、蔣彥士、郭澄、郭驥、孫運璿、李國鼎、林挺生連任1～5中全會的中常委，周至柔、陳大慶擔任1～3中全會的中常委，賴名湯、王任遠、徐慶鐘是3～5中全會的中常委，高魁元是1～2中和4～5中全會的中常委，閻振興、胡健中是1～2中全會的中常委，沈昌煥是4～5中全會的中常委。從這些委員就任的次數可以得知，這一時期黨務決策的核心人物是蔣經國、嚴家淦、谷正綱、張其昀、袁守謙、倪文亞、黃少谷、鄭彥棻、黃傑、謝東閔、蔣彥士、郭澄、郭驥、孫運璿、李國鼎、林挺生。

　　縱觀1952年的國民黨「七大」以後至1969年的國民黨「十大」，在最高決策核心國民黨中央常務委員會內，每次大會和中央全會都要改選中常委，可從整體上看，中常委的組成，除蔣介石、陳誠以總裁和副總裁的身份為當然中常委外，基本上是由蔣經國、張道藩、谷正綱、陶希聖、張其昀、袁守謙、黃少谷、周至柔、倪文亞、黃傑、謝東閔、嚴家淦等人組成，這批人已成為變相的「終身中常委」。

三、中央權力結構：執行系統

（一）中央執行系統組織沿革

　　中央黨務執行系統是指在中常會下設立的中央秘書處、六個工作組、若干個工作會等中央黨部機構。第7～10屆中常會下設的中央黨部機構經常發生變化，以下從不同的屆別分析這些機構的治權與運作形態。

1. 第七屆中委會

　　中常會下設立一處六組五會，即：秘書處、第一組、第二組、第三組、第四組、第五組、第六組、設計考核委員會、紀律委員會、財務委員會、黨史史料編纂委員會、黨政關係會議。

　　各組設主任1人，副主任1～2人；各委員會設主任委員1人，副主任委員1～2人，委員若干人。秘書處由秘書長主持，副秘書長輔助，不另設主管人員。黨政關係會議由秘書長主持，辦理黨政有關事宜。

　　1953年11月，第七屆中央委員會第三次全體會議通過增設婦女工作會，負責婦女運動工作及婦女團體之黨團活動；同時設置婦女工作指導會議，為常務委員會指導婦女工作之機構。此外各組之副主任名額，由原來的

1～2 人，改為 1～3 人。〔註 19〕

1955 年 9 月 14 日，中央常務委員會第 219 次會議通過「中央黨政關係改進辦法」，改組「中央常務委員會黨政關係會議」為「中央常務委員會政策委員會」，研討有關黨的政策及處理黨政關係事宜。10 月，七屆六中全會，再度修正中央委員會組織大綱，將「黨政關係會議」正式更名為「政策委員會」。

政策委員會的地位要比中央委員會的各處、組、會高，其決議報由中央常務委員會核定行之。委員未定額，經常參加人員包括中央常務委員會推定的中央常務委員 2～4 人，中央委員會正副秘書長、第一組及設計考核委員會主管、五院從政主管同志及總統府秘書長。委員會設召集人 3～5 人，由中央常務委員會推定之常務委員及秘書長擔任，處理有關該會事宜，並於開會時輪流擔任主席；設秘書長、副秘書長各一人，由中央委員會秘書長、副秘書長兼任，協助召集人處理有關該會事宜。〔註 20〕

1957 年 3 月舉行的七屆八中全會，第三度修正中央委員會組織大綱，秘書處不再由秘書長主持，增設主任 1 人，綜理各項業務；另增設宣傳工作指導委員會、敵後工作指導委員會及海外對匪鬥爭工作統一指導委員會三單位，以研討相關業務。〔註 21〕

2. 第八屆中委會

1957 年 10 月 26 日，第八屆中央委員會舉行第一次全體會議，通過《中央委員會組織條例》，除常務委員之名額，由第七屆之 10 人擴增到 11～15 人外，各處組會及各種委員會與七屆八中全會後的中央委員會組織相同，設秘書處、第一組、第二組、第三組、第四組、第五組、第六組、設計考核委員會、財務委員會、黨史史料編纂委員會、婦女工作會等 12 個業務單位，與婦女工作指導會議、宣傳工作指導委員會、敵後工作指導委員會、海外對匪鬥爭工作統一指導委員會等 4 個中央常務委員會對特定事項之指導機構，以及政策委員會。〔註 22〕

〔註 19〕劉維開編：《中國國民黨職名錄》，臺北：中國國民黨中央黨史會 1994 年版，第 275 頁。

〔註 20〕劉維開編：《中國國民黨職名錄》，臺北：中國國民黨中央黨史會 1994 年版，第 275～276 頁。

〔註 21〕劉維開編：《中國國民黨職名錄》，臺北：中國國民黨中央黨史會 1994 年版，第 276 頁。

〔註 22〕劉維開編：《中國國民黨職名錄》，臺北：中國國民黨中央黨史會 1994 年版，

1961 年 11 月，中央為推行幹部政策，確立幹部制度，決定於現行組織體系加強幹部管理機構，11 月 4 日，中常會第 332 次會議決議設置幹部管理業務，歸併於幹部管理處；嗣於是月舉行的第八屆中央委員會第 4 次全體會議，通過修正《中央委員會組織條例》，調整秘書處及第一組的職責，並於秘書處增設副主任一人，以因應幹部管理職責的移轉，及秘書處業務的加重。

3. 第九屆中委會

1963 年 11 月 23 日，第九屆中央委員會舉行第一次全體會議，修正通過《中央委員會組織條例》，常務委員的名額，由第八屆的 11～15 人擴增為 15～19 人，取消宣傳工作指導委員會及敵後工作指導委員會，另增設訓練委員會，掌理黨員訓練與幹部訓練工作，嗣奉蔣總裁指示：「訓練委員會不必專設單位，可由革命實踐研究院約集黨政軍有關訓練工作同志組織之，以期集中事功，配合目前黨的訓練工作之展開。」經 1965 年 3 月 17 日，中常會第 117 次會議修正通過設置辦法，主任委員由革命實踐研究院主任兼任。

1964 年 11 月，本屆中央委員會舉行第 2 次全體會議，再度修正中央委員會的組織條例，將原隸秘書處的幹部管理處，提升為中央委員會之一級單位，與秘書處同為秘書長直接指揮之幕僚機構，掌理幹部管理及黨員撫恤、輔導事項。幹部管理處設主任、副主任各一人。

1966 年 12 月，舉行本屆第四次全體會議，通過《改進本黨組織適應戰鬥需要案》，其內容分《組織之改進》、《領導之加強》及《基層之充實》三部分，其中對中央組織之調整建制有多項提示。會後，中央常務委員會即成立項目小組，研討改進黨組織的實施要點，擬具《改進本黨組織實施要點》，提交第 275 次會議備案，並依此項要點通過設置宣傳工作指導委員會、社會工作指導委員會、海外工作指導委員會及政治作戰指導委員會等 4 個機構，以強化黨政聯繫，各委員會設召集人 1 人，副召集人若干人；11 月舉行之第五次全體會議，根據上項組織調整，通過修正中央委員會組織條例，設置宣傳工作指導委員會、社會工作指導委員會及中央心理作戰指導會報三機構，為對特定事項之指導機構。〔註23〕

第 292 頁。
〔註23〕劉維開編：《中國國民黨職名錄》，臺北：中國國民黨中央黨史會 1994 年版，第 306～307 頁。

4. 第十屆中委會

1969 年 3 月 10 日，第十屆中央委員會舉行第一次全體會議，修正通過《中央委員會組織條例》，除常務委員之名額，由第九屆的 15～19 人，修改為 15～21 人外，中央委員會的組織也略作調整，取消訓練委員會，與九屆五中全會後增設的宣傳工作指導委員會、社會工作指導委員會及中央心理作戰指導會報三指導機構。〔註 24〕

1970 年 4 月，第十屆中央委員會第二次全體會議通過修正中央委員會組織條例，幹部管理處改稱「幹部處」，增設「文化經濟事業管理委員會」，掌理本黨投資之文化及經濟事業之管理及其發展，並兼負輔導黨員事業之責。並增加各單位之副主管名額，由原先之 1～3 人，改為 1～4 人。

1972 年 3 月，中央常務委員會鑒於形勢的變化，於是，將原有的 16 個業務單位，調整為 12 個業務單位，其與原有各單位之關係如下：

（1）秘書處：除掌理其原有之業務外，並將原由幹部處掌理之本會人事業務劃歸該處。

（2）組織工作會：掌理原屬第一組及幹部處有關業務。但原屬第一組之知識青年組織業務劃歸青年工作會。

（3）大陸工作會：掌理原屬第二組之業務，及原屬第六組之匪情研究及對匪心戰、政戰業務。

（4）海外工作會：掌理原屬第三組及海外對匪鬥爭工作統一指導委員會之業務。

（5）文化工作會：掌理原屬第四組之業務及原屬文化經濟事業管理委員會之文化事業管理業務，與原屬設計考核委員會之理論研究業務。

（6）社會工作會：掌理原屬第五組之民運工作及第六組之黨內保防工作。但原屬第五組所掌理之青年運動業務劃歸青年工作會。

（7）青年工作會：掌理原屬第一組之知識青年組織（包括知青總黨部業務）及原屬第五組之青年運動業務。

（8）婦女工作會：掌理原屬婦女工作會之業務。

（9）財務委員會：掌理原屬財務委員會之業務及原屬文化經濟事業管理委員會之經濟事業管理業務，以及幹部處之黨員輔助、撫恤業務。

〔註 24〕劉維開編：《中國國民黨職名錄》，臺北：中國國民黨中央黨史會 1994 年版，第 325 頁。

（10）考核紀律委員會：掌理原屬設計考核委員會之黨政工作督導考核業務，原屬紀律委員會之黨紀審核及財務稽核業務。

（11）黨史委員會：掌理原屬黨史史料編纂委員會之業務。

（12）政策委員會：掌理原屬政策委員會之業務及原屬第六組之友黨聯繫工作，並加強其法制研審業務。其地位仍舊。

秘書處及各工作會設主任一人，副主任 1～4 人；各委員會設主任委員 1 人，副主任委員 1～4 人；各會設專任委員 3～5 人，兼任委員若干人。〔註25〕

（二）中央委員會下設機構之具體負責事務

1. 中央黨部秘書長

中央委員會設秘書長一人，副秘書長若干人，秘書長承總裁之命，與中央委員會或常務委員會之決議，掌理一切事宜，並對各組會工作負綜合與督導之責，為黨的幕僚長。〔註26〕國民黨中央的組織運作以黨總裁和秘書長為統籌協調中心，經常性重大黨務決策與黨務發展議決事項，都須經中常會審議，再交由秘書長及各單位執行。中常會為日常黨務決策單位，而秘書長是真正處理日常黨務工作和決策的主要執行者。由此可見，秘書長在黨內的地位是何等的重要。

不僅如此，由於下列三點原因，使秘書長在黨的決策過程中具有重要影響力：第一，秘書長受總裁之命執行黨務，與國民黨總裁有經常磋商的機會，其對總裁的決策發生直接的影響力；第二，政策的專業化，有助於秘書長對決策過程的影響。國民黨是執政黨，因此，黨政事務非常繁雜，為了專精與分工，必須依靠專家的知識，這樣就造成政策專業化的情形。就秘書處管轄的各業務單位而言，他們是負責規劃政策的單位，決策的制定必須依賴規劃單位的專業知識，因此，秘書長可借督導之權對規劃中的政策施以影響；第三，秘書長負責編訂中常會之議程。各常務委員及各單位之提案或報告案，在開會前須送秘書處呈核彙編。因此，秘書長有權決定提案是否可提出，及其提出的優先次序；這種對議程得以掌握的優越地位，可使秘書長在決策之前，預先得以審查議案內容，其對決策的影響不可謂不大。

〔註25〕劉維開編：《中國國民黨職名錄》，臺北：中國國民黨中央黨史會 1994 年版，第 326～327 頁。

〔註26〕劉維開編：《中國國民黨職名錄》，臺北：中國國民黨中央黨史會 1994 年版，第 274 頁。

由於中央黨部秘書長掌握了黨內實權，因此，歷屆秘書長皆為蔣介石的心腹愛將。

表 4-5　第 7～10 屆中委會秘書長名錄 〔註 27〕

中委會名稱／中央黨部	七屆中委會	八屆中委會	九屆中委會	十屆中委會
秘書長	張其昀　張厲生	張厲生　唐縱	唐縱　谷鳳翔	張寶樹
副秘書長	周宏濤　谷鳳翔 郭澄　謝東閔 鄧傳楷　黃啟瑞	周宏濤　鄧傳楷 連震東　唐縱 徐慶鐘　郭驥 秦孝儀	郭驥　徐慶鐘 秦孝儀	秦孝儀　謝然之 薛人仰　林金生

2. 秘書處

秘書處負責中央委員會議事、總務、文書、會計、人事及黨員之撫恤、撫助與其他不屬於各組會管理的事務。

表 4-6　第 8～10 屆中委會秘書處幹部名錄 〔註 28〕：

中委會名稱／秘書處	八屆中委會	九屆中委會	十屆中委會
主任	徐晴嵐	徐晴嵐　賴順生	賴順生
副主任		汪褘成　劉兆田	劉兆田
幹部管理處處長	汪錫鈞	汪錫鈞　易勁秋	易勁秋
幹部管理處副處長	熊文銘	熊文銘	熊文銘

3. 六個組

在「中委會」下面設有六個組：第一組（「自由地區」黨務組），負責臺灣地區軍隊、鐵路、工礦等各種各級黨部之組織與黨員的訓練及指導其活動；工作範圍是臺灣及中共尚未解放的島嶼。第二組（「敵後」黨務組），負責大陸地區各種各級黨部之組織與黨員的訓練及指導其活動；該組的主要任務是

〔註 27〕劉維開編：《中國國民黨職名錄》，臺北：中國國民黨中央黨史會 1994 年版，第 280～281 頁、第 297 頁、第 313 頁、第 335 頁。

〔註 28〕劉維開編：《中國國民黨職名錄》，臺北：中國國民黨中央黨史會 1994 年版，第 298 頁、第 314 頁、第 336 頁。

在中國大陸建立與發展國民黨特務地下組織，進行情報、策反、勾聯、反革命心戰宣傳等特務活動。第三組（海外僑務組），負責海外地區各級黨部之組織與黨員的訓練及指導其活動；其主要任務是：（1）運用海外刊物進行反動宣傳；（2）針對中共各種政治運動炮製「謀略心戰」宣傳品；（3）對中國大陸出國訪問的各種團體的成員相機進行策反，在中共駐外機構和進步團體內部挑撥離間，策動中共駐外幹部投敵；（4）破壞中共海外統戰工作。第四組（宣傳組），掌管宣傳工作之指導設計，黨義理論之闡揚，及幹部分子訓練有關業務。第五組（民運組），負責臺灣民眾運動之指導與人民團體的黨團活動。第六組（心理作戰組），負責對社會、經濟、政治等動態有關資料之搜集，研究整理與對中共鬥爭的策劃。〔註29〕以上六個組是國民黨中央黨部的核心，基本涵蓋了黨權系統的人事、組織安排、黨員訓練、宣傳工作、民運工作等，掌握了這些部門，也就具體控制了黨權。各組負責人均由蔣介石指定。事實表明，這些部門由蔣介石的親信所執掌，由他們代表蔣氏具體掌控中央黨權。現將第7～10屆全會各個組負責人具體名單列表如下：

表 4-7　第7～10屆中委會各個組負責人〔註30〕

組名 ＼ 中委會名稱		七屆中委會	八屆中委會	九屆中委會	十屆中委會
第一組	主任	唐縱	倪文亞	倪文亞　張寶樹 李煥　陳建中	陳建中
	副主任	郭驥　羅才榮	郭驥　羅才榮 梁興義　翁鈐	梁興義　翁鈐 高化臣　馬濟林 賴順生　梁永章 李荷　林金生	李荷　梁永章 林金生　郭哲 俞諧　劉介宙
第二組	主任	鄭介民	鄭介民　葉翔之 張炎元	葉翔之	葉翔之
	副主任	鄧傳楷　葉翔之 沈祖懋　王任遠 丁樹中	葉翔之　王任遠 丁樹中　陳瑩 沈之岳　潘澤筠	沈之岳　潘澤筠 焦金堂	潘澤筠　侯安國

〔註29〕劉維開編：《中國國民黨職名錄》，臺北：中國國民黨中央黨史會1994年版，第274頁。

〔註30〕劉維開編：《中國國民黨職名錄》，臺北：中國國民黨中央黨史會1994年版，第281～284頁、第298～302頁、第314～318頁、第336～338頁。

第三組	主任	鄭彥棻	鄭彥棻　馬樹禮	馬樹禮	馬樹禮
	副主任	李樸生　董世芳 戴仲玉　陳元	李樸生　董世芳 陳元	李樸生　董世芳 陳元　高銘輝 柯叔寶	李樸生　柯叔寶 高銘輝　曾廣順 黎元譽
第四組	主任	沈昌煥　馬星野	馬星野　沈錡 曹聖芬　謝然之	謝然之　陳裕清	陳裕清
	副主任	許聞淵　任覺五 沈錡　秦孝儀	許聞淵　沈錡 秦孝儀　楚崧秋 曹聖芬	許聞淵　楚崧秋 陳叔同　盧啟華	許聞淵　陳叔同 盧啟華　龍運鈞
第五組	主任	連震東　郭澄	上官業祐　張 寶樹	張寶樹　詹純鑒	詹純鑒　梁永章
	副主任	上官業祐 梁永章　陳逸雲 張寶樹　張泰祥 沈祖懋	梁永章　張寶樹 張泰祥　吳兆棠 彭德	梁永章　張泰祥 彭德　邱創煥 鄭森棨	張泰祥　邱創煥 鄭森棨　施啟揚
第六組	主任	張炎元　陳建中	陳建中	陳建中　徐晴嵐	徐晴嵐
	副主任	徐晴嵐　陳建中 李白虹	李白虹　高維翰	李白虹　高維翰 黎世芬　孔秋泉	李白虹　孔秋泉 楊銳　李健華

4. 設計考核委員會、紀律委員會、財務委員會、黨史史料編纂委員會

設計考核委員會負責有關黨政工作之設計與考核。紀律委員會負責黨紀案件之審議及決議之審核。財務委員會負責國民黨財務之統籌支配，預算之審定與稽核，黨費基金之募集、保管與運用及黨營事業之管理。黨史史料編纂委員會負責黨史史料之搜集、整理、編纂及革命文獻之保管。〔註31〕

出任財務委員會的主委、副主委為資深財經專家，而出任另外三個委員會的委員，基本上是國民黨元老或地位較高的人，榮譽和資歷考慮較多。（詳情見下表）

〔註31〕劉維開編：《中國國民黨職名錄》，臺北：中國國民黨中央黨史會1994年版，第275頁。

表 4-8　第 7～10 屆中委會設計考核委員會負責人〔註 32〕

全會名稱＼設計考核會	七屆全會	八屆全會	九屆全會	十屆全會
主任委員	崔書琴	李壽雍　賀衷寒	賀衷寒　黃季陸　鄧傳楷	鄧傳楷
副主任委員	李士英　馬星野　張峻　滕傑　楊家麟　徐晴嵐	張峻　楊家麟　徐晴嵐　崔垂言　羅才榮	楊家麟　崔垂言　羅才榮　冷欣	冷欣　崔垂言　梁興義

表 4-9　第 7～10 屆中委會紀律委員會負責人〔註 33〕

全會名稱＼紀委	七屆全會	八屆全會	九屆全會	十屆全會
主任委員	李文範　吳忠信	吳忠信　馬超俊	馬超俊	馬超俊　周昆田　李壽雍
副主任委員	洪蘭友　張壽賢	洪蘭友　張壽賢　周昆田	周昆田　張慶恩	周昆田　張慶恩　張祥傳　馬濟霖
委員	李文範　陳濟棠　錢公來　馬超俊　王子弦　林彬　洪蘭友　張壽賢	吳忠信　何成濬　錢公來　馬超俊　王子弦　謝冠生　林彬　洪蘭友　張壽賢　張維翰　陳肇英　孫連仲　錢大鈞　周昆田	何成濬　錢公來　馬超俊　王子弦　謝冠生　林彬　洪蘭友　張壽賢　張維翰　陳肇英　孫連仲　錢大鈞　周昆田	

〔註 32〕劉維開編：《中國國民黨職名錄》，臺北：中國國民黨中央黨史會 1994 年版，第 285 頁、第 302 頁、第 318～319 頁、第 339 頁。

〔註 33〕劉維開編：《中國國民黨職名錄》，臺北：中國國民黨中央黨史會 1994 年版，第 285～286 頁、第 303 頁、第 319 頁、第 339 頁。

表4-10　第7～10屆中委會財務委員會負責人〔註34〕

全會名稱 ＼ 財務會	七屆全會	八屆全會	九屆全會	十屆全會
主任委員	俞鴻鈞　徐柏園	徐柏園	徐柏園	徐柏園　李國鼎
副主任委員	徐柏園　陳慶瑜 陳漢平	陳慶瑜　陳漢平 張式綸	陳慶瑜　陳漢平 張式綸	張式綸　陳漢平 俞國華　陳勉修
委員	吳敬恒　王寵惠 李文範　陳誠 俞鴻鈞　張其昀 黃少谷	王寵惠　陳誠 俞鴻鈞　張其昀 黃少谷	王寵惠　陳誠 俞鴻鈞　張其昀 黃少谷	

表4-11　第7～10屆中委會黨史史料編纂委員會負責人〔註35〕

全會名稱 ＼ 黨史會	七屆全會	八屆全會	九屆全會	十屆全會
主任委員	羅家倫	羅家倫	羅家倫　黃季陸	黃季陸　杜元載
副主任委員	狄膺	狄膺	狄膺　傅啟學 杜元載	杜元載　崔垂言 許朗軒
委員	吳敬恒　鄒魯 李文範　吳鐵城 張厲生　羅家倫 狄膺　洪蘭友 朱家驊　陳雪屏 朱紹良　陶希聖 董顯光	于右任　鈕永建 王寵惠　張群 張其昀　王世杰 張厲生　羅家倫 狄膺　洪蘭友 朱家驊　陳雪屏 朱紹良　陶希聖 董顯光	于右任　鈕永建 王寵惠　張群 張其昀　王世杰 張厲生　羅家倫 狄膺　朱家驊 陳雪屏　朱紹良 陶希聖　董顯光	

5. 中央政策委員會（前身為黨政關係會議）

中央政策委員會是處理黨政關係的最高指導機關，原來稱為「黨政關係會議」。1955年10月，七屆六中全會修改中央委員會組織大綱，將「黨政關係會議」正式更名為「政策委員會」。政策委員會的地位要比中央委員會的各處、組、會高，其決議報由中央常務委員會核定行之。委員未定額，經常參加人員包括中央常務委員會推定的中央常務委員2～4人，中央委員會正副秘書

〔註34〕劉維開編：《中國國民黨職名錄》，臺北：中國國民黨中央黨史會1994年版，第286頁、第303頁、第319頁、第339～340頁。

〔註35〕劉維開編：《中國國民黨職名錄》，臺北：中國國民黨中央黨史會1994年版，第286～287頁、第304頁、第320頁、第340頁。

長、第一組及設計考核委員會主管、五院從政主管同志及總統府秘書長。委員會設召集人 3～5 人，由中央常務委員會推定之常務委員及秘書長擔任，處理有關該會事宜，並於開會時輪流擔任主席；設秘書長、副秘書長各一人，由中央委員會秘書長、副秘書長兼任，協助召集人處理有關該會事宜。〔註36〕

七大當選的「黨政關係會議」委員名單，即張群、王世杰、張道藩、余井塘、張其昀、谷正綱、胡健中、黃少谷、黃季陸、洪蘭友、程天放、劉文島、陳雪屏、袁守謙、鄭彥棻、倪文亞、周宏濤、谷鳳翔、郭澄、唐縱、端木愷、郭驥、浦薛鳳、張厲生、謝冠生、史尚寬、陳顧遠、谷正鼎、李永新、孫桂籍、陳逸雲、王藹英、錢劍秋、孫玉琳、澍霖、錢用和、薛岳、王星舟、田培林、滕傑、英千里、王民寧、江學珠、張希文，會議主持人由中央委員會秘書長擔任。

「黨政關係會議」更名「政策委員會」後，中央政策委員會的召集人（由中常委擔任）為陳誠、谷正綱、周至柔、蔣經國、張厲生。中央政策委員會一般由三部分人組成：第一、中央委員部分──谷正綱、崔書琴、陶希聖、張厲生、陳雪屏、周宏濤、鄧傳楷、唐縱、羅家倫、張炎元；第二、行政院從政主管同志部分──各部會主管，如主管為非國民黨籍，則由副主管出任；第三、立法院立委同志部分──各會期委員會召集委員。〔註37〕

從中政會名單觀察，他們大多是黨政領導，既主導黨務，又主導政務，參與決策與執行兩大系統，是黨內最有權力的人。這些決策系統的政要同時在執行系統內任職，一方面落實了「以黨領政」的體制設計，另一方面又有助於統一黨政意見、加強對中委會政策的執行與監督。

表 4-12　第 8～10 屆全會中央政策委員會秘書長〔註38〕

全會名稱 中政會	八屆全會	九屆全會	十屆全會
秘書長	谷鳳翔	谷鳳翔　郭澄 張寶樹　王任遠	王任遠　趙自齊
副秘書長	阮毅成　王任遠	阮毅成　王任遠　酆景福 馬濟霖　董彥平	趙自齊　董彥平 馬濟霖　周治平

〔註36〕劉維開編：《中國國民黨職名錄》，臺北：中國國民黨中央黨史會 1994 年版，第 275～276 頁。

〔註37〕劉維開編：《中國國民黨職名錄》，臺北：中國國民黨中央黨史會 1994 年版，第 287～288 頁。

〔註38〕劉維開編：《中國國民黨職名錄》，臺北：中國國民黨中央黨史會 1994 年版，第 305 頁。

6. 婦女工作會、婦女工作指導會議

婦女工作會：掌理婦女工作及婦女團體的黨團活動。婦女工作指導會議：承指導長之命，負責研究與指導有關婦女工作。婦工會在組織系統上不僅受國民黨中央黨部秘書長的管轄，更由指導長所指揮。婦指會指導長長期由宋美齡擔任。

表 4-13　第 7～10 屆中委會婦女工作會主任〔註 39〕

全會名稱 婦工會	七屆全會		八屆全會		九屆全會	十屆全會
主任	李秀芬	錢劍秋	李秀芬	錢劍秋	錢劍秋	錢劍秋
副主任	謝緯鵬 朱劍華	凌英貞	朱劍華		朱劍華	朱劍華　潘錦端

表 4-14　第 7～10 屆中委會婦女工作指導會議幹部名錄〔註 40〕

全會名稱 婦指會	七屆全會		八屆全會		九屆全會		十屆全會	
指導長	蔣宋美齡		蔣宋美齡		蔣宋美齡		蔣宋美齡	
幹事委員	錢用和 呂曉道 王崙英 陳逸雲 羅衡	呂錦花 李秀芬 許素玉 皮以書 林慎	錢用和 呂曉道 王崙英 陳逸雲 羅衡	呂錦花 李秀芬 許素玉 皮以書 林慎	錢用和 呂曉道 許素玉 皮以書 林慎	呂錦花 李秀芬 陳逸雲 羅衡 葉霞翟	錢用和 呂曉道 許素玉 羅衡 葉霞翟	呂錦花 李秀芬 皮以書 林慎
委員	於汝洲 石季玉 沈慧蓮 徐鍾佩 莊靜 張希文 陶太庚 趙文藝 劉玉英 錢劍秋 虞夙兢	王化民 江學珠 清巴圖 凌英貞 阿里同漢 張岫嵐 傅晴曦 趙筱梅 蔡淑琰 謝緯鵬	於汝洲 石季玉 沈慧蓮 徐鍾佩 莊靜 張希文 陶太庚 趙文藝 劉玉英 錢劍秋 虞夙兢	王化民 江學珠 清巴圖 凌英貞 阿里同漢 張岫嵐 傅晴曦 趙筱梅 蔡淑琰 謝緯鵬	於汝洲 石季玉 沈慧蓮 徐鍾佩 莊靜 張希文 陶太庚 趙文藝 劉玉英 錢劍秋 虞夙兢	王化民 江學珠 清巴圖 凌英貞 阿里同漢 張岫嵐 傅晴曦 趙筱梅 蔡淑琰 謝緯鵬	於汝洲 石季玉 沈慧蓮 徐鍾佩 莊靜 張希文 陶太庚 趙文藝 劉玉英 錢劍秋 虞夙兢	王化民 江學珠 清巴圖 凌英貞 阿里同漢 張岫嵐 傅晴曦 趙筱梅 蔡淑琰 謝緯鵬

〔註 39〕劉維開編：《中國國民黨職名錄》，臺北：中國國民黨中央黨史會 1994 年版，第 289 頁、第 304 頁、第 320 頁、第 340 頁。

〔註 40〕劉維開編：《中國國民黨職名錄》，臺北：中國國民黨中央黨史會 1994 年版，第 288～289 頁、第 304 頁、第 321～322 頁、第 342 頁。

7. 中央文化工作指導小組、海外對匪鬥爭工作統一指導委員會、宣傳工作指導委員會

中央文化工作指導小組，掌理文化及宣傳工作之指導、設計與策進，黨義理論之研究與闡揚、政綱政策之宣傳，及黨營文化事業。第七屆全會第 310 次會議，決定從 1956 年 10 月起增設中央文化工作指導小組，其主任委員為陳雪屏；委員有陳雪屏、張道藩、黃少谷、張其昀、羅家倫、周宏濤、鄧傳楷、馬星野、上官業祐、王星舟、沈錡。〔註 41〕然而，該組織約存在一年，以後便銷聲匿跡。

海外對匪鬥爭工作統一指導委員會，負責國民黨在海外和港澳地區的黨務活動，利用國民黨組織和社團進行反共宣傳，爭取和拉攏華僑、港澳同胞；開展對大陸的心戰和策反活動，對共產黨進行誣衊和攻擊，破壞共產黨海外統戰工作。國民黨第七屆中委會第 316 次會議，決定從 1956 年 12 月起增設海外對匪鬥爭工作統一指導委員會，其主任委員為周至柔，委員有張厲生、周至柔、蔣經國、彭孟緝、鄭介民、鄭彥棻、馬星野、張炎元、葉公超、徐柏園、江杓，秘書長為鄭彥棻。〔註 42〕第九屆中委會海外對匪鬥爭工作統一指導委員會的秘書長是張炎元，副秘書長先後為董世芳、陳元、柯叔寶。〔註 43〕第十屆中委會海外對匪鬥爭工作統一指導委員會的秘書長是張炎元，副秘書長先後為柯叔寶、梁子衡。〔註 44〕

國民黨第七屆中委會第 351 次會議，決定從 1957 年 4 月起增設宣傳工作指導委員會，其主任委員為黃少谷，該組織的委員有陳雪屏、張道藩、黃少谷、陶希聖、蔣經國、張其昀、鄭彥棻、馬星野、上官業祐、陳建中、崔書琴、葉公超、蔣堅忍、周宏濤、鄧傳楷、羅家倫、沈昌煥、胡健中、曾虛白、曹聖芬、魏景蒙、蕭自誠、陳紀瀅、汪公紀。〔註 45〕第九屆全會宣傳工作指

〔註 41〕劉維開編：《中國國民黨職名錄》，臺北：中國國民黨中央黨史會 1994 年版，第 290 頁。

〔註 42〕劉維開編：《中國國民黨職名錄》，臺北：中國國民黨中央黨史會 1994 年版，第 290 頁。

〔註 43〕劉維開編：《中國國民黨職名錄》，臺北：中國國民黨中央黨史會 1994 年版，第 322 頁。

〔註 44〕劉維開編：《中國國民黨職名錄》，臺北：中國國民黨中央黨史會 1994 年版，第 342 頁。

〔註 45〕劉維開編：《中國國民黨職名錄》，臺北：中國國民黨中央黨史會 1994 年版，第 291 頁。

導委員會召集人為谷鳳翔，副召集人是謝然之、陳建中、陳裕清。〔註46〕

8. 社會工作指導委員會、海外工作指導委員會、三民主義研究所、文化經濟事業管理委員會

國民黨第九屆中委會第 275 次會議，決定從 1967 年 2 月 20 日起增設社會工作指導委員會，掌理農民、勞工、工商、社會等運動暨有關人民團體黨團活動之指導與社會青年之聯繫輔導，及都市工作之研究策進、社會調查、黨內保防與為民服務工作。第九屆全會該組織召集人是谷正綱，副召集人是詹純鑒。〔註47〕社工會是國民黨深入地方的一個主要單位，負有社會調查與安全的使命，其主要任務是調查臺灣民情和社情，控制臺灣社會，每週向國民黨中常會提出「社情報告」。社工會的幹部常具有情治背景，同時又兼具本土性。

第九屆中委會第 275 次會議，決定從 1967 年 2 月 20 日起增設海外工作指導委員會，該組織召集人是谷鳳翔，副召集人是馬樹禮、張炎元。〔註48〕海工會是國民黨在海外華僑中對大陸進行破壞活動的一個特務機構。它的主要任務是利用海外刊物進行反動宣傳，針對中共的中心工作炮製「謀略心戰」的宣傳品，對中國大陸出國人員進行策反，破壞中國海外統一戰線工作。

第九屆中委會設立三民主義研究所，該所所長是張鐵君，專任研究委員為崔載陽、林桂圃，兼任研究委員是任卓宣、羅剛。〔註49〕1967 年 7 月 10 日該所被合併到設計考核委員會。

第九屆中委會第 275 次會議，決定從 1967 年 2 月 20 日起增設政治作戰指導委員會，該組織召集人為蔣經國。〔註50〕

「文化經濟事業管理委員會」，掌理本黨投資之文化及經濟事業之管理及其發展，並兼負輔導黨員事業之責。1970 年 4 月，第十屆中央委員會第二次全體會議通過修正中央委員會組織條例，增設文化經濟事業管理委員會。該

〔註46〕劉維開編：《中國國民黨職名錄》，臺北：中國國民黨中央黨史會 1994 年版，第 323 頁。

〔註47〕劉維開編：《中國國民黨職名錄》，臺北：中國國民黨中央黨史會 1994 年版，第 323 頁。

〔註48〕劉維開編：《中國國民黨職名錄》，臺北：中國國民黨中央黨史會 1994 年版，第 323 頁。

〔註49〕劉維開編：《中國國民黨職名錄》，臺北：中國國民黨中央黨史會 1994 年版，第 322 頁。

〔註50〕劉維開編：《中國國民黨職名錄》，臺北：中國國民黨中央黨史會 1994 年版，第 324 頁。

委員會的主任委員是俞國華，副主任委員是李白虹、胡新南、張新洽，委員有孫運璿、李國鼎、林挺生、趙聚鈺、王永慶、李崇年、陳裕清、馬星野、王洪鈞、許孝炎。〔註51〕

第二節　國民黨第7～10屆中央社會結構

一、第7屆國民黨中央社會結構

　　為總結改造工作的經驗，鞏固改造工作的成果，1952年10月10～20日，國民黨「七屆大會」在臺北召開，出席代表169人，列席代表259人。「七全大會」根據新通過的黨章，將原中央執行委員會與中央監察委員會合二為一，成立中央委員會。大會的另一主要議題是選舉國民黨中央委員會和中央委員會常委會成員。按照國民黨的組織法，應該由全體代表大會在自由提名基礎上，選舉產生中央委員會，並在自由選舉或提名基礎上，由中央委員會選舉產生常委會。但會議進行中，在蔣氏父子的親信的提議和擁戴下，中央委員和中常委候選人的提名權被交給了蔣介石。而蔣介石召開「七全大會」最重要的目的就是確定國民黨新的權力機構，自稱「余重在組織簡潔與黨員單純，期在徹底整肅內部，乃為此次全代會之惟一宗旨也」。〔註52〕故他對人事安排著力最多，在中央委員與評議委員選舉名單確定的19日，他凌晨2時即醒，「未克安眠，考慮中央委員與評議委員名單甚切」，到5時最後決定拿去印刷。〔註53〕會議根據蔣介石的提名，選舉產生32名中央委員（見表4-15），候補中央委員16人。

表4-15　國民黨第七屆中央委員基本情況

姓名	籍貫	出生年份	學歷	任期內主要職務
陳誠	浙江	1898	保定軍官學校第8期	行政院院長 中華民國副總統
蔣經國	浙江	1910	莫斯科中山大學	中國青年反共救國團主任 「國防會議」副秘書長

〔註51〕劉維開編：《中國國民黨職名錄》，臺北：中國國民黨中央黨史會1994年版，第341頁。
〔註52〕《蔣介石日記》（手稿本），1952年10月2日。
〔註53〕《蔣介石日記》（手稿本），1952年10月19日。

吳國楨	湖北	1903	清華大學 美國普林斯頓大學博士	臺灣省主席兼保安司令 行政院政務委員
谷正綱	貴州	1902	德國柏林大學	革命實踐研究院院務委員 中國大陸災胞救濟總會理事長
倪文亞	浙江	1903	美國哥倫比亞大學碩士	國民黨臺灣省黨部主任委員 革命實踐研究院副主任
黃少谷	湖南	1901	北京師範大學 倫敦大學政經學院	行政院「政務委員」 行政院副院長
陶希聖	湖北	1899	北京大學	中央日報董事長
陳雪屏	江蘇	1901	北京大學 美國哥倫比亞大學碩士	「救國團」團務指導委員 正中書局董事長 臺灣省教育廳廳長
袁守謙	湖南	1904	黃埔軍校第 1 期	國防部政務次長 「行政院」交通部長
張道藩	貴州	1897	倫敦大學 巴黎美術學院	立法院院長 中華日報董事長 中國廣播公司董事長
張其昀	浙江	1901	南京高等師範學校	國民黨中央黨部秘書長 教育部部長
周至柔	浙江	1899	保定軍官學校第 8 期	國防部參謀總長 國防會議秘書長 「救國團」團務指導委員
俞鴻鈞	廣東	1898	上海聖約翰大學	國民黨中央委員會財務委員會主委 臺灣省政府主席 「行政院」院長
鄭彥棻	廣東	1902	巴黎大學統計師	國民黨中央委員會第三組主任 「行政院僑務委員會」主委
彭孟緝	湖北	1908	黃埔軍校第 5 期 日本野戰炮兵學校	臺灣省保安副司令 國防部副參謀總長 參謀總長
郭寄嶠	安徽	1902	保定軍官學校第 9 期	國防部部長 國防會議秘書長
孫立人	安徽	1900	清華大學 美國弗吉尼亞軍校	陸軍總司令 總統府參軍長
沈昌煥	江蘇	1913	上海光華大學 美國密歇根大學碩士	國民黨中央委員會第四組主任 外交部政務次長

上官業祐	湖南	1909	中央政治學校大學部第1期 訓練團黨政高級班第2期 「國防研究院」第3期	臺灣省黨部主任委員 國民黨中央委員會第五組副主任
王叔銘	山東	1905	黃埔軍校第1期 廣東軍事航空學校 蘇俄第二軍事航空學校	空軍總司令、國防部參謀總長
唐縱	湖南	1905	黃埔軍校第6期	國民黨中央委員會第一組主任 臺灣省政府秘書長
石覺	廣西	1908	黃埔軍校第3期	臺灣南部防守區司令 陸軍第2軍團司令 國防部副參謀總長
黃季陸	四川	1899	美國威斯靈大學 美國俄亥俄州立大學碩士	行政院政務委員、 「行政院」內政部長
黃朝琴	臺灣	1897	日本早稻田大學 美國伊利諾大學碩士	第一、二屆臺灣省臨時議會議長
胡璉	陝西	1907	黃埔軍校第4期	福建反共救國軍總指揮 陸軍第1軍團司令 金門防衛司令部司令
楊爾瑛	陝西	1909	北平大學 中華學術院碩士	行政院設計委員 青年服務團團員 中央青運會召集人
王星舟	遼寧	1903	北京大學	「教育部」社會教育司長 常務次長 「中央電影公司」總經理
陳逸雲（女）	廣東	1908	廣東大學 美國密西根大學碩士	「聯合中國同志會婦女委員會」主任委員 婦女工作指導會議幹事委員
張子田	廣東	1890	南開大學	國大代表 加拿大安省「華僑反共救國會」主席
蔣賜福	廣東	1902	不詳	古巴「華僑反共救國會」主席 臺灣「華僑救國總會」常務理事
梅友卓	廣東	1897	不詳	旅美僑領 國大代表
吳化鵬	內蒙	1925	國立政治大學 美國俄勒岡大學碩士	「行政院」設計委員會委員 「蒙藏委員會」委員

資料來源：劉國銘主編：《中國國民黨百年人物全書 下》，北京：團結出版社 2005年版；崔之清主編：《當代臺灣人物辭典》，鄭州：河南人民出版社 1994 年版。

　　上述統計顯示，第七屆中央委員 32 人中，廣東、浙江籍為最多，其中廣東 6 人、浙江 5 人，兩者占總人數的 34.4%，湖南 4 人，湖北 3 人，貴州 2 人，陝西 2 人，安徽 2 人，江蘇 2 人，山東、廣西、四川、遼寧、臺灣、內蒙均為 1 人。換句話來說，臺灣本省人為 1 人，占總人數的 3.1%，大陸外省人有 31 人。海外留學者共 16 人，占總人數的 50%。國內軍事院校畢業者 9 人，占 28.1%。從人數上看，國內軍事院校畢業者，僅次於海外留學者（很多海外留學者，也曾有國內軍事院校畢業資歷）。平均年齡為 48.8 歲，最大者 62，最小者 27 歲。華僑代表 3 人，占總人數的 9.3%；

　　這次大會的人事安排強化了蔣介石個人對國民黨的控制。改造過程中，國民黨內的派系山頭基本上被削平，絕大多數元老重臣紛紛落馬。在 222 名六屆中執委中僅有陳誠、周至柔、袁守謙、黃季陸、鄭彥棻、陳雪屏、谷正綱、張道藩、俞鴻鈞、梅友卓等 10 人任七屆中央委員；104 名六屆中監委中僅有曾任蔣介石辦公室秘書的黃少谷當選七屆中央委員；90 名六屆候補中執委中僅有吳國楨、陳逸雲、郭寄嶠、王星舟、唐縱、倪文亞等 6 人繼續當選。在總計 460 人的六屆中執委、中監委及候補中執委和候補中監委中只有 60 人（包括候補中央委員和中央評議委員）在新一屆中央獲得席位。但是真正能進入權力核心即中央委員會的不到總數的 3.5%。而像孫中山的公子孫科，元老派的居正，蔣介石的「財神爺」孔祥熙、宋子文，軍界強人白崇禧、顧祝同等都淪為明日黃花。尤其是陳氏兄弟的「CC 系」，更是土崩瓦解：陳果夫重病纏身命逝黃泉；陳立夫遠走美國，養雞閒居；張道藩、谷正綱改弦更張，投身蔣介石；而谷正鼎、余井塘、蕭錚、潘公展、程天放、馬星野等則被擠出國民黨中央。「陳家黨」一統天下的格局被陳誠、蔣經國一分為二，共同聽命於蔣介石。這樣，中國國民黨的黨務決策權完全掌握在蔣介石以及由他挑選的一批年輕、文化程度高、有實幹精神的嫡系人員手中。

　　退臺的「六全大會」選舉出的中央執行委員與中央監察委員大多被安排為評議委員。在「改造」階段，吳國楨被聘為評議委員，「七全大會」又被選為中央常務委員，很是引人注意的。這是因為蔣介石為了重新獲得美國政府的支持和幫助，因此，他再次啟用親美派的吳國楨。為向美作一種姿態，蔣任命親美的孫立人為「陸軍總司令」兼臺灣防衛司令。

二、第8屆國民黨中央社會結構

國民黨在七全大會的 5 年間，在政治、經濟、文化、社會和軍事方面採取一系列措施，全力挽救面臨的生存危機，進行所謂「三民主義模範省」的建設，逐步在臺灣站住了腳跟，獲得進一步生息發展的基礎，並在美國的卵翼下形成「偏安之局」。於是，國民黨便想從「確保臺灣」轉而策劃「反攻大陸」，實現所謂「反攻復國」的目標。1957 年 10 月 10 日至 23 日，國民黨在臺北陽明山舉行「第八次全國代表大會」，出席和列席會議代表有 500 人。大會制定了「反共復國」的總方略。會議修改黨章，增設「副總裁」，經蔣介石提名，由陳誠出任繼汪精衛後、國民黨歷史上的第二位副總裁。會議還選出了于右任、鈕永建等 76 人為中央評議委員，陳誠、蔣經國等 50 人為中央委員，王升等 25 人為候補中央委員。表 4-16 為國民黨第八屆新增中央委員的基本情況。

表 4-16　第八屆新增中央委員的基本情況

姓名	籍貫	出生年份	學歷	任期內主要職務	備註
胡健中	浙江	1902	復旦大學	中央日報社社長、董事長 中央電影公司 正中書局董事長	蔣的秘書
丘念臺	臺灣	1894	東京帝國大學博士	總統府資政	
谷鳳翔	察哈爾	1907	北平朝陽大學	「司法行政部」部長 國民黨中央政策委員會秘書長	
周宏濤	浙江	1916～	武漢大學	國民黨中央委員會副秘書長 財政部政務次長	蔣的秘書
鄧傳楷	江蘇	1912	暨南大學 華盛頓大學	國民黨中央委員會副秘書長 教育部政務次長	
郭澄	山西	1907	北平中國大學	國民黨臺灣省黨部主任委員 臺灣省政府秘書長	
胡軌	江西	1903	黃埔軍校第 4 期 日本陸軍步兵學校	「救國團」副主任 正中書局董事長 「國防部」總政治作戰部副主任	
詹純鑒	安徽	1906	上海勞動大學 比利時農學研究院	國民黨臺灣省黨部書記 「革命實踐研究院」副主任	
陳建中	陝西	1911	上海大學	國民黨中央委員會第六組主任	

馬紀壯	河北	1912	青島海軍學校 美國邁阿密海軍受訓團	海軍總司令 聯勤總司令 「國防部」副參謀總長	蔣的侍衛
張炎元	廣東	1904	黃埔軍校第2期 莫斯科中山大學	「國防部」情報局局長 國民黨中央委員會第二組主任	
季源溥	江蘇	1906	日本中央大學	內政部調查局局長 內政部政務次長	
陳嘉尚	浙江	1909	黃埔軍校第6期 中央航空學校第1期 意大利空軍參謀大學	空軍總司令	
梁序昭	福建	1903	煙臺海軍學校 美國邁阿密海軍受訓團	海軍總司令 「國防部」副部長	
郭驥	浙江	1911	國立中央大學 倫敦大學政經學院碩士 韓國慶熙大學博士	國民黨中央委員會副秘書長 國民黨中央委員會第一組副主任	
黃鎮球	廣東	1898	保定軍校第6期 德國學習防空	總統府參軍長 臺北衛戍總司令 臺灣警備總司令	
黃傑	湖南	1902	黃埔軍校第1期	臺灣警備總司令 臺灣省政府主席	
鄭介民	廣東	1897	黃埔軍校第2期 莫斯科中山大學	國民黨中央委員會第二組主任 「國家安全局」局長	
李彌	雲南	1902	黃埔軍校第4期	「雲南反共救國軍」總指揮	
皮以書	四川	1905	北平中國大學 莫斯科中山大學	中華婦女反共聯合會總幹事 婦女工作指導會議幹事委員	女
錢劍秋	上海	1911	上海法學院 美國西北大學博士	國民黨中央婦女工作會主任	女
葉立庚	福建	1905	不詳	國民黨駐印尼泗水支部常務委員 印尼泗水華僑社團領導人	
劉興誠	廣東	1919	美國哥倫比亞大學碩士	美國僑領	女

蔡功南	福建	1898	菲律賓英文書院	菲律賓「反共救國會」主席 臺灣華僑商業銀行董事長	
吳香蘭	四川	1924	西康省立師範學校	行政院設計委員 婦聯總會委員 「中國邊政協會」理事長	女藏族
謝東閔	臺灣	1908	中山大學	臺灣省政府秘書長 臺灣省議會副議長	
清巴圖	內蒙	1911	不詳	婦女工作指導會議委員	女蒙古族

資料來源：劉國銘主編：《中國國民黨百年人物全書　下》，北京：團結出版社 2005 年版；崔之清主編：《當代臺灣人物辭典》，鄭州：河南人民出版社 1994 年版。

　　由上述表格並結闔第七屆中委基本情況統計可知，第八屆中委 50 人中，廣東、浙江籍為最多，其中廣東 8 人、浙江 9 人，兩者占總人數的 34%，臺灣 3 人，占總人數的 6%。學歷為海外留學者共 28 人，占 56%。國內軍事院校畢業者 17 人，占 34%。從人數上看，國內軍事院校畢業者，僅次於海外留學者（很多海外留學者，也曾有國內軍事院校畢業資歷）。這 50 名中委平均年齡為 52 歲，最大者 63，最小者 33 歲。女性為 5 人，占 10%。

　　第七屆中央委員中，對蔣持異議者吳國楨、孫立人被完全清除出中央委員會，第八屆中央委員會擁蔣色彩有增無減。第八屆中央委員仍然主要是由黨、政、軍為主體的舊時代精英構成，他們大多數堅持「三民主義」意識形態；擅長組織動員，對「革命大業」往往具有高度熱忱。國民黨第八屆中委中，新進者以軍方人士居多，表明蔣介石有意整合全臺灣軍事力量，以執行其「反共復國」的政策。

三、第 9 屆國民黨中央社會結構

　　國民黨八大後，國民黨在「反攻復國」方針指導下，加強了竄擾大陸的活動，一方面派遣一批又一批的特務，向大陸滲透，從內部進行破壞話動，另一方面國民黨軍在浙江、福建、廣東的沿海及港口，加強禁運封鎖，並用武力進行挑釁、竄犯，發生多起大規模的空戰、海戰和炮戰。然而，國民黨都遭到了沉重的打擊。國民黨當局對祖國大陸的武裝挑釁，並未取得實效，島內民眾普遍對所謂「反攻大陸」喪失信心。此外，美國對臺灣的援助也從 1960 年起由贈款轉為貸款，且款額不斷減少，1961 年美國又通知臺灣當局預定

1965 年停止對臺貸款。一旦美國援助停止，臺灣經濟建設資金又將遇到很大困難。因此，就島內因素論，如果繼續以「反攻大陸」的軍事行動作為島內一切活動的中心，困難將越來越大。

在這一背景下，蔣介石不得不調整大陸政策，推出「光復大陸以三民主義為主，以軍事為輔」的所謂「政治光復大陸」計劃，即在不放棄所謂「反攻復國」的情況下，採取軍事守勢和政治攻勢，加緊在臺灣進行政治、經濟、社會、文化的建設。此後，臺灣當局仍有派遣軍隊、特務竄犯大陸的情況發生，但不再是主要的了；臺灣當局逐漸把主要精力轉移到經濟建設上，開始了從經濟上「經營臺灣」的政策。這種在不放棄「反攻復國」的前提下，以主要精力建設臺灣的政策，即為「消極偏安」政策。

1963 年 11 月 12 日至 22 日，國民黨「第九次全國代表大會」在臺北舉行，會議代表和列席人員 894 人。會議由蔣介石作開幕詞，副總裁、「副總統」兼「行政院長」陳誠、中央黨部秘書長唐縱等就各自的工作作了相應的報告。會議選舉了黨的領導機構，蔣介石、陳誠繼續連任總裁、副總裁。大會選舉產生 74 名中央委員與 35 名候補中央委員。表 4-17 為國民黨第九屆新增中央委員的基本情況。

表 4-17　第九屆新增中央委員的基本情況

姓名	籍貫	出生年份	學　歷	曾任主要職務	備註
葉翔之	浙江	1912	日本明治大學	國民黨中央委員會第二組主任 國防部情報局局長	
劉安祺	山東	1903	黃埔軍校第 3 期 陸軍大學 1 期	陸軍總司令 三軍聯合大學校長 國防研究院副院長	
王升	江西	1917	中央陸軍軍官學校	「國防部」總政治作戰部副主任	
陳大慶	江西	1905	黃埔軍校第 1 期	臺灣警備總司令 陸軍總司令	
謝然之	浙江	1913	東吳大學 東京中央大學 美國明尼蘇達大學 美國密蘇里大學碩士	國民黨中央委員會第四組主任 《臺灣新生報》董事長	
江國棟	湖南	1910	中央陸軍軍官學校	海軍總司令部政治部主任	

黎玉璽	四川	1915	海軍軍官學校 德國、美國留學	海軍總司令 國防部參謀總長	
趙聚鈺	湖南	1913	復旦大學 陸軍步兵學校	「行政院國軍退除役官兵輔導委員會」主任委員	
秦孝儀	湖南	1921	上海法學院 美國俄克拉荷馬大學博士	國民黨中央委員會副秘書長	蔣的秘書
徐煥升	上海	1908	黃埔軍校第4期 中央航空學校 德國、意大利航空學校	空軍總司令 中華航空公司董事長	蔣的侍衛
薛人仰	福建	1913	國立中央大學	國民黨臺灣省黨部主委	
賴名湯	江西	1911	中央陸軍軍官學校 中央航空學校 美國陸軍參謀學校	聯勤總司令 空軍總司令	
曹聖芬	湖南	1914	中央政治學校大學部 美國密蘇里大學	《中央日報》社長	蔣的秘書
馬樹禮	江蘇	1909	日本明治大學 菲律賓馬尼拉聖托馬斯大學	國民黨中央第三組主任	
高魁元	山東	1908	黃埔軍校第4期 美國指揮參謀大學	陸軍總司令 參謀總長	蔣的侍衛
李煥	湖北	1917	國立政治大學 中央幹部學校研究部 哥倫比亞大學碩士	「救國團」副主任 國民黨中央第一組主任 臺灣省黨部主任委員	
張寶樹	河北	1910	河北水產專科學校 東京帝國大學博士	國民黨中央第一組主任、 國民黨中央政策委員會秘書長	
徐鼎	安徽	1911	北平中國大學	中央信託局理事會主席 臺灣省政府委員兼秘書長	
高信	廣東	1904	德國佛萊堡大學	「僑務委員會委員長」	
張慶恩	山西	1902	山西工業專門學校	國民黨中央紀律委員會副主委	
許素玉	安徽	1917	暨南大學	國民黨陽明山黨部主任委員、 國民黨臺北市黨部副主任委員	女
呂錦花	臺灣	1909	臺北第一女子高中 革命實踐研究院第25期	婦女工作指導會議幹事委員、 臺灣省議會議員	女

張國疆	遼寧	1913	中央陸軍軍官學校 陸軍大學	「總統府」參軍處參軍、 臺灣省訓練團教育長	
楚嵩秋	湖南	1918	國立中央大學學士、 碩士 美國約翰霍普金斯大學	《中華日報》社長	蔣的 秘書
連震東	臺灣	1904	日本慶應大學 國防研究院第一期	「行政院內政部長」 「行政院政務委員」	
柯叔寶	福建	1920	菲律賓遠東大學 中央訓練團第 15 期 國防研究院第一期	國民黨駐菲律賓總支部書記長 菲律賓「華僑反共總會」秘書長 國民黨中央第三組副主任	
徐晴嵐	四川	1907	上海大學 莫斯科中山大學	國民黨中央秘書處主任	
黃仁俊	廣東	1897	台山師範學校	美國「華僑反共總會」主席 國民黨駐美總支部常務委員	
嚴家淦	江蘇	1905	上海聖約翰大學	「行政院長」 「副總統」	
陳勉修	浙江	1913	上海交通大學 倫敦大學政經學院碩士	臺灣銀行董事長 「中央銀行」常務理事	陳誠 胞弟
閻振興	河南	1912	清華大學 美國愛荷華大學碩士、博士	行政院政務委員、「教育部」部長 行政院青年輔導委員會主委	
羅衡	雲南	1911	北平中國大學	婦女工作指導會議幹事委員	女
張希文	河北	1908	北京輔仁大學 日本留學	國語實驗小學校長 婦女工作指導會議委員	女
陳達元	福建	1906	南京金陵大學 中央警官學校	監察委員、 「監察院」僑政委員會召集人	
陸寒波	浙江	1906	浙江女子中學	「中華婦女反共抗俄聯合會」常務委員、振興育幼院籌備委員會主委	徐柏園妻
達穆林 旺楚克	內蒙	1917	輔仁大學	立法委員 「立法院」程序委員會召集委員	
蕭贊育	湖南	1905	黃埔軍校第 1 期 莫斯科中山大學 日本明治大學	正中書局、中國廣播公司常務董事 中華文化基金會、亞東實業公司董事長	蔣的 秘書

| 杜元載 | 湖南 | 1905 | 北京師範大學
美國明尼蘇達州立大學碩士
美國西北大學博士 | 臺灣師範大學校長
國民黨中央黨史會副主任委員 | |
| 滕傑 | 江蘇 | 1906 | 黃埔軍校第 4 期
日本明治大學 | 「國民大會」黨部書記長
中央信託理事會主席 | |

資料來源：劉國銘主編：《中國國民黨百年人物全書　下》，北京：團結出版社 2005 年版；崔之清主編：《當代臺灣人物辭典》，鄭州：河南人民出版社 1994 年版。

　　九大在基本保留前兩屆中央委員的基礎上，繼續擴增人數，堪稱規模空前，中委為 74 人。由上述表格並結闔第七屆中委基本情況統計可知，第九屆中委 74 人中，臺灣 4 人，占總人數的 5.4%，大陸外省籍 70 人，占 94.6%。學歷為海外留學者共 42 人，占 57%。國內軍事院校畢業者 22 人，占 30%。從人數上看，國內軍事院校畢業者，僅次於海外留學者（很多海外留學者，也曾有國內軍事院校畢業資歷）。這 50 名中委平均年齡為 58 歲，最大者 66 歲，最小者 42 歲。女性為 7 人，占 9.5%。

　　由國民黨第九屆新增中央委員名單可知，20 世紀 60 年代，隨著「反攻大陸」的前景越來越渺茫，蔣介石開始選拔具有經濟專長的嚴家淦、陳勉修等人進入國民黨高層，以推動臺灣地區經濟發展。

四、第 10 屆國民黨中央社會結構

　　自 20 世紀 50 年代初國民黨的「政治改造」之後，臺灣曾一度呈現「政治上相對穩定，經濟上相對繁榮」的局面。但國民黨的政治體制依然是大陸時期的延續，「反共軍事戒嚴」和嚴密的特務控制是其統治臺灣的重要特色，且上層權力機構的僵化，老化現象亦日益嚴重。到 60 年代末期，臺灣的內政、外交漸露出頹敗的跡象。臺灣廣大民眾對國民黨當局的專制、獨裁及腐敗政風甚為不滿，黨外勢力的參政意識普遍增強，要求「政治革新」的呼聲愈來愈烈。臺灣的外交苟安局面也即將逝去，美、日、意、加等國積極謀求同中華人民共和國發展關係，臺灣當局在聯合國大會的席位搖搖欲墜，其局面可謂「山雨欲來風滿樓」。為緩和矛盾，扭轉局勢，1969 年 3 月 29 日至 4 月 9 日，國民黨在臺北召開第十次「全國」代表大會，與會代表及列席人員達 1198 人，蔣介石主持了會議開幕式。會議確定以「黨的革新帶動全面革新」的方針，以鞏固臺灣維護國民黨的統治。大會推蔣介石繼續擔任國民黨總裁，並通過

他提名的李煜瀛、宋美齡、孫科等 153 名中央評議委員；選舉蔣經國、嚴家淦、谷正綱等 99 人為中央委員；選舉鄷景福、劉先雲等 51 人為中央候補委員。〔註 54〕表 4-18 為國民黨第十屆新增中央委員的基本情況。

表 4-18　第十屆新增中央委員的基本情況

姓名	籍貫	出生年份	學　歷	任期內主要職務	備註
沈之岳	浙江	1912	陸軍軍官學校 中央警官學校 陸軍參謀大學	司法行政部調查局局長	
查良鑒	浙江	1904	南開大學、東吳大學 美國密歇根大學博士	行政院「法務部長」 「總統府」國策顧問	
周中峰	河北	1918	陸軍軍官學校	國家安全局局長 國家安全會議副秘書長	蔣的侍衛
李國鼎	江蘇	1910	國立中央大學 英國劍橋大學碩士	國民黨中央財務委員會主委 「經濟部」部長	
楊西崑	江蘇	1912	北京大學 美國哥倫比亞大學	「外交部」政務次長	
蔣彥士	浙江	1915	南京金陵大學 美國明尼蘇達大學碩士、博士	行政院秘書長	
羅友倫	廣東	1912	黃埔軍校第七期 陸軍步兵專門學校第一期 陸軍大學正規班第十五期 陸軍大學研究院第八期 美國陸軍參謀大學	總政治作戰部主任	
易勁秋	四川	1918	國立中央大學	國民黨中央幹部管理處主任	
李治民	福建	1926	中央警官學校	國民黨駐菲律賓支部首席常務委員 臺灣友聯產物保險公司副董事長	
胡木蘭	廣東	1909	莫斯科中山大學	國大代表	胡漢民女

〔註 54〕劉維開編：《中國國民黨職名錄》，臺北：中國國民黨中央黨史會 1994 年版，第 325 頁。

劉季洪	江蘇	1904	北平高等師範學校 美國華盛頓大學碩士	正中書局董事長 國立政治大學校長	
唐振楚	湖南	1914	中央政治學校大學部 美國哥倫比亞大學碩士	「內政部」常務次長	蔣的秘書
葉霞翟	浙江	1914	上海光華大學 美國華盛頓大學碩士 美國威斯康星大學博士	婦女工作指導會議幹事委員 臺北師範專科學校校長	胡宗南妻
傅雲	浙江	1908	陸軍軍官學校	「國防部」總政治部第五組組長	
陳裕清	福建	1918	中央政治學校 美國紐約大學碩士	國民黨中央第四組主任	
李白虹	四川	1911	北京大學	國民黨中央第六組副主任 中央廣播電臺主任 「文化經濟事業管理委員會」副主委	
瞿韶華	河北	1914	北平朝陽大學	革實院辦公室主任 「行政院」副秘書長	蔣的秘書
楊寶琳	山東	1912	北平中國大學	立法院內政委員會 程序委員會召集委員	女
阿不都拉	新疆	1919	新疆學院	「中土文化協會」理事長 「中阿文經協會」常務理事	
李鍾桂	江蘇	1938	國立政治大學 法國巴黎大學博士	政治大學外交系主任 教育部國際文教處處長	女
梁永章	山東	1919	上海雷士德工學院肄業 革命實踐研究院第24期	國民黨中央第一組副主任 國民黨中央第五組主任	
趙自齊	熱河	1915	南開大學 中央陸軍軍官學校 革實院 國防研究院	「立法院」黨部書記 國民黨中政會秘書長	
毛松年	廣東	1911	國防研究院	臺灣銀行總經理 「經濟部」管理委員會主任	
賴順生	臺灣	1908	臺北高等學校 日本東京帝國大學	國民黨中央秘書處主任	
劉玉章	陝西	1903	黃埔軍校第4期 中央軍校高等教育班 美國參謀大學特別訓練班	臺灣警備總司令 軍管區司令 海岸巡防司令	

林挺生	臺灣	1919	臺北帝國大學	臺北市黨部主任委員 臺北市議會議長	
王惕吾	浙江	1913	中央軍校第 8 期	臺北記者公會理事長 臺北市報業公會理事長	
孫運璿	山東	1913	哈爾濱工業大學 美國三軍工業大學函授	「經濟部」部長	
沈劍虹	上海	1909	北平燕京大學 美國密蘇里大學碩士	外交部次長 駐美大使	蔣的 秘書
俞國華	浙江	1914	清華大學 哈佛大學碩士	國民黨中央財務委員會副 主委 行政院政務委員兼財政部長	蔣的 秘書
余紀忠	江蘇	1911	南京中央大學 英國倫敦大學政經學院	《中國時報》發行人、董事長 臺北新聞記者公會理事長	
羅雲平	遼寧	1915	哈爾濱工業大學 德國諾威高等工科大學 博士	國立成功大學校長 「教育部」部長	
劉廣凱	遼寧	1914	青島海軍學校 英國皇家海軍大學	聯合勤務總司令	
黎世芬	江西	1914	中央政治學校	《中央日報》社長 「中央電影公司」董事長 「中國廣播電視公司」總經理	
馮啟聰	廣東	1914	海軍軍官學校 國防大學 美國海軍聖地亞哥兩栖 作戰學校受訓	海軍總司令 國防部聯合作戰訓練部主任	
唐君鉑	廣東	1914	陸軍軍官學校 英國劍橋大學學士、碩士	「國防部」常務次長 中山科學研究院副院長	蔣的 侍衛
王民	安徽	1912	安徽大學 美國凡德畢爾大學	《臺灣新生報》社長 「國家安全會議」副秘書長	
陶聲洋	江西	1919	上海聖約翰大學 德國柏林工業大學	「經濟部長」	1969 病逝
翁鈐	臺灣	1917	北京大學 日本九州帝國大學	臺灣省民政廳長	
辜振甫	臺灣	1917	臺北帝國大學	工商協進會理事長 亞洲太平洋商工總會理事長	

倪文炯	江蘇	1926	美國田納西大學博士	旅美黨員代表	
徐慶鐘	臺灣	1907	臺北帝國大學博士	「內政部長」	
潘振球	江蘇	1918	國立師範學院 中央幹部學校研究部一期	臺灣省教育廳廳長	

資料來源：劉國銘主編：《中國國民黨百年人物全書　下》，北京：團結出版社 2005 年版；崔之清主編：《當代臺灣人物辭典》，鄭州：河南人民出版社 1994 年版。

在新增的 42 名中央委員中，臺灣 5 人，占總人數的 11.9%，大陸外省籍 38 人，占 88.1%。學歷為海外留學者共 25 人，占 59.5%。國內軍事院校畢業者 12 人，占 28.6%。從人數上看，國內軍事院校畢業者，僅次於海外留學者（很多海外留學者，也曾有國內軍事院校畢業資歷）。這 42 名中委平均年齡為 56 歲，最大者 66 歲，最小者 31 歲。女性為 4 人，占 9.5%。他們絕大部分是來自黨、政、軍系統。

這次新增的中央委員有兩大特點：

第一、臺灣籍人士當選中央委員的人數有所增加。省籍問題，是國民黨統治臺灣多年爭執的焦點，國民黨對臺籍人士的參政意願採取了壓制政策，大多數臺籍人士政治上長期處於無權地位。20 世紀 60 年代末期，由於臺灣的社會結構的變化，國民黨長期獨享的一統天下的局面，受到了逐漸崛起的各種政治力量的挑戰，各種政治勢力要求參與政治，分享權力。為了挽救「法統」危機，緩解省籍矛盾，調整統治關係，維持政權穩定，蔣經國主政後，打出了臺灣牌，推行「以臺制臺」方針，逐漸任用一些臺籍人士參政，政權結構中開始出現大陸省籍和臺灣省籍官員共掌權力的格局。

第二、一批技術型官僚當選為中央委員。蔣經國以國民黨「十全大會」和十屆一中全會關於重用專門人才的意見為憑藉，對組織、思想及其他領域進行了清理和淘汰，大量吸收專業化人才，引進上層行政系統，積極培植自己的班底。他吸收了李國鼎、孫運璿、蔣彥士、俞國華等一批技術型官僚進入領導階層。這批人原本是大學教授、律師或工程師，其中不少人還留學國外，獲得過碩士或博士頭銜。短短幾年內，他們就逐漸取代了純行政系統出身的官員而成為領導核心。

總之，在分析第 7～10 屆中央社會結構後可知，歷屆國民黨大會當選的絕大部分中央委員具有相當相似的出身背景、教育程度。換言之，政治領導

精英的同質性相當的高，特別是在相當一致性的政治文化薰陶之下，所培養的政治態度是具有相當高的政治共識。在 1949～1972 年間，臺籍人士在國民黨政權上層機構中的人數雖略有增加，但由於國民黨的人事政策並未發生根本性變化，臺籍人士仍然只起到了點綴作用。臺籍人士在國民黨上層權力機構中比例很小。國民黨中委會中臺籍人士從未超過 10%，在中常委中最多時只有兩人。

結　語

一

　　1949 年底國民黨在大陸徹底失敗後退入臺灣。國民黨退臺後並沒有結束國共兩黨的鬥爭，而是把國共兩黨的鬥爭從大陸轉移到了臺灣海峽。國民黨退守臺灣後，在狹小的島內隔海與中共對抗，已經沒有任何迴旋餘地，臺灣成了國民黨「退此一步，別無死所」的最後存身之地。由於國民黨在大陸徹底失敗，已經無法從祖國大陸獲取任何資源，只能依賴島內的資源和力量與中共對抗。因此，國民黨退守臺灣後，能否在與島內各種力量的互動中取得控制權並同時取得一些力量的認同和支持，是國民黨能否在島內生存下去並依賴島內力量、資源與中共對抗的最根本的問題。

　　然而，國民黨在這個最根本的問題上，卻面臨著十分嚴峻的局面。1947年爆發的「二二八事件」仍然像一個巨大的陰影，籠罩著整個臺灣島。國民黨在島內的專制統治，使臺灣民眾心中湧動著一股仇恨的暗流。國民黨退臺時，在島內徵兵、徵糧，以及來島後極度膨脹的人口壓力和龐大的黨、政、軍費用開支，使臺灣民眾對國民黨政權的仇恨情緒和排斥心理再度激發，反國民黨的學生運動和工人運動再次出現。臺灣本土政治人士雖然在「二二八事件」中受到嚴重摧殘，但是仍然頑強要求在島內實行地方自治。國民黨退臺後，由於其政治、軍事力量在大陸遭受到毀滅性打擊，因此在與中共的隔海對抗中地位極為虛弱。在此情況下，如果國民黨不及時調整與臺灣地主士紳階級的關係，這個在島內仍然有廣泛號召力的本土「自然領袖」，很有可能在兩岸的鬥爭中不支持國民黨並再度向國民黨發難。國民黨在臺灣的專制統治和在「二二八事件」中的殘酷屠殺政策，使一些臺灣本土人士走向了反對國

民黨的極端的「臺獨」道路，對國民黨在臺灣的統治構成了一定的威脅。1945年臺灣光復後，中共地下黨積極發展黨組織，不斷壯大黨的力量，爭取群眾，組織武裝鬥爭，建立革命據點和革命統一戰線，準備打擊國民黨政權，尤其是1949年後，中共臺灣省工委按照中共中央的指示，積極配合解放軍的渡海攻勢，對國民黨當局展開了更廣泛、激烈的鬥爭，對國民黨在臺灣的統治構成直接的威脅。

島內的這種嚴峻局面，迫使國民黨必須首先處理和緩解島內危機，以便在島內站穩腳跟和利用島內的力量與中共長期對抗。為此，國民黨在島內採用了兩手政策。一方面，為了擺脫重重危機和維持自己在臺灣的統治和控制，國民黨、蔣介石全面加強一黨專制和個人獨裁的權力，強化其專制機器，嚴厲打擊一切反抗國民黨統治的活動；另一方面，在遭受大陸徹底失敗的打擊下，國民黨吸取了過去忽視廣大基層民眾的教訓，開始重視對廣大臺灣民眾利益的考慮與維護，先後採取了「土地改革」、「設立民眾服務站」、「保護工人、漁民等民眾的利益」、「地方自治」等措施，以換取他們在政治和經濟上的支持和合作，保持島內政治和經濟的相對穩定，抗拒中共解放臺灣的強大壓力；與此同時，國民黨還在臺灣積極籌建了「婦聯會」、「救國團」等反共的「民間」團體，以此來團結教育和武裝「民眾」，加固其統治的社會基礎。

二

1949年底國民黨敗退臺灣後，並不甘心在大陸的失敗，仍要與中共爭奪對中國的統治權，因此，國民黨立即在臺灣確立了「反共復國」的「基本國策」。國民黨在大陸時期就視中共所在的解放區為「戡亂地區」，宣布全國處於「動員戡亂時期」。國民黨退守臺灣後，自然視中共領導下的新中國仍為「戡亂地區」，臺灣也就必然要處在「動員戡亂時期」。「反共」是蔣介石一貫的主張與意識，而這點隨著國民黨在大陸的失敗變得更頑固、更強烈。退臺初期，國民黨提出「確保臺灣，反攻大陸」、「一年準備，二年反攻，三年掃蕩，五年成功」的口號，發起「反共抗俄總動員運動」，一切服從「反共抗俄國策」，一切為了「反共抗俄戰爭」。1950年代後期，國民黨又提出「三分軍事，七分政治」的反共方針，將「反攻大陸」的口號改為「光復大陸」，並開始「經營臺灣」，「建設三民主義模範省」。儘管「反共復國」政策的具體內容和方法在不同時期有所不同，但是這一政策「反共」和「復國」的實質沒有變。

在「反共復國」的所謂「基本國策」下，國民黨與中共在軍事、「外交」和政治上繼續對抗。但是不管國民黨「反共復國」政策的內容是「武力反攻」，還是「政治策反」，都是確立在「一個中國」的基礎上。國民黨把「反共復國」作為其「基本國策」，也就是把與大陸的對抗關係作為其內政問題。這表明，在國民黨當局的意識和政策中，都沒有把兩岸在軍事、政治、外交上的對立作為兩岸的一種分裂來對待，更不是把兩岸作為「兩個中國」、「一中一臺」或兩個不同國家來對待，而是仍把處於對立狀況下的兩岸作為一個整體，即一個中國來對待。儘管這種「一個中國」是以排斥中共和否定新中國為主要內容和特點，但是這種「一個中國」的立場和政策只能表明國民黨仍想與中共爭奪對整個中國統治權的頑固性和反動性，而不表明國民黨想與中共隔海而治，形成類似南北朝鮮那樣的「兩個中國」，更不表明想使臺灣從中國分裂出去。

正是從「一個中國」的立場出發，國民黨堅決反對任何有關「臺獨」、「兩個中國」和「一中一臺」的論調及行為。國民黨退臺後，雖然在與中共的對抗中，積極求取美國的支持，但是卻堅決反對美國關於「臺灣地位未定論」的論調，反對美國對「臺獨」勢力的支持，反對美國提議在聯合國討論臺灣海峽停火和有關「兩個中國」的主張。國民黨在臺灣堅決反對「臺獨」活動，打擊、削弱「臺獨」勢力。在國民黨堅決反「臺獨」的政策下，廖文毅等人的「臺獨」活動不僅沒有在島內和海外蔓延擴散，反而日趨萎縮，最後銷聲匿跡，使美日一些人圖謀讓臺灣從中國分離出去的陰謀難以得逞，保障了海峽兩岸「一個中國」狀況的存在。

三

面對國共兩黨在臺灣海峽的激烈鬥爭，島內各種政治力量的互動迫使國民黨調整統治政策，在臺灣建立一個不同於在大陸時期完全專制的二元政治體制。它是由上層（「中央」）國民黨專制獨裁體制和下層（地方）公職選舉自治體制兩個部分構成，並由此形成臺灣特有的兩種政治體制共存一島的狀況。

臺灣上層政治體制是由國民黨戒嚴體制、執政黨體制和「憲政」體制三大構件組成，並形成其專制、封閉和主要由大陸籍官僚構成等特點。

臺灣上層政治體制的第一塊構件是戒嚴體制。這是整個上層政治體制的強控制部分，為整個上層政治體制的建立鋪墊了基礎。1949 年 5 月 20 日，按「臺灣省」主席兼警備總司令陳誠簽發的戒嚴令，對臺灣實行戒嚴。從此，

臺灣步入戒嚴體制，長達 38 年之久。

　　臺灣上層政治體制的第二塊構件，是國民黨執政黨體制。它是整個上層政治體制的核心部分，起著聯結、領導和監督的決定性作用。國民黨在大陸時期，為了維持一黨專制的統治，嚴厲排斥和打擊共產黨以及其他民主黨派。但是在國民黨內部卻是派系林立，矛盾重重。國民黨敗退臺灣後，蔣介石吸取了這一教訓，在臺灣做的三件大事之一，便是通過 1950～1952 年的「黨務改造」重建國民黨。重建後的國民黨終於完成了以蔣介石為中心的新的執政黨體制，其組織之嚴密，權力之集中，控制之廣泛都是大陸時期國民黨所不可比擬的。第一，黨內在絕對排除非蔣派系的基礎上，組成從基層黨小組到區分黨部，再到縣黨部、省黨部和中央黨部的權力金字塔結構，金字塔頂尖是蔣介石。第二，決策權高度集中，執行權分工細密。國民黨的最高決策權集中在國民黨中央常務委員會（簡稱中常會），並最後高度集中在黨總裁（主席）手中。第三，國民黨憑藉其龐大的黨員人數、嚴密的組織和高度的集權，建立了「以黨領政」、「以黨領軍」和「以黨領社」的執政黨體制。〔註1〕

　　臺灣上層政治體制的第三塊構件是國民黨的「憲政」體制。它是整個上層政治體制的最高形式，使上層政治體制具有「國家」的權威性和合法性。國民黨敗退臺灣後，仍按「中華民國憲法（」以下簡稱「憲法」）將政府分為七大部分，即「總統」、「行政院」、「立法院」、「監察院」、「考試院」、「司法院」和「國民大會」。但是蔣介石為了加強自己的獨裁權力，通過不斷修改「動員戡亂時期臨時條款」為「總統」擴權，使「總統」的權力急劇膨脹，而「行政院」、「立法院」等機構的權力嚴重萎縮。所謂的「憲政」早已流失和變形，最終演變成以終身獨裁「總統」為中心而以「國大」、「立法院」、「行政院」、「監察院」、「考試院」為輔的畸形「法統體制」。

　　臺灣下層政治體制主要由地方自治體制和選舉體制兩大部分構成，並由此形成體制的民主性、開放性、「合憲性」等特點。

　　下層政治體制中的第一要件是自治體制，主要包括「民選縣市長」和由「民選議員」組成的各級地方自治機構。1950 年 4 月，臺灣當局正式公布「臺灣省各縣市實施地方自治綱要」，作為臺灣省各縣市實施自治的基本法規。改造運動期間，國民黨推動所謂「地方自治」。1950 年 7 月開始辦理第一屆縣市議員選舉，歷時半年，成立了各縣市議會。1951 年 12 月，由縣市議會選出臨時省

〔註 1〕田宏茂：《大轉型》，臺北：時報文化出版企業有限公司 1989 年版，第 91 頁。

議會。同時，國民黨於 1950 年 10 月開始辦理第一屆縣市長選舉，歷時大半年，各縣市長全部由選民直接選舉產生。至此，臺灣地方自治體制基本成型。

臺灣下層政治體制的第二大構件是選舉體制。下層政治體制中的所有公職（縣市長、村里長、各級「議員」）都必須經由選民直接選舉產生。選舉主要分兩大類：一是地方行政領導職位的選舉，主要是各縣市長的選舉；二是各級民意機構代表的選舉，主要指「省議員」和各「縣市議員」的選舉。這兩類選舉在臺灣統稱為公職選舉。

臺灣二元政治體制中的上層政治體制與下層政治體制在許多方面有重大差異。從體制的權力歸屬上看，前者是一黨專制、個人獨裁的體制，而後者是代議民選體制；從體制的結構上看前者是高度封閉型，從而導致人員老化、僵化，而後者是開放型，導致人員流動和多樣化；從體制的運行方式上看，前者是強控制命令型，而後者是協議妥協型；從體制的「法源」上看，前者依據「動員戡亂時期臨時條款」、「戒嚴法」等「非常法律」，而後者是依據「中華民國憲法」等「正常法律」；從體制的人員構成上看，前者是以大陸籍官僚為主，而後者是以臺灣本土人士為主；從體制所佔據的位置看，前者是處於上層，而後者是處於下層。

國民黨退臺後建立二元政治體制的主要目的是：確立國民黨上層政治體制在臺灣的絕對權威地位，利用其戒嚴體制和一黨專制體制，嚴厲打擊島內一切反抗國民黨統治的活動，牢牢控制島內局勢，從而使國民黨退臺後的殘存力量能繼續統治臺灣，與中共隔海對抗。應當說，國民黨上述目的是基本上達到了。國民黨在臺灣建立上層政治體制後，用戒嚴體制和強硬手段鎮壓了島內反抗國民黨的學生運動、工人運動、中共活動，以及各種反對國民黨的活動，其中包括雷震等人籌組「反對黨」的行動。

在嚴厲打擊中共和各種反對力量的同時，國民黨伸出無數個觸角，牢牢控制了臺灣社會各個方面，形成了國民黨以黨領政、以黨領軍、以黨領社的局面。國民黨還不斷擴大「總統」的權力，將「立法院」和「國民大會」凝固成「萬年國會」和「萬年國代」，強行在臺灣確立起國民黨政權的「法統」地位。國民黨通過戒嚴體制、一黨專制體制和「憲政」體制這種三位一體的上層政治體制，確定了臺灣國民黨在臺灣的統治地位，同時也就決定了國民黨在臺灣對大陸關係方面具有絕對的發言權和決策權，而臺灣其他力量都處於無權置喙的地位。

　　國民黨在臺灣建立二元政治體制的另一個目的是想在確保國民黨上層政治體制的主體地位時，通過一定形式的下層地方代議選舉體制，擴大國民黨政權在臺灣的民意基礎，樹立較民主的形象，對內緩和與臺灣人民的矛盾，對外爭取美國的援助。應當說，國民黨的這一目的也部分地實現了。下層政治體制對上層政治體制的確起了一定的補充作用。首先，下層公職選舉體制的建立，為臺灣人民參與地方政治提供了一條出路，緩和了臺灣人民對國民黨政權的憤懑情緒和仇恨心理，對穩定國民黨在臺灣的統治有一定的作用。「選舉能使大多數臺灣人以候選人或投票人的身份去介入地方事務的管理。在中央級機關完全由外省人一手控制的情況下，投身於地方政府、介入地方事務，確能使臺灣人的挫折感獲得相當程度的緩和。」〔註2〕其次，國民黨當局採用地方公職選舉體制後，為臺灣本土政治人士參政提供了一條出路，開始得到一些臺灣本土人士的合作。「透過地方選舉，國民黨政府收編了臺灣的地方精英，而地方精英也因新建立的政治體制而得勢。因此，他卻也是新政權的支持者，使得國民黨遷臺初期完成重整社會力量的工作。」〔註3〕再次，公職選舉體制為臺灣的政治生活提供了一個宣洩口。通過這個宣洩口的定期排泄，避免再次出現類似「二二八事件」那樣的事件。

四

　　國民黨退臺後，與大陸時期相比，其組織體系發生了較大變化，主要變化如下：

1. 黨權盡歸蔣總裁

　　國民黨在大陸時期派系林立，矛盾重重，蔣介石飽受派系牽制、掣肘之苦，未能始終如一地掌握國民黨絕對的權力。退臺後，國民黨經過改造後，不僅國民黨內的派系山頭基本上被削平，而且蔣介石的異己分子也被清除，進而確立了蔣介石在黨內絕對地領導地位。蔣介石不僅在名義上是黨的領袖，而且在黨內最具實權，歷次的黨代會從議題到中央委員、中常委的產生等，均由他欽定。蔣介石已是具有神化色彩的黨魁與「元首」，個人意志即為黨的意志、「國家」意志。

〔註2〕〔美〕高立夫：《海島中國》，臺北：洞察出版社1987年版，第62頁。
〔註3〕王振寰：《臺灣的政治轉型與反對運動》，臺北：《臺灣社會研究季刊》1989年春季號，第85頁。

2. 國民黨中央黨權機構精簡、高效

在大陸時期，蔣介石為中央黨權機構人事臃腫所苦，退臺後他便抱有「無論人與事求精而不求多」〔註4〕的想法，並將原中央執行委員會與中央監察委員會合二為一，成立新的中央委員會。精簡模式的中央取代原來龐大的領導群，超拔於其他機構之上，直接受蔣介石控制，提高了黨務工作的效率。與大陸時期中常委由不同派系組成的多元化結構相比較，退臺後的國民黨中常委具有鮮明的一元化特徵，他們或曾為蔣介石侍從秘書或為蔣派親信，普遍具有對蔣的忠誠和順從。因此，蔣介石透過一元化的中常會權力運作掌控了黨的決策系統，成為臺灣權力的核心與樞紐，比大陸時期更為強固。

3. 國民黨基層單位為小組

大陸時期，國民黨習慣於以區分部作為基層單位，而僅以小組作為培訓單位，其功能往往是教育如何閱讀報告、評議時事等，不是組織體系中的正式一級。退臺後中國國民黨的改造運動產生的一個重要變化，就是基層單位的改變：基層單位由區分部變為小組。所有黨員均需參加小組，3 至 11 人組成一個小組，每兩星期開會一次。小組的劃分在城市以職業為主，區域為輔；在鄉村以區域為主，職業為輔。〔註5〕改造之後國民黨將所有的黨員整合入基層的小組組織之中，使黨員不再游離於黨外，更作為滲透社會的細胞，以矯正國民黨政權與臺灣社會脫節、疏離的現象。國民黨以人數較少、經常活動、遍布廣泛的小組作為基層，在一定程度上加強了對基層社會的嚴密掌控。

4. 「以黨領政」

過去，國民黨在大陸實行黨政雙軌體制。在黨政兩大組織系統的雙軌制下，各級黨部與各級政府的關係是：在中央一級為領導，在省一級為配合，在縣一級為「融黨於政」，而在縣以下黨就不見了。滕傑便曾以家人的關係來比喻這種情況：在中央黨是政的父母，在省級黨是政的兄弟，在縣級以下的基層，黨就是政的子女了。〔註6〕地方黨部不但不能干涉地方政務，基層黨政人事也基本是不重疊的。這種黨政關係很大程度上削弱了黨治權威，以致黨

〔註4〕《蔣介石日記》，1951 年 9 月 12 日。

〔註5〕《中國國民黨黨務發展史料——中央改造委員會資料彙編》（上），臺北：近代中國出版社 1990 年版，第 162 頁。

〔註6〕滕傑：《論黨的基層組織》，中央委員會設計考核委員會編印，1954 年 7 月 30 日版，第 25 頁。

的政策、決議不能在地方政府中得到遵從和執行。國民黨退臺後，解決了大陸時期地方上「黨附於政」的問題，實行了自上而下的「以黨領政」。從中央到各級地方政府，國民黨在各機關內設置政治小組（由國民黨籍的機關主管組成），政府決策有關問題，均先在小組中討論。在各級民意機構中則組織黨團，所有國民黨籍的議員均須納入組織，政策的決定先在黨團討論，再採用民主集中制的方式報請上級核定。另外，在同級的黨部、政府機關與民意機關三者間的聯繫方面，國民黨設置了政治綜合小組，由黨的負責人與國民黨從政首長、民意代表綜合組成，凡重要的政策、人事都要通過同級的政治綜合小組決定，然後交給國民黨從政黨員去執行。〔註7〕在這樣的黨政關係下，黨的領導指揮系統與行政機關、民意機關的領導系統是融為一體的，再通過民主集中制的領導方式，便達到了國民黨企求的「以黨領政」的目的。

　　5.「以黨領軍」

　　國民黨於 1924 年黃埔建軍時即開始在軍中建立黨組織，歷經北伐與抗日而逐漸擴展；直到 1945 年時由於中國共產黨指責軍中黨化教育的不當，並於「政治協商會議」中正式提出「軍隊國家化」的主張，國民黨於是不得不在 1945年 5 月 5 日舉行的六全大會中通過「本黨在軍隊原設之黨部，一律於三個月內取消」。〔註8〕黨退出軍隊的結果，對國民黨來說是「軍隊失去了靈魂，是軍隊失去了革命精神，是剿匪軍事的全面退卻」，〔註9〕乃至於在國共內戰中的全面潰敗。因此，重新在軍中建立黨組織來領導軍隊，為軍隊找回靈魂，成為國民黨在臺灣改造的重要任務。退臺後，國民黨在軍中建立黨組織，一方面是在軍中吸收黨員鞏固黨的社會基礎，另一方面則是透過黨的偵察工作以確立軍隊對黨的服從。相當程度來說，國民黨政府欲以「以黨領軍」的一元化領導，讓軍隊中重要的軍政措施，都必須向黨組織報告，通過組織，並由組織來考核。

　　國民黨掌握軍隊的機制是政戰制度。「政戰制度」由兩個系統所組成：一是黨務工作系統（黨工系統），主要任務是在軍中建立黨組織，目的是鞏固黨對軍隊的領導；二是屬軍事性質的政治工作系統（政工系統），主要任務是抓軍隊的政治精神教育和進行戰時民眾動員等，目的是提升部隊戰鬥力。國民黨在軍

〔註 7〕中國國民黨臺灣省改造委員會編印：《臺灣黨務》，1951 年第 10 期，第 2～3頁。

〔註 8〕周國光編印：《七年來的特種黨務》，1957 年，第 5～6 頁。

〔註 9〕周國光編印：《七年來的特種黨務》，1957 年，第 8 頁。

隊中引進「政戰制度」，是在 20 年代由蘇聯顧問幫助建立黃埔軍校時。由於政戰系統與作戰指揮系統一直存在制度性矛盾，實施幾年後便遭廢止。但蔣介石認為國民黨軍隊缺乏戰鬥力的重要原因恰是沒有完善的政戰制度，於是指派曾在蘇聯紅軍軍事政治研究院學習過的蔣經國在臺灣國民黨軍中重建一套政戰制度。政戰制度建立之初，阻力不小。因為「憲法」明文禁止黨派介入三軍；當時駐臺的美軍顧問團也不喜歡這種制度，認為政工幹部對軍事指揮官的牽制會削弱部隊戰鬥力，這是 1950 年代雙方摩擦的最大根源；國民黨內的自由派人士雷震和親美的陸軍總司令孫立人也都持反對甚至抵制的態度。雷震在他主持的《自由中國》雜誌上主張軍隊和黨分離，撤銷軍中黨部，以實現「軍隊國家化」。雷震的言論令蔣介石大為憤怒，1951 年 4 月 16 日蔣主持軍隊黨部改造委員就職儀式時，痛斥雷震「與匪諜和漢奸無異，為一種寡廉鮮恥的行為」。這些干擾因素沒有阻礙以黨領軍的政戰制度的建立，但蔣氏父子也採取了較為靈活的措施，即在軍中建立非公開的黨組織（特種黨部）。公開的是政工系統，由「國防部」內設的「總政治部」（後改為「總政治作戰部」）領導，蔣經國擔任主任。國民黨在臺灣實行的「以黨領軍」的政戰制度，有效地發揮了監軍和防止軍人干政的功能，對鞏固國民黨的威權統治起了相當大的作用。

通過「改造」，蔣介石取得了在大陸時期都未曾有過的對國民黨的絕對控制權，國民黨成了貨真價實的「蔣家黨」。中改會建立了縱橫交錯的黨的組織系統網絡，制定了以黨領政、以黨領軍的制度規章，較之大陸時期更加嚴密規範，層層落實，基本克服了黨政軍系統相互傾軋、散漫失序的弊端。一黨專政體制更加強化有力，從而保持國民黨的團結有序，派系、軍閥滋生的土壤基本剷除，對臺灣政治穩定具有相當正面的作用。

6. 國民黨滲透的機制：特別黨部與區域黨部

大陸時期，國民黨並未建立直屬於中央的地方代理人制度，因此，中央的權威與政策無法滲透到縣級以下的地方，而必須依賴地方勢力來行使間接的統治。如此一來，國民黨中央的政策、意圖或資源經常遭到地方勢力的扭曲。滕傑指出，當時的基層政權幾乎都操在所謂「土豪劣紳」的手中，黨在地方乃成為這些人的附屬品；結果國民黨的政令遭到了嚴重的破壞而無法執行，受害的是國民黨與地方人民。〔註10〕鑒於國民黨組織與黨員、民眾脫節而導

〔註10〕滕傑：《論黨的基層組織》，中央委員會設計考核委員會編印，1954 年 7 月 30 日版，第 26 頁。

致大陸失敗的教訓，退臺後的國民黨開始建立了全面滲透臺灣社會的兩大組織（特別黨部和區域黨部），藉此來發展鞏固國民黨的社會基礎。國民黨面對臺灣不同社會群體時，分別在臺灣社會控制核心和末梢建立起特別與區域黨部兩個不同的滲透機制。特別黨部以滲透重要的集體事業單位為主，區域黨部組織則以滲透臺灣社會中的縣市鄉鎮各個成員為主。

在特別黨部的軍公教成員方面，由於是國民黨政權遷臺之初鞏固政權（反攻大陸確保臺灣、壟斷公營事業汲取資源、意識形態控制）的重要基礎，同時國民黨也掌握了對軍公教成員的生活資源（工作及安置）與社會聯帶（追隨遷入的情感）上的優勢條件；因此，特別黨部組織在滲透其中的社會成員時，也相對要求一種絕對的控制。於是，我們可以發現特別黨部是以一種隔離的方式來組織其所滲透的社會成員。如知青黨部、產職業黨部與特種黨部，是以行政組織為範圍來建立黨部，在國民黨的組織體系中是直屬於中央黨部來管理，與地方黨部之間沒有互動關係。在防範地方勢力競爭的心態下，國民黨是將知識青年、公教人員、軍人隔離侷限在自己的機關中的同時，也隔離了特別黨部中的成員與社會上的一般人民接觸的機會，當然也減少了地方勢力接近特別黨部的機會，而能保持特別黨部的效忠純度。因此，我們從歷次的選舉中都會發現國民黨所最能有效運用的選票，就是這些特別黨部中「鐵票」部隊。他們一來可以支持國民黨，二來可以制衡地方勢力。特別黨部組織中的成員，這種集體效忠的獨特角色並非是自然形成的，而是國民黨在滲透過程中精心安排的。例如，在本報告中，我們估算出 1967 年時約有 515000 名的外省族群居住在與外在社會有所區隔的環境中，這些人約占當年外省籍人口 1798788 人的 28.6%；也就是說，有三成左右的外省籍人口居住、生活在被隔離起來，少與外在社會互動的社區（眷村、退輔會各農場、榮民之家、榮民醫院）中。這種「集中隔離」的滲透方式，客觀有助於特別黨部在外省族群中發展黨員。

相對於特別黨部所發展的滲透能力，國民黨地方黨部在滲透臺灣農民時便顯得無力得多。在缺乏政經資源與聯繫管道的情況下，國民黨地方黨部仍然想建立直接滲透基層地方社會的網絡，以發展與本省籍農民的關係。因此，它精心設置了中央的直接代理人（基層區級專任黨工），由中央黨務系統來指派與地方勢力沒有關係的幹部來擔任；還設計了區級四位一體制度來掌握地方勢力。無奈，國民黨地方黨部基層代理人在滲透臺灣基層鄉鎮社會時，沒

有一個穩固的物質基礎來支持其運作。因此，基層代理人無法像特別黨部中的幹部那樣憑藉對全臺灣獨佔經濟資源的掌握，進行政治性利益的分配以籠絡、吸收支持者，相反，有時還要在資源上依賴地方勢力。此外，為防備地方勢力對特別黨部成員的滲透，國民黨中央還禁止地方黨部使用特別黨部的各項政經資源；這些資源與結構因素都使得國民黨基層代理人無法與地方勢力競爭社會支持者。我們在分析農會會員的黨員數時，發現了國民黨滲透農民能力的弱勢，在土地改革與農會改組後的 1957 年，60 多萬的農會會員中居然只有 4% 左右是國民黨黨員。當國民黨無法直接滲透臺灣地方社會中最大的群體農民時，這使得國民黨失去主導基層政權的地位，而讓地方勢力繼續掌握著臺灣的鄉鎮社會。

特別黨部通過日常工作單位，常委、書記、小組長、黨員間可以保持密切的聯繫；然而，由於國民黨地方基層黨部在鄉鎮社會滲透能力的弱勢，普遍發生了「常委、書記不認識小組長、小組長不認識黨員」的現象。

五

國民黨退臺後，與大陸時期相比，其社會結構發生了較大變化，其重要特徵如下：

1. 雖然國民黨由精英型政黨向大眾化、本土化政黨的轉型，但是精英黨的特質未能根本改變

國民黨在大陸時期，給人的觀感猶如空中樓閣，頭重腳輕，搖搖欲墜。國民黨與工農群眾脫節，只是政治意義上的組織，在基層社會中影響甚微。在大陸遭遇失敗後，國民黨反省得失，認為：「黨員應與群眾接近——主義思想是黨的靈魂，民眾乃是黨的基礎，本黨過去所犯的錯誤，就是黨與群眾脫離了」。〔註11〕國民黨要在臺灣立足，就要走「群眾路線」，以增強基層力量和民眾支持。因此，國民黨將自己的構成成分和社會基礎定位為：「以青年、知識分子及農、工、生產者等廣大勞動民眾為社會基礎，結合其愛國的革命份子，為黨的構成份子」。〔註12〕為實現這一目標，國民黨在各項改造措施中給予相應配合。如為提高農工等類黨員的比例，將改造期間徵求新黨員比例

〔註11〕國民黨中央改造委員會設計委員會編印：《本黨改造意見反映總結》，1952 年，第 23 頁。
〔註12〕《中國國民黨黨務發展史料——中央改造委員會資料彙編》上，臺北：近代中國出版社 1990 年版，第 15 頁。

定為：農工約占 50%，青年及知識分子約占 30%，生產者約占 10%，其他約占 10%。〔註 13〕另一方面，退臺後的國民黨由於缺乏本省籍成員的社會基礎，所以也特別著重於本省籍黨員的吸收；在一項徵求新黨員的工作指示中，國民黨希望改造後的臺灣省黨部中本省籍黨員比例能達到 70%。〔註 14〕經各級黨部努力，國民黨社會基礎有所擴充，黨員結構有了向下發展和本土化趨勢。根據 1951 年底的統計，臺灣省黨部農工成分占到了 37.7%，知識分子占 61%，30 歲以下的青年占 49%。〔註 15〕臺灣本省籍黨員比例由 1952 年的 26.1%上升到 1969 年的 39.4%。

在改造時期，雖然國民黨加大了對本省籍農、工新黨員的徵求，但沒有根本改變國民黨的社會構成。在改造以後，國民黨黨員構成在不同時期雖有變化，但一直是以外省籍軍公教人士為主體，這一點是沒有變化的。1950 年代軍公教人員佔了當時所有職業類別的 70%左右，一直到 1969 年，軍公教仍然是比例最大的職業類別，佔了當年所有職業類別的 52.7%。換句話說，外省籍軍公教人員是退臺後的國民黨最重要的社會基礎。雖然本省籍農民、工人佔了臺灣人口的大多數，但本省籍農工黨員一直沒有超過黨員總量的 30%，與其所佔的人口比例不相當。社會基礎薄弱仍是退臺後的國民黨未能根治的頑症。

2. 黨的幹部隊伍結構若干變化

退臺後，由於蔣介石掌握中央黨權機構人事任免權，因此，中央黨權機構幹部基本上是由黨、政、軍為主體的外省籍蔣氏精英構成。在 1949～1972 年間，臺籍人士在國民黨政權上層機構中的人數雖略有增加，但由於國民黨的人事政策並未發生根本性變化，臺籍人士仍然只起到了點綴作用。國民黨中委會中臺籍人士從未超過 10%，在中常委中最多時只有兩人。特別黨部幹部基本上由外省籍人士擔任，而本省籍人士很少。由於臺灣本省人佔了臺灣社會的絕大多數，國民黨為了鞏固自己在臺灣的社會基礎，不僅吸收大量臺籍人士加入國民黨，而且還任用大批臺籍幹部。因此，國民黨臺灣省屬各級委員會中臺籍委員相對較多，但在地方黨部起領導作用的主任委員和書記大

〔註13〕《中國國民黨黨務發展史料——中央改造委員會資料彙編》上，臺北：近代中國出版社 1990 年版，第 449 頁。
〔註14〕中國國民黨中央改造委員會編：《改造》，1952 年第 36 期，第 5 頁。
〔註15〕《中國國民黨黨務發展史料——中央改造委員會資料彙編》上，近代中國出版社 1990 年版，第 449 頁。

多仍為從大陸過去的外省人。〔註16〕

3. 不僅黨員數量迅速增加，而且黨員質量有很大提高

　　1949 年底退臺的國民黨的社會基礎十分薄弱，只有 34382 名黨員，且大多來自大陸，黨員總數僅占人口的 0.8%。為了鞏固自己統治的社會基礎，國民黨將發展組織、吸收黨員一直作為它改造以來的重要任務。在國民黨堅持不懈的努力下，黨員數量迅速穩步增加，且黨員數在全臺人口的比例也緩慢提高。到 1972 年時，國民黨黨員數量劇增到 1153232 人，占當時的總人口比重約為 7.54%，遠高於大陸時期的 0.9%。雖然國民黨組織已經覆蓋整個臺灣社會，但其黨務發展不平衡，在 1950～1969 年，地方黨部的黨員均未超過 40%，而特別黨部的黨員則一直保持在 60%左右。

　　大陸時期，國民黨吸納黨員機制有缺陷，幾乎來者不拒，入黨的低門檻致使多數黨員素質低下。在黨內，靠黨過活、爭權奪利的寄生者、土豪劣紳和政客俯拾皆是，而淘汰懲治機制卻甚為疏鬆。「黨的組織份子良莠不齊，黨性不堅，任讓那些腐化投機變節的份子滲入在革命的陣營裏，而不加淘汰，坐視那些革命的渣滓在製造派系，毀滅黨紀而不予制裁，致使組織渙散，紀律廢弛，革命陣容便無形瓦解」，〔註17〕這被描述為國民黨以往失敗的主要原因。針對過去徵求新黨員中的種種弊病，諸如為拉幫結派，製造小組織，為人情關係，拉伕式入黨，集體入黨等。退臺後，國民黨吸取過去教訓，提出要堅持「大公無私」、「嚴格審核」、「重質不重量」的方針，〔註18〕明令禁止集體入黨方式，規定了反共、刻苦、服務、模範幾項優秀份子的擇取標準，設置了兩個月的訓練期和若干考核方向，這些都在提升黨員質量的重要舉措。在改造時期，國民黨還將有「叛國通敵」行為、有跨黨變節行為、有毀紀反黨行為、有貪污瀆職行為、生活腐化、放棄職守、信仰動搖、作不正當經營等類黨員列為整肅對象，加以處分和淘汰。

　　改造結束後，國民黨又建立黨籍總檢查制度，以期進一步解決基層空虛的問題。它規定每年進行一次黨籍檢查，並賦予基層黨部撤銷黨員黨籍的實

〔註16〕陳存恭、潘光哲訪問，潘光哲紀錄：《劉象山先生訪問紀錄》，臺北：中研院近史所 1998 年版，第 89 頁。

〔註17〕中國國民黨中華航業海員黨部改造委員會編：《航業黨務》創刊號，1951 年 4月 16 日，第 48 頁。

〔註18〕《中國國民黨黨務發展史料——中央改造委員會資料彙編》（上），臺北：近代中國出版社 1990 年版，第 456～457 頁。

權。根據黨員是否出席基層會議、是否繳納黨費及在基層的工作表現等，決定黨籍檢查是否合格，若不合格就不發給新黨證。〔註19〕這使基層組織的權威得以恢復，並制度化，有利於基層的加強和黨紀的執行，是國民黨繼改造後對基層建設的繼續探索。國民黨又發動黨籍總檢查，為黨員評分，腐惡者、不合格者會被撤銷黨籍。臺灣省黨部及中央直屬各黨部被撤銷黨籍者占到4.13%，其中「違反黨紀」類人數最多，其次是「貪污瀆職」、「破壞黨的政策」類，所謂「附共叛國」類居於第四位。〔註20〕可見改造以後，對黨紀的執行，對黨員履行出席會議、繳納黨費等義務的要求並未放鬆。退臺後國民黨通過採取上述措施，不僅淨化了國民黨隊伍，而且還提高了黨員質量。

〔註19〕《中國國民黨六十年來組織之發展》，中國國民黨中央委員會第一組印，時間不詳，第 19～20 頁。

〔註20〕中國國民黨中央委員會黨史委員會編：《中國國民黨黨務發展史料——黨務工作報告》，臺北：近代中國出版社 1997 年版，第 18 頁。

參考文獻

一、未刊檔案

1. 《本黨各項事業創辦經過及現況報告書》，臺北：黨史館藏。

2. 《本黨經營事業概況》，臺北：黨史館藏。

3. 《第七屆中央常務委員會會議記錄》，臺北：黨史館藏。

4. 《第八屆中央常務委員會會議記錄》，臺北：黨史館藏。

5. 《蔣中正總統文物之特交檔案》，臺北：「國史館」藏。

6. 《臺灣省婦女會檔案》，臺北：「國史館」藏。

7. 《臺灣省行政長官公署檔案》，臺北：「國史館」藏。

8. 《臺灣省政府檔》，臺北：「國史館」藏。

9. 《中國國民黨第八次全國代表大會黨務工作報告》，臺北：黨史館藏。

10. 《中國國民黨第八屆中央委員會工作會議記錄》，臺北：黨史館藏。

11. 《中央財務委員會會議記錄》，臺北：黨史館藏。

12. 《中央財務委員會經營事業實況三十八年底報告》，臺北：黨史館藏。

13. 《中央改造委員會財務委員會工作報表》，臺北：黨史館藏。

14. 《中央改造委員會檔案》，臺北：黨史館藏。

15. 《中央改造委員會各種工作簡報》，臺北：黨史館藏。

16. 《中央改造委員會各處組會工作總檢討報告》，臺北：黨史館藏。

17. 《中央改造委員會各處組會重要工作簡述與檢討》，臺北：黨史館藏。

18. 《中央改造委員會會議記錄》，臺北：黨史館藏。

19. 《總裁批簽》，毛筆原件，臺北：黨史館藏。

二、已刊檔案、資料集

1. 陳興唐、陳鳴鐘編：《臺灣光復和光復後五年省情》上，南京出版社 1989 年版。

2. 高義溥編印：《臺灣省第五屆縣市長選舉態勢綜合報告》，1964 年。

3. 國軍政工史編纂委員會編：《國軍政工史稿》下冊，「國防部」1960 年。

4. 國民大會秘書處編印：《國民大會實錄》第二編，1961 年。

5. 國民大會秘書處編印：《國民大會實錄》第三編，1961 年。

6. 國民大會秘書處編印：《國民大會實錄》第六編，1972 年。

7. 國民黨中委會秘書處編印：《中國國民黨黨務法規輯要》上冊，1985 年。

8. 國臺辦：《臺灣問題文獻資料選編》，人民出版社 1994 年版。

9. 黃修榮：《國共關係 70 年紀實》，重慶出版社 1994 年版。

10. 李建興：《綠旗處處飄》，（臺北）幼獅文化事業 1984 年版。

11. 李松林等：《中國國民黨大事記》，解放軍出版社 1988 年版。

12. 李雲漢、林養志：《中國國民黨黨章政綱彙編》，中國國民黨中央委員會黨史會 1994 年版。

13. 劉寧顏總纂，林東昌等編纂：《重修臺灣省通志 卷 7 政治志 議會篇》，（南投）臺灣省文獻委員會 1992 年版。

14. 劉寧顏總纂，林東昌等編纂：《重修臺灣省通志 卷 7 政治志 選舉罷免篇》，（南投）臺灣省文獻委員會 1992 年版。

15. 劉寧顏總纂：《重修臺灣省通志 卷七 政治志 黨團篇》，（南投）臺灣省文獻委員會 1993 年版。

16. 劉寧顏總纂，吳堯峰、丁明鍾等編纂：《重修臺灣省通志 卷 7 政治志 行政篇》，（南投）臺灣省文獻委員會 1996 年版。

17. 梅孜編：《美臺關係重要資料選編》，時事出版社 1997 年版。

18. 南京大學臺灣研究所編：《海峽兩岸關係日誌》，九州出版社 1999 年版。

19. 皮以書：《中國婦女運動》，（臺北）三民書局 1973 年版。

20. 錢劍秋：《三十年來中國婦女運動》，（臺北）中國國民黨中央婦女工作會 1976 年版。

21. 秦孝儀總編纂：《總統蔣公大事長編初稿》卷 9，（臺北）中正文教基金 會 2002 年版。

22. 秦孝儀總編纂：《總統蔣公大事長編初稿》卷 10，（臺北）中正文教基金 會 2003 年版。

23. 孫淡寧：《釣魚臺群島資料》，（香港）明報出版社 1979 年版。

24. 臺灣黨務公報編印：《臺灣黨務公報》乙類第 57 號，1964 年。

25. 臺灣省婦女會編印：《臺灣婦女會概況》，1970 年。

26. 臺灣省婦女會編印：《臺灣婦女會簡介》，1978 年。

27. 臺灣省改造委員會編印：《中國國民黨臺灣省改造委員會工作報告》， 1951 年。

28. 臺灣主權與一個中國論述大事記編輯小組編：《臺灣主權與一個中國論 述大事記》，（臺北）國史館 2002 年版。

29. 湯燦華：《臺灣農會》，中興山莊印 1958 年。

30. 退輔會統計處第一科編印：《行政院國軍退除役官兵輔導委員會統計資 料卡》，1994 年。

31. 王師凱編印：《黨員訓練人教材之三》，1968 年。

32. 張山克主編：《臺灣問題大事記》，華文出版社 1988 年版。

33. 中國第二歷史檔案館：《臺灣「二·二八」事件檔案史料》（下），檔案出 版社 1991 年版。

34. 中國國民黨第一屆臺灣省黨部編印：《臺灣省黨務報告》，1952 年。

35. 中國國民黨臺灣省第三屆委員會編印：《臺灣省黨務報告》，1957 年。

36. 中國國民黨臺灣省第三屆委員會編印：《輔導黨員參加第三屆臨時省議 員縣市長選舉工作報告》，1957 年。

37. 中國國民黨臺灣省第四屆委員會編印：《輔導第二屆省議員第四屆縣市長選舉工作實錄》，1961 年。

38. 中國國民黨臺灣省第四屆委員會編印：《臺灣省黨務報告》，1961 年。

39. 中國國民黨臺灣省委員會編印：《臺灣省各級農會改進工作總報告》，1957 年。

40. 中國國民黨臺灣省委員會第五組編印：《臺灣省第五屆縣市長選舉基本態勢報告》，1964 年。

41. 中國國民黨臺灣省委員會臺灣黨務公報室編印：《臺灣黨務公報》，1960 年。

42. 中國國民黨中央婦女工作會編印：《我們的工作》，1976 年。

43. 中國國民黨中央改造委員會幹部訓練委員會：《實驗巡迴訓練工作總報告》，1952 年。

44. 中國國民黨中央設計考核委員會編印：《本黨輔導黨員參加地方自治競選工作的研究》，1955 年。

45. 中國國民黨中央設計考核委員會編印：《黨如何爭取民眾》，1957 年。

46. 中國國民黨中央委員會黨史委員會編：《中國國民黨黨務發展史料——黨務工作報告》，（臺北）近代中國出版社 1997 年版。

47. 中國國民黨中央委員會黨史委員會編：《中國國民黨黨務發展史料——組訓工作》，（臺北）近代中國出版社 1998 年版。

48. 中國國民黨中央委員會黨史委員會：《中國國民黨黨務發展史料——非常委員會及總裁辦公室資料彙編》，（臺北）近代中國出版社 1999 年版。

49. 中國國民黨中央委員會黨史委員會編：《革命文獻》第 69 輯、70 輯，（臺北）中央文物供應社 1976 年版。

50. 中國國民黨中央委員會黨史委員會編：《革命文獻》第 76 輯、77 輯，（臺北）中央文物供應社 1978 年版。

51. 中國國民黨中央委員會第一組編印：《四十三年度各種黨部業務綜合檢查總報告》，1955 年。

52. 中國國民黨中央委員會第三組編印：《改造後的中國國民黨》，1957 年。

53. 中國國民黨中央委員會第五組編印：《國民黨農民運動與臺灣省各級農會改進》，1954 年。

54. 中國國民黨中央委員會第五組編印：《民眾服務工作視導報告》，1955 年。

55. 中國國民黨中央委員會第五組編印：《民眾服務手冊》，1956 年。

56. 中國國民黨中央委員會第五組編印，《民運工作概況統計》，1960 年。

57. 中國國民黨中央委員會第五組編印：《為民服務事例專輯》，1963 年。

58. 中國國民黨中央委員會第六組編印：《黨的社會調查：問題的發現與解決》，1955 年。

59. 中國青年反共救國團總團部編印：《團務十年》，1962 年版。

60. 中華民國國家建設叢刊編纂委員會編印：《國家建設叢刊第四冊：國防軍事建設》，1971 年。

61. 中央改造委員會編印：《中國國民黨第七次全國代表大會黨務報告上、下篇》，1952 年。

62. 中央改造委員會秘書處編印：《中國國民黨現況》，1952 年。

63. 中央改造委員會設計委員會編印：《本黨改造意見反映總結》，1952 年。

64. 中央改造委員會幹部訓練委員會編印：《黨員自清運動要義》，1952 年。

65. 中央委員會秘書處編印：《中國國民黨中央改造委員會會議決議案彙編》，1952 年。

66. 中央委員會秘書處編印：《中央委員會四十一年度工作檢討報告》，1952 年。

67. 中央委員會秘書處編印：《中國國民黨第八屆中央委員會第三次全體會議黨務工作報告》，1960 年。

68. 中央委員會秘書處編印：《中國國民黨第八屆中央委員會第五次全體會議黨務工作報告》，1962 年。

69. 中央委員會第一組編印：《中國國民黨六十年來組織之發展》，1954 年。

70. 中央委員會第一組編印：《產職業黨務考察總報告》，1954 年。

71. 中央委員會第一組編印：《知識青年黨部工作概況》，1955 年。

72. 中央委員會第一組編印：《組織概況表》，1957 年。

73. 中央委員會第四組編印：《小組長訓練教材》，1955 年。

74. 中央總動員運動會報社會組編印：《社會改造運動》，1954 年。

75. 中興山莊編印：《基層黨務工作方法》，1962 年。

76. 周國光編印：《七年來的特種黨務》，1957 年。

77. 朱匯森：《土地改革史料》，（臺北）國史館印行 1988 年。

78. 《專題研究報告彙編——黨務類(4)》，中國國民黨中央設計考核委員會，1971 年。

79. 《專題研究報告彙編——黨務類(8)》，中國國民黨中央設計考核委員會，1971 年。

三、中文著作

1. 陳紅民、趙興勝、韓文寧：《蔣介石的後半生》，浙江大學出版社 2010 年版。

2. 崔之清：《臺灣是中國領土不可分割的一部分》，人民出版社 2001 年版。

3. 陳志奇：《美國對華政策三十年》，（臺北）中華日報社 1981 年版。

4. 程思遠：《李宗仁先生晚年》，中國文史出版社 1980 年版。

5. 封漢章：《臺灣四十年紀實》，河北人民出版社 1992 年版。

6. 龔宜君：《「外來政權」與本土社會：改造後國民黨政權的社會基礎形成（1950～1969）》，（臺北）稻香出版社 2011 年版。

7. 郭傳璽：《中國國民黨臺灣四十年史綱》，中國文史出版社 1993 年版。

8. 國史館：《臺灣主權論述論文集》，（臺北）國史館 2001 年版。

9. 何虎生：《蔣介石宋美齡在臺灣的日子》，華文出版社 2007 年版。

10. 黃嘉樹：《國民黨在臺灣》，南海出版公司 1991 年版。

11. 黃俊傑：《戰後臺灣的轉型及其展望》，（臺北）正中書局 1995 年版。

12. 江南：《蔣經國傳》，美國論壇報 1984 年版。

13. 「教育部」主編：《中華民國建國史（第五篇）戡亂與復國》，（臺北）國立編譯館 1991 年版。

14. 雷柏爾：《臺灣目前之農村問題與其將來之展望》，（臺北）中國農村復興

聯合委員會 1954 年版。

15. 李國鼎、陳木在：《我國經濟發展策略總論》，（臺北）聯經出版事業公司
1987 年版。

16. 李松林：《晚年蔣介石》，九州出版社 1996 年版。

17. 李松林：《蔣氏父子在臺灣》，中國友誼出版公司 1993 年版。

18. 李松林主編：《中國國民黨在臺灣 40 年紀事》，解放軍出版社 1990 年版。

19. 李允傑：《臺灣工會政策的政治經濟分析》，（臺北）巨流圖書公司 1992
年版。

20. 林紀東：《中華民國憲法釋論》，（臺北）大中國圖書公司 1980 年版。

21. 林佳龍：《外來政權、反對運動與地方派系的選舉互動：論國民黨提名政
策的演變與臺灣的民主化》，臺灣政治學會第一屆年會學術研討會 1994
年。

22. 林玉體：《臺灣教育面貌四十年》，（臺北）自立晚報 1987 年版。

23. 茅家崎：《臺灣三十年：1949～1979》，河南人民出版社 1988 年版。

24. 苗建寅主編：《中國國民黨黨史（1894～1988）》上、下編，西安交通大
學出版社 1990 年版。

25. 彭懷恩：《臺灣政治變遷 40 年》，（臺北）自立晚報社 1987 年版。

26. 彭懷恩：《中華民國政治體系的分析》，（臺北）時報文化出版事業有限公
司 1983 年。

27. 秦孝儀：《中華民國經濟發展史》，（臺北）近代中國出版社 1983 年版。

28. 秦孝儀：《中華民國政治發展史》第 4 冊，（臺北）近代中國出版社 1985
年版。

29. 阮大仁：《蔣中正日記揭密：從風雨飄搖到大局初定》，華文出版社 2012
年版。

30. 阮毅成：《地方自治與新縣制》，（臺北）聯經出版事業公司 1978 年版。

31. 沈宗瀚：《農業發展與政策》，（臺北）商務印書館 1975 年版。

32. 史明，《臺灣人四百年史》，（臺北）蓬島文化出版社 1980 年版。

33. 司法行政部犯罪問題研究中心：《妨害風化問題之研究》，（臺北）司法行

政部 1967 年版。

34. 宋春、於文藻主編：《中國國民黨在臺灣四十年史》，吉林文史出版社 1990 年版。

35. 宋連生、辜小華：《穿越臺灣海峽的中美較量》，雲南人民出版社 2001 年版。

36. S. Kirby 著：《進步中的農村》，中國農村復興聯合委員會 1960 年版。

37. 孫代堯：《臺灣威權體制及其轉型研究》，中國社科文獻出版社 2003 年版。

38. 陶百川編：《最新六法全書》，（臺北）三民書局股份有限公司 1985 年版。

39. 文馨瑩：《經濟奇蹟的背後：臺灣美援經驗的政經分析（1951～1965）》，（臺北）自立晚報 1990 年版。

40. 王豐：《宋美齡——美麗與哀愁》，（臺北）書華出版事業有限公司 1994 年版。

41. 王俯民：《蔣介石詳傳》，中國廣播電視出版社 1993 年版。

42. 王雅各：《臺灣婦女運動解放史》，（臺北）巨流圖書公司 2001 年版。

43. 王怡云：《臺灣地區違章建築處理與徙置計劃之研究》，（臺北）中國文化大學 1983 年版。

44. 王振寰：《資本、勞工與國家機器——臺灣的政治與社會轉型》，（臺北）唐山出版社 1993 年版。

45. 王作榮：《我們如何創這了經濟奇蹟》，（臺北）時報出版社 1989 年版。

46. 吳庚等編纂《月旦六法全書》，（臺北）元照出版有限公司 2001 年版。

47. 吳若予：《戰後臺灣公營事業之政經分析》，（臺北）國策中心 1992 年版。

48. 蕭新煌等著：《壟斷與剝削》，（臺北）臺灣研究基金會 1989 年版。

49. 許介鱗：《戰後臺灣史記》，（臺北）文英堂出版社 1996 年版。

50. 薛光前、朱建民：《近代的臺灣》，（臺北）中正書局 1977 年版。

51. 彥奇等：《中國國民黨史綱》，黑龍江人民出版社 1991 年版。

52. 嚴演存：《早年之臺灣》，（臺北）時報文化出版事業有限公司 1989 年版。

53. 嚴卓云：《婦聯精神的回顧與前瞻》，（臺北）中華民國婦女聯合會 2008 年版。

54. 楊皓：《透視蔣經國的幕後清客》，（臺北）群倫出版社 1986 年版。

55. 楊樹標、楊菁：《蔣介石傳：1950～1975》，浙江大學出版社 2011 年版。

56. 殷章甫：《中國之土地改革》，（臺北）中央文物供應社 1984 年版。

57. 曾秋美：《臺灣媳婦仔的世界》，（臺北）玉山社 1998 年版。

58. 張春英主編：《海峽兩岸關係史》第 3 卷，福建人民出版社 2004 年版。

59. 張其昀著：《總動員運動概說》，（臺北）中國新聞出版公司 1952 年版。

60. 張憲文主編：《蔣介石全傳》，河南人民出版社 1997 年版。

61. 趙既昌：《美援的運用》，（臺北）聯經出版公司 1985 年版。

62. 鄭牧心：《臺灣議會政治 40 年》，（臺北）自立晚報社 1987 年版。

63. 資中筠、何迪：《美臺關係四十年（1949～1989）》，人民出版社 1991 年版。

64. 鐘聲：《蔣總統經國先生》，（臺北）立坤出版社 1984 年版。

四、譯著

1. （美）高立夫著，艾思明譯：《海島中國》，（臺北）洞察出版社 1987 年版。

2. （美）亨廷頓著，王冠華等譯：《變化社會中的政治秩序》，生活·讀書·新知三聯書店 1989 年版。

3. （美）羅伯特·A·達爾著、王滬寧、陳峰譯：《現代政治分析》，上海譯文出版社 1987 年版。

五、人物文集、回憶錄、口述訪問、日記、言論集

1. 曹聚仁：《採訪新記》，（香港）創墾出版社 1956 年版。

2. 陳誠：《陳誠回憶錄——建設臺灣》，（北京）東方出版社 2011 年版。

3. 陳誠：《臺灣土地改革紀要》，（臺北）中華書局 1961 年版。

4. 陳鵬仁主編：《蔣夫人宋美齡女士言論集》，（臺北）近代中國出版社 1998 年版。

5. 陳旭麓：《孫中山集外集》，上海人民出版社 1992 年版。

6. 傅正主編：《雷震全集》，（臺北）桂冠圖書股份有限公司 1989 年。

7. 《顧維鈞回憶錄》第 11 分冊，中華書局 1989 年版。

8. 《胡適日記全編·第 8 冊》，安徽教育出版社 2001 年版。

9. 黃通口述，陸寶千訪問，鄭麗蓉記錄：《黃通先生訪問記錄》，（臺北）中央研究院近代史研究所 1992 年版。

10. 《蔣夫人思想言論集》卷 3，（臺北）蔣夫人思想言論集編輯委員會 1966 年版。

11. 《蔣介石日記》（手稿本），斯坦福大學胡佛研究所檔案所藏。

12. 蔣經國：《到底應該怎麼做？》，（臺北）國防部政治部 1951 年版。

13. 蔣經國：《風雨中的寧靜》，（臺北）黎明文化事業股份有限公司 1977 年版。

14. 《蔣總統經國先生言論著述彙編》第 2 輯，黎明文化事業股份有限公司 1981 年版。

15. 雷震：《雷震回憶錄》，（香港）七十年代出版社 1976 年。

16. 劉安祺口述，張玉法、陳存恭訪問，黃銘明記錄，《劉安祺先生訪問記錄》，臺北：中央研究院近代史研究所 1991 年。

17. 劉象山口述，陳存恭訪問，潘光哲記錄，《劉象山先生訪問記錄》，（臺北）「中央研究院」近代史研究所 1997 年版。

18. 錢復：《錢復回憶錄》卷 1，（臺北）天下遠見出版股份有限公司 2005 年版。

19. 秦孝儀：《革命人物志》第 20 集，（臺北）中國國民黨黨史會 1979 年版。

20. 秦孝儀：《先總統蔣公思想言論總集》，（臺北）中國國民黨中央委員會黨史委員會 1984 年版。

21. 秦孝儀：《先總統蔣公嘉言總輯》，（臺北）中國國民黨中央委員會黨史委員會 1981 年版。

22. 《孫中山全集》第 1 卷，（北京）中華書局 1981 年版。

23. 《孫中山全集》第 3 卷，（北京）中華書局 1984 年版。

24. 《孫中山全集》第 4 卷，（北京）中華書局 1985 年版。

25. 《孫中山全集》第 6 卷，（北京）中華書局 1985 年版。

26. 《孫中山全集》第 9 卷，（北京）中華書局 1986 年版。

27. 《孫中山全集》第 11 卷，（北京）中華書局 1986 年版。

28. 《孫中山選集》，人民出版社 1981 年版。

29. 《孫中山文集》上冊、下冊，團結出版社 1997 年版。

30. 滕傑：《論黨的基層組織》，中央委員會設計考核委員會 1954 年編印。

31. 吳國楨手稿，黃卓群口述，劉永昌整理：《吳國楨傳》下冊，（臺北）自由時報社 1995 年版。

32. 吳國楨口述，（美）裴斐、韋慕庭訪問整理，吳修垣譯：《從上海市長到「臺灣省主席」——吳國楨口述回憶（1946～1953）》，上海人民出版社 1999 年版。

33. 王亞權總編：《蔣夫人言論集》（下集），「中華婦女反共抗俄聯合會」1977 年版。

34. 蕭錚：《土地改革五十年——蕭錚回憶錄》，（臺北）中國地政研究所 1980 年版。

35. 謝漢儒：《關鍵年代的歷史見證：臺灣省參議會與我》，（臺北）唐山出版社 1998 年版。

36. 嚴卓云：《婦聯精神的回顧與前瞻》，（臺北）中華民國婦女聯合會 2008 年版。

37. 張其昀：《先總統蔣公全集》，（臺北）中華學術院、中國文化大學編印 1984 年版。

38. 《張其昀先生文集》第 15 冊，（臺北）黨史會、「國史館」、中國文化大學 1989 年版。

39. 曾景忠、梁之彥選編：《蔣經國自述》，團結出版社 2005 年版。

40. 曾虛白，《曾虛白自傳》，（臺北）聯經出版社事業公司 1990 年版。

41. 鄭玉麗口述，遲景德訪問，林秋敏記錄：《鄭玉麗女士訪談錄》，（臺北）國史館 2002 年版。

六、工具書

1. 崔之清主編：《當代臺灣人物辭典》，河南人民出版社1994年版。

2. 劉國銘主編：《中國國民黨百年人物全書 下》，團結出版社2005年版。

3. 劉維開編：《中國國民黨職名錄》，（臺北）中國國民黨中央黨史會1994年版。

4. 邵明煌、薛化元主編：《蔣中正總裁批簽檔案目錄》，（臺北）政治大學歷史系、中國國民黨中國國民黨中央黨史委員會2005年版。

5. 臺灣省政府民政廳編印：《臺灣省戶籍統計要覽》，1959年。

6. 王德勝：《蔣總統年表》，（臺北）世界書局1982年版。

7. 薛化元主編：《臺灣歷史年表 Ⅰ 終戰篇 1945～1965》，（臺北）業強出版社1993年版。

七、未刊學位論文

1. 陳聰勝：《臺灣農會組織之研究》，臺灣政治大學政治研究所1978年博士論文。

2. 陳明通：《威權政體下臺灣地方政治精英的流動（1945～1986）：省參議員及省議員流動的分析》，臺灣大學政治研究所1990年博士論文。

3. 陳陽德：《臺灣省地方民選領導人物變動之分析》，臺灣政治大學政治研究所1978年博士論文。

4. 程麗娜：《當代臺灣地區精英擅變研究──以政治轉型為視角》，華東師範大學2011年博士論文。

5. 馮琳：《1950年代初中國國民黨改造運動研究》，中國社會科學院近代史研究所2010年博士論文。

6. 郝玉梅：《中國國民黨提名製度之研究》，（臺北）政治作戰學校政治研究所1978年碩士論文。

7. 李建昌：《八十年代的臺灣勞工運動──結構與過程分析》，臺灣大學社會學研究所1991年碩士論文。

8. 李偉松：《蔣經國與救國團之研究（1969～1988年）》，桃園：國立中央大學歷史研究所2005年碩士論文。

9. 林吉朗：《中國國民黨輔選政策之研究》，（臺北）政治作戰學校政治研究所 1981 年碩士論文。

10. 羅於陵：《眷村：空間意義的賦予和再界定》，臺灣大學建築與城鄉研究所 1991 年碩士論文。

11. 龐俊峰：《國民黨執政時期的臺灣地方自治》，河北師範大學 2005 年碩士論文。

12. 任育德：《向下紮根：中國國民黨與臺灣地方政治的發展（1949～1960）》，臺灣政治大學歷史研究所 2005 年博士論文。

13. 沈宗瑞：《臺灣工會的角色與發展（1950～1992）》，臺灣大學三民主義研究所 1994 年博士論文。

14. 孫雄：《國軍退除役官兵與民生經濟（民國四十三至六十七年）》，臺灣政治大學三民主義研究所 1981 年碩士論文。

15. 吳存金：《軍眷村改建國宅可行性之研究——以臺中市為個案研究地區》，臺灣政治大學地政研究所 1986 年碩士論文。

16. 吳雅琪：《臺灣婦女團體的長青樹——臺灣省婦女會（1946～2001）》，臺灣師範大學 2008 年碩士論文。

17. 俞行健：《中國國民黨與中國工會組織》，（臺北）中國文化大學勞工研究所 1977 年碩士論文。

18. 張翠絲：《中國國民黨組織成長之研究》，（臺北）政治作戰學校政治研究所 1985 年碩士論文。

19. 鄭文勳，〈蔣經國與黨政高層人事本土化（1970～1988）〉，桃園：國立中央大學歷史研究所 2007 年碩士論文。

八、報刊

1. 《產業黨務》。

2. 《黨工通訊》。

3. 《黨務通報》。

4. 《復興通訊》。

5. 《改造》。

6. 《工礦黨務》。

7. 《工礦黨訊》。

8. 《航業黨務》。

9. 《聯合報》。

10. 《民報》。

11. 《南投黨務》。

12. 《澎湖黨訊》。

13. 《三民主義半月刊》。

14. 《時報週刊》。

15. 《思與言》。

16. 《臺北縣黨務》。

17. 《臺灣春秋》。

18. 《臺灣黨務》。

19. 《臺灣婦女》。

20. 《臺灣婦女通訊》。

21. 《臺灣衛生》。

22. 《糖業黨務》。

23. 《新力量》。

24. 《新生報》。

25. 《新聞報》。

26. 《新竹黨務》。

27. 《中國時報》。

28. 《中國一周》。

29. 《中華婦女》。

30. 《中央》半月刊。

31. 《中央日報》。

32. 《自立早報》。

33. 《自由中國》。

九、外文著作

1. Dickson, J. Bruce, Democratization in China and Taiwan: the adaptability of Leninist parties Oxford University Press, 1997.

2. FRUS, 1969～1976, Volume XVII, China, 1969～1972, Document 115.

3. Neil H. Jacoby, U.S.A id to Taiwan: A Study of Foreign Aid, Self-Help and Development, New York: Praeger, 1966.

4. Wu Nai-teh（吳乃德）, "The Politics of A Regime Patronage System: Mobilization and Control Within An Authoritarian Regime", 〔D〕USA: Chicago University, 1987.

5. Yang Mao chun. Socio-Economical Results of Land Reform In Taiwan. Honolulu, USA, East-west Center Press, 1970, University of Hawaii.